Pizza, Pasta und Pistolen

Pizza, Pasta und Pistolen

Mörderische Geschichten mit Rezepten

herausgegeben von
Ingrid Schmitz

Langen*Müller*

Umschlaggestaltung und Illustrationen: Atelier Sanna, München
Umschlagmotiv: gettyimages, München
Satz: C. Schaber Datentechnik, Wels
Gesetzt aus: 10,9/13,75 Garamond BQ
Druck und Binden: GGP Media GmbH, Pößneck
Printed in Germany
ISBN 978-3-7844-3111-6

Inhalt

Addiopizzo

Nessa Altura

Mauro liebte Maccagno. Nicht erst seit gestern. Schon seit er ein Kind gewesen war. Mehr als vierzig Jahre lang war es her, dass er mit seinen Eltern zum ersten Mal an den Lago Maggiore gekommen war. In Maccagno hatten sie gezeltet, tagelang in schweren Regengüssen unterm Planendach gehockt und dem Trommeln der Tropfen zugehört. Damals hatte er etwas empfunden, das ihn überwältigt hatte: Sicherheit. Das platschende Geräusch, die murmelnden Stimmen der Eltern, die feuchte Luft, die Enge, die Ausweglosigkeit – seine Eltern hatten geflucht, aber er hatte gebetet, dass es nicht aufhören möge. Unvergesslich das Bild der fleischigen Knie seiner Mutter und der knochigen seines Vaters, das Bild dessen gequetschter Hoden in den kurzen Hosen und ihr wirres, geringeltes Haar. Sie hatte ihm, dem achtjährigen Mauro, eine zwar kalte, aber angeröstete Esskastanie in die Hand gedrückt und gesagt, man müsse warten. Er hätte gewartet bis zum Ende der Welt, wenn es nötig gewesen wäre – den mehligen Geschmack auf den Lippen und das kleine Herz in unendlicher Ruhe. Er war immer ein furchtsames Kind gewesen, aber damals, in diesem Augenblick, hatte er gewusst, dass ihm nichts und niemand etwas anhaben konnte, so lange er an diesem See war. Und eine Plane über dem Kopf hatte. Und so lange es regnete.

Als an einem der nächsten Morgen die Sonne den See silbern gemacht hatte, hatte er sich geschworen, dass er wiederkommen würde. Während die zitternden Fächerpalmen trockneten, hatte er den Schwur wiederholt. Später einmal, wenn er groß war, würde er hier leben.

Nun war der Zeitpunkt gekommen, Mauro hatte seinen Posten als Sous-Chef im »Alle Baruffe Chiozotte« in Chioggia aufgegeben, hatte sich von seinem langjährigen Geliebten Lucio getrennt und wagte einen Neuanfang. In Maccagno hatte er eine kleine Wohnung entdeckt, die genau seinen Vorstellungen entsprach. Das Parterre hatte er auch mieten müssen und so hatte er nach einigem Nachdenken eine winzige Trattoria aufgemacht. In seinen Berufsjahren hatte er sich die notwendigen betriebswirtschaftlichen Kenntnisse angeeignet; ihn bewegten jedoch nicht die Kreationen der Haute Cuisine, sondern die Küche der einfachen Leute. Wie Marcel

Proust war er stets auf der Suche nach der verlorenen Zeit: Sein ehrgeiziges Ziel war es, Gerüche und Geschmacksempfindungen seiner Jugend aufzuspüren und nachzukochen. Sein »Lagolungo« galt bald als Geheimtipp.

Er hätte glücklich sein können, wäre da nicht Travoltini gewesen. Der war ein humoriger Bursche, der allseits beliebt war, weil er gut Witze erzählen konnte. Mauro aber hatte er nicht täuschen können – dieser Travoltini verbarg hinter seiner Leutseligkeit einen schlechten Charakter, das spürte er. Travoltini war Jäger und brüstete sich gerne mit seinen Abschussquoten: Wildschweine, Füchse, Damwild, sogar Wölfe wollte er schon erlegt haben. Begonnen hatte es mit der Bitte um Spenden: Travoltini hatte eines Tages bei ihm gespeist, allein an einem Tischchen, und beiläufig, als Mauro mit der Rechnung erschienen war, darauf hingewiesen, dass ein Freund, ein guter Freund, gerade aus dem Gefängnis entlassen worden sei und auf die Hilfe seiner Kumpel aus früheren Tagen angewiesen sei. Wenn er ab und an einmal gratis essen könne, nur die Reste, die übrig blieben, *mille grazie,* das sei schon eine große Hilfe. Mauro hatte genickt, was blieb ihm anderes übrig, er war neu in Maccagno und Travoltini war einer der örtlichen Granden, dem schlug man nichts ab. Travoltini grunzte, er war fett wie ein Schwein.

Dann war der Freund erschienen, ein geduckter, nervöser Kerl, hatte aber weniger gegessen als vielmehr verstohlen die Kundschaft gezählt und nach der Kasse gespäht. Mauro beobachtete ihn mit Argusaugen, er spürte, dass mit diesem Mann eine Laus in sein Lokal eingezogen war, die kein Kammerjäger würde vertreiben können. Es dauerte nicht lange, da kam Travoltini mit einer Liste. Andere Mitbürger, barmte er, seien unschuldig in die Mühlen der Justiz geraten, säßen in Mailand und Varese und warteten auf ihren Prozess; man müsse ihre Familien unterstützen, er soll hier einen – wie auch immer geringen – Betrag eintragen, jeder Euro helfe. Als Mauro zögerte, schrieb er selbst die Ziffer 100 hinein und beobachtete ihn lauernd. Hier hätte Mauro jammern und klagen sollen, Umsätze aufzählen und die Kosten von frischem Fisch referieren, aber dazu war er zu stolz, er beließ es bei dieser Summe. Bald ärgerte er sich: Die Hundert waren keine Einmalzahlung, sondern monatlich zu entrichten; Travoltini kam höchstpersönlich, um sie bei Ruccola mit Parmigiano, Risotto mit Steinpilzen und einem Glas Americano einzustreichen. Dass er sein Essen nun nicht länger bezahlen musste, verstand sich von selbst – schließlich war er in karitativen Angelegenheiten unterwegs. Als Mauro einen Feiertagszuschlag um fünfhundert Prozent ausschlug, dauerte es nicht lange und sein alter Lancia war verschwunden. Vor dem »Lagolungo« geklaut! Die Polizei hob die Augenbrauen und sagte, er solle sich gedulden, der Wagen werde schon wieder auftauchen. Wer auftauchte war Travoltinis Adlatus, der *Nervoso,* und faselte etwas vom alten Hotel in Maccagno. Mauro tat, als verstehe er nicht, aber an Mariae Himmelfahrt schrieb er einen Scheck über Fünfhundert aus und legte ihn Travoltini unter die Serviette; er brauchte sein Auto.

Natürlich fand er es hinter dem alten Hotel, unversehrt, aber ohne Tankfüllung: ein *cavallo di ritorno.* Das Pferd, das zurückläuft – eine alte Methode der Organisation. *Si,* jetzt musste Mauro, ob er wollte oder nicht, den Tatsachen ins Auge sehen: Seine kleine Unternehmung war ins Augenmerk der Krake gerückt, sie würde nicht lockerlassen. *Pizzo* war das, keine Spende – Schutzgeld. In Maccagno! Er hatte geglaubt, so etwas gäbe es nur in Süditalien. In Chioggia war davon nie die Rede gewesen, aber schließlich hatte er dort auch mit der Kasse nichts zu tun gehabt.

Mauro war kein mutiger Mensch, aber er besaß ein klares Distinktionsvermögen, wusste wohl, was gut war und was schlecht. Er wollte niemanden betrügen, sein Essen sollte fair sein, seine Trattoria klein, aber ambitioniert, seine Kundschaft sauber. Mit der Organisation, deren Namen keiner aussprach, wollte er nichts, aber auch gar nichts zu tun haben. Er ging zur Polizei. Die hob, wie schon einmal, die Augenbrauen und schnalzte mit der Zunge. Jeder sei, so hörte er, frei in seiner Entscheidung, keiner müsse *pizzo* zahlen, ermordet werde hier niemand deswegen. Ungelegenheiten, das ja, man hob bedauernd die Schultern. Ungelegenheiten, Mauro verließ das Kommissariat ratlos. Er wollte sich nicht mit dem Bösen verbünden, aber Ungelegenheiten – er dachte schaudernd an die nikotingelben Finger des *Nervoso* – waren auch kein Vergnügen. Er würde sich entscheiden müssen.

Mauro war kein Mann schneller Entschlüsse. Er überlegte lange. Durch seine Träume zogen abgeschnittene Finger, blutiges *carne crudo*, Betonblöcke im seichten Seeufer, an denen Männerbeine befestigt waren. Er sah sich des Nachts über Bord eines schweizerischen Schiffes gehen, vom Grat des Monte Rossa Massivs gestoßen, in der Pferdemetzgerei zu Wurst verarbeitet, auf dem berühmten Wochenmarkt von Luino als Sklave verkauft. Er gedachte nicht, sich drängen zu lassen, aber er wurde hager und schmal und sein eigenes Essen schmeckte ihm nicht mehr. Eines Nachts traf er seine Entscheidung – so oder so war das kein Leben.

Am Tag darauf, es war ein Montag im Oktober, sperrte er sein geliebtes »Lagolungo« zu, hängte einen höflichen Entschuldigungszettel an die Tür und begab sich in die Berge. *Addio* Maccagno!

In der Natur, so hoffte er, würde sich zeigen, dass er den richtigen Entschluss getroffen hatte. Seine Möglichkeiten kamen ihm vor wie die Alternative zwischen Bergen und See; beides gedachte er in seiner Wanderung zu vereinen. Während des Aufstiegs, den Lago Maggiore im Rücken, würde er sich kein einziges Mal herumdrehen, aber oben auf dem Gipfel des Monte Cadrigno in über tausend Meter Höhe würde er es tun und dann würde sich angesichts der silbernen Seeschlange im Talgrund erweisen, ob sein Entschluss dem Tageslicht standhielt.

Mauro stieg stetig. Stieg, stieg, stieg. Setzte bedächtig Schritt um Schritt, gewann Höhenlinie um Höhenlinie des Südhanges des Valle Veddasca. Dann und wann faltete er die Wanderkarte auf, um seinen Standort zu überprüfen und auch, um sich eine Pause zu gönnen. Seinen Gedanken ließ er freien Lauf, dieses eine Mal wollte er sich von seinen Ängsten nicht heimsuchen lassen. Er ließ sein bisheriges Leben Revue passieren, während seine Stiefelsohlen auf Geröll traten, auf stachelige braune Maronenschalen, auf feuchtes, schon verwesendes Blattwerk, auf glänzend getretene Granitplatten, die der Herbstregen vom Erdreich frei gespült hatte. Seine Kindheit, die Verstörungen seiner Jugend, der lange Weg zur Erkenntnis seiner sexuellen Orientierung, die Zeiten verliebter Verspieltheit, die harten Berufsjahre, die traute Verbundenheit mit Lucio, dessen unbegreifliche Charakterveränderung, ihre Entfremdung und schließlich der harte Schnitt. Er war zufrieden, er hatte so Vieles gemeistert, nicht immer elegant, nicht immer auf Anhieb, aber letztendlich doch erfolgreich. Ihn würde auch die Organisation nicht kleinkriegen. Er fühlte sich stark, als er den Gipfel nach Stunden erreicht hatte. Er drehte sich um: Da lag das Objekt seiner Sehnsucht vor ihm, der glatte Spiegel des Lago Maggiore tief unten, ein blaues Band, das den Himmel reflektierte. Er sah das hübsche Cannobio auf der gegenüberliegenden Seite und ein kleines weißes Schiff, das pünktlich seinen Dienst versah. Der *alioscafo*? Ordnung war das halbe Leben, die Krake bedeutete Unordnung. Er würde sich widersetzen, *basta.*

Er packte sein Vesperbrett aus, entkorkte eine Flasche Merlot, schnitt ein Stück von seiner Pferdesalami ab, auch vom Pecorinokäse und zupfte Trauben vom Stängel – labte sich an den verlässlichen Gütern der Gegend. Sorgfältig klaubte er seinen Müll zusammen: *Addiopranzo!*

Dann begann er den Abstieg über dem verwunschenen Lago Delio, einem Wasserspeicher, nach Maccagno. Er lauschte. Ja, doch, aus dem Wald drangen Geräusche, er hatte sich nicht getäuscht. Ging da jemand? Er drehte sich blitzschnell um. Niemand. Es war auch niemand mit ihm heraufgekommen, wahrscheinlich hatte er das Rascheln selbst verursacht. Er beschloss, sich nicht weiter darum zu kümmern. Nach einer weiteren Stunde spürte er, wie seine Knie zu schmerzen begannen, mussten sie doch bei jedem Schritt sein gesamtes Körpergewicht abfangen. Aufsteigen war leichter als Absteigen, das wusste jedes

Kind. Vielleicht hätte er weniger Rotwein trinken sollen, aber seine Erleichterung über die Festigkeit seines Entschlusses war so groß gewesen, dass er leichtsinnig geworden war. Er legte eine Pause ein. Während sich sein Herzschlag beruhigte, vernahmen seine Ohren, dass jemand in seiner Nähe atmete. Wer? Schlagartig formte er in seiner Vorstellung das Bild des *Nervoso*, wie er gebuckelt durchs Unterholz schlich, der verlängerte Arm der Krake, der sich durch Brombeerranken und Farne schlängelte. Er nahm sein Bündel wieder auf und ging hastig weiter, seine Ohren rückwärts gerichtet, so wie es angeblich Pferde taten, wenn sie sich verfolgt glaubten. Nein, er hörte nichts mehr, so sehr er auch lauschte, es war wohl seine Angst vor den Ungelegenheiten gewesen, die nun zu erwarten waren. Sicher war es besser, sich rechtzeitig darauf einzustellen, damit man nicht allzu sehr überrascht wurde. Was konnten sie ihm antun? Kakerlaken in seiner Trattoria aussetzen? Das Tiramisu mit Salmonellen versetzen? Behördlichen Ärger initiieren? Es gab immer irgendeinen *bollo*, eine Wertmarke, die man vergessen hatte aufzukleben, die italienische Verwaltung kannte zahlreiche Vorschriften, die nach Belieben angewandt werden konnten oder auch nicht. Einen Brandsatz legen? Ihn schauderte. Er erwog, sich ein Boot zuzulegen. Weit draußen auf dem Wasser wäre er unangreifbar.

Er erreichte den kleinen totenstillen Lago Delio. Hier an den Ufern dieses Bergsees sollte einst ein

Dorf gelegen sein, reich und fett, deren Bewohner geizig waren und den Bettlern Almosen verweigerten. Er zuckte zusammen. Die Bauern samt ihren Bruchsteinhäusern seien, so sagte die Legende, vom See verschluckt worden. Er starrte in das dunkle Wasser: Würde er ebenso enden? Ihn fröstelte, er blickte scharf auf die moosgrüne Oberfläche. Man behauptete, bei leichtem Wind seien die Glocken der versunkenen Dorfkirche zu hören. Kein Mensch war zu sehen, auch kein Glockenspiel zu vernehmen. Er seufzte und blickte zum Himmel. Oktober, die Luft war rein und frisch, über den Wasserspeicher zogen Wolkenschatten, ganz so als gehe unterhalb der Oberfläche ein Leben vor sich, von dem niemand wusste. Ein Omen? Auf einmal sehnte er sich nach Regen. Das sanfte Geräusch des vom Himmel fallenden Wassers würde ihn beruhigen. Er hatte diesen stetigen warmen Regen auch in der Lagune immer schon gemocht; es war eigenartig, er fürchtete Nässe und klamme Kleider nicht, seine Haut liebte die Feuchtigkeit.

Links von ihm vernahm er plötzlich wieder ein Geräusch. Zweige knackten, ein Steinchen rollte, er spähte in die Düsternis des Waldes. Funkelten dort nicht zwei Augen? Er schluckte trocken, der Rotwein hatte ihn durstig gemacht. Da war jemand, er bildete sich das nicht ein – er war nicht allein hier draußen, jemand folgte ihm schon seit geraumer Zeit. Wie aber hätten Travoltini und der *Nervoso* und weiß Gott, wer noch dazugehörte – die Polizisten? Der Bürgermeister? Alfredo von der Konkurrenz? – von seinem Entschluss wissen können? Bisher hatte er sich nur in seinem Gehirn formiert, war noch nicht nach außen gedrungen …

Er ging forsch ein paar Schritte in Richtung des Geräusches und tatsächlich, irgendwer oder irgendetwas entfernte sich hastig, zog sich tiefer ins Dunkel zurück. Es musste ein Hund sein, sagte er sich, ein Hütehund, der zu einem der abgelegenen Höfe gehörte, ein Hütehund, der darauf getrimmt war, sich in der Nähe des Menschen zu halten. Viele der Montis, der Tessiner Almen, waren im Sommer bewirtschaftet, die Grenze war ja nicht weit entfernt … der Gedanke beruhigte ihn nur mäßig, er hatte von jeher Angst vor Hunden gehabt, die ihm unberechenbar erschienen, so sorglos ihre Besitzer auch tun mochten.

Nun, wer oder was auch immer ihn verfolgte, er konnte sich nicht darauf einlassen. Es war schon später Nachmittag und im Herbst dunkelte es früh, er musste zusehen, dass er hinunter nach Maccagno kam. Er gelangte in die Kastanienwälder. Mit seiner Schuhspitze schnippte er gelegentlich Schalen aus dem Weg oder trat darauf, manchmal sprangen dann die herzförmigen glänzend braunen Früchte heraus. Um sich abzulenken, erfand er ein neues Gericht: eine Suppe aus Fenchel, Brühe und Kastanienbrei, die *Zuppa allo Mauro*. Welches Gewürz würde dazu passen? Im Geiste probierte er Thymian, dann einen Schuss Balsamico – oder doch Limonensaft? Curry? Zimt? Schinken?

Plötzlich zuckte er zusammen. Ganz in seiner Nähe war eben ein Grunzen zu hören gewesen. War es nicht der *Nervoso*, sondern Travoltini selbst? Grunzte der nicht manchmal vor Behagen, wenn ihm etwas besonders gut mundete? Ja, doch, er erinnerte sich deutlich daran. Das war keine Einbildung. Er war sich jetzt ganz sicher. Travoltini war ihm gefolgt und beabsichtigte, ihm einen Schrecken einzujagen. Oder noch mehr? Hatte er einen Seidenstrumpf in der Tasche? Oder eine Waffe? Hatte er sich diesen einsamen Ort ausgesucht, um ihn zu jagen wie ein Stück Wild? Um ihn zu warnen, ein Exempel zu statuieren? Oder gar Schlimmeres?

Jetzt lief er, hastete über den Pfad, rutschte über die glatten Edelkastanien. Sein Bündel schlug an seine mageren Hüften, seine Knie pochten vor Schmerz. Travoltini verfolgte ihn, zeigte sich jedoch nicht. Aber er hörte es knacken, sein Widersacher hatte jetzt jede Vorsicht aufgegeben, wusste, dass er wusste … er rannte keuchend, nur nicht hinfallen, nur nicht sich jetzt den Knöchel verstauchen … am Boden wäre er wehrlos. Travoltini, der Fette, würde mit beiden Beinen auf sein Opfer springen, ihm in die Hoden treten oder einen Stein auf seinem Kopf zerschmettern. Eine Ladung Schrot ins Gesicht oder zwischen die Beine verpassen. Diese Halunkenbande kannte keine Gnade. Sekundenlang dachte er an früher, an das Bild seines Vaters im Zelt, an den Geschmack von gerösteten Maroni. Dann fühlte er Feuchtigkeit in der Luft, es roch nach Regen, dem Regen, den er sich vor Kurzem herbeigewünscht hatte. Und schon fiel er, kühlte seine Stirn, sang in der Luft, schmälerte augenblicklich seine Panik. Er blieb stehen. War er ein Mann oder eine Memme?

Das Wasser troff aus seinen Haaren über die Augen, als er in den Wald einbrach, um Travoltini zu stellen. Im Grau des Dickichts sah er eine dunkle Masse in einer Kuhle am Boden kauern. Travoltini machte sich klein, um ihn anzuspringen. Sein Feind roch nach nassem Hund, wild, sein dunkler Wollpullover sah aus wie ein Fell, von dem die Haare in Zacken abstanden. Mauro warf sich auf ihn, jetzt galt es. Ein hoher Quieklaut gellte in seinen Ohren, als er auf seinen Widersacher prallte. Das Bündel zappelte, es war nass und rau und grunzte. Mit namenlosem Entsetzen erkannte Mauro eine konisch zulaufende Nase, gelbe, übergroße Zähne, eine blaue Zunge und rot geränderte tückische Augen. Er ließ los: Dies war kein Mensch, das war ein Monster! Er flog zur Seite, das Wesen konnte sich aufrichten und floh auf kurzen Beinen, aber wieselschnell. Zurück ließ es die aufgewühlte Kuhle, die voller Maroni lag. Mauro atmete mit einem pfeifenden

Geräusch aus; er hatte während seiner Attacke nicht einmal geatmet. Ein Wildschwein, das sich – er hatte davon gelesen – totgestellt hatte, im Augenblick des unerwarteten Angriffs. Mauro schüttelte ungläubig den Kopf, dann bleckte er selbst die Zähne: *Addioverro!*

Er keuchte. Er lachte. Tränen liefen über sein Gesicht, Tränen der Erleichterung. Er blieb auf den Knien liegen und dankte seinen Eltern, Gott und dem See. Alles würde gut werden, man durfte sich nur nicht ins Bockshorn jagen lassen. Wer es mit einem *Verro*, einem Keiler, aufnahm, der würde auch mit der Krake fertig werden.

Er stand auf, klopfte die feuchte Erde von seinen Hosenknien und wanderte weiter bergab. Seine Gedanken hüpften zwischen seinem Rezept und dem Kastaniengürtel, der die Grenze zwischen dem mediterranen Seeklima und dem alpinen Festlandsklima der Bergregion bildete, hin und her: Was für eine Frucht! Lange Zeit war sie fast die einzige Nahrungsquelle verarmter Bauern gewesen. Bücken, sammeln, aussortieren, schlagen, damit die Schale platzte, über dem Feuer rösten … die Natur ernährte den Menschen. Und die Tiere. Selven nannte man die Kastanienwälder im schweizerischen Tessin, die jetzt zunehmend rekultiviert wurden. Und was die Schweizer alles daraus machten: Soufflés, Mousse, Maroni-Eis, Maroni-Bier, sogar Brot. Er schritt jetzt geschwind ins Tal, konnte es kaum erwarten, den Kochlöffel zu schwingen. Experimente würde er machen, Experimente!

Sein Entschluss stand felsenfest und er freute sich sogar darauf, ihn mitzuteilen. Ganz kühl würde er bleiben: Mit mir nicht, Travoltini, würde er sagen, *niente, nada, nix*. Er rollte die Worte im Mund umher. Sie klangen gut. Sie schmeckten. Bei der kleinen Kapelle San Rocco betete er einen wunderlichen Rosenkranz: *niente, nada, nix*. Dann trat er auf das winzige Plateau und blickte über den See: Im Nordwesten blitzten die ersten Lichter von Locarno, der Festivalstadt, im Süden verschwand Stresa im Dunst und nicht weit entfernt lagen die legendären Piratenschlösser auf dem Wasser wie verlassene Schiffe – die Castelli di Cannero. Der Regen war dünner geworden, bald würden Nebelschwaden über dem See aufziehen und alles, was er erlebt hatte, gnädig verhüllen. Hinfallen konnte jeder, aber wieder aufzustehen, das war die Kunst!

Noch sechshundert Meter waren abzusteigen, dann konnte Mauro in seine Küche. Er brannte darauf, sein ausgedachtes Rezept auszuprobieren, schmeckte schon das sämig-mehlige Aroma der Kastanie seiner Jungenjahre.

Übermütig wollte er noch kurz am Parkplatz vorbeigehen. Ein kurzer Aufenthalt am Ort seiner Demütigung würde ihn weiter kräftigen. Als er den Parkplatz erreicht hatte, war es schon dunkel. Auf dem See konnte man die Lichter der Boote sehen. Bald würde ihm eines davon gehören.

Aus den verfallenden Gemäuern des alten Hotels lösten sich geräuschlos drei Schatten und blockierten seinen Weg. Mauro erkannte den *Nervoso* an seinem buckligen Gang, Travoltini an seinem schweren breitbeinigen Schritt. Und auch der Dritte – Mauro glaubte, seinen Augen nicht zu trauen – bewegte sich auf vertraute Art; es war Lucio, *sein* Lucio aus Chioggia!

»Lucio, du!«, sagte er überrascht.

»Nun?«, sagte Travoltini.

»Nicht mit mir!«, sagte Mauro so fest er konnte, *»niente.«* Es wunderte ihn selbst, aber er fürchtete sich nicht.

»Lupara bianca oder *lupara rossa?«,* raunte der *Nervoso*, neigte den Kopf und sah Lucio schräg von unten an.

Jeder Italiener wusste, was das bedeutete: *Lupara* war die Schrotflinte, *bianco* bedeutete die spurlose Anwendung derselben, *rosso* die öffentliche. Weiß wie Asche, vom Wind verweht, rot wie Blut, auf Steinen vergossen. Für eine Sekunde pochte Mauros ängstliches Kinderherz, dann schlug es wieder regelmäßig: Einschüchterung war das, nichts weiter.

»Nada, nix«, zischte er.

»Stop!«, sagte Lucio knapp. Verwundert erkannte Mauro, dass er der Boss sein musste. Er bedeutete den beiden anderen mit einer herrischen Kopfbewegung, beiseitezutreten. Sie gehorchten mürrisch.

»Lucio«, sagte Mauro noch einmal. Das Wort war seinen Lippen entschlüpft, ohne dass er es gewollt hatte. Es lag kein Flehen darin, es war lediglich eine Feststellung.

Lucio legte ihm einen Arm auf die Schulter. Seine Hand brannte durch Mauros durchnässten Ärmel wie Feuer. Wie hatten sie einander geschätzt! Und wie sehr hatte sich der Freund damals verändert – aus dem hellen luftigen Burschen war ein finsterer Schweiger geworden, der nicht sagte, wohin er ging oder woher er kam, wenn es Nacht geworden war in der Lagune. Auf einmal schien es, als seien die Rollen vertauscht – nicht Mauro war der bittende, schwächere Teil, sondern Lucio. Das hatte allein der Kampf mit dem Wildschwein bewirkt! Mauro verzog die Lippen zu einem Lächeln. Lucio küsste ihn sanft wie ein Pferd auf die Wange. Mauro wehrte ihn nicht ab; er war es plötzlich unendlich leid, allein zu sein. Seine Knie gaben unter ihm nach, sein Herz öffnete sich und flog Lucio zu.

»Ich habe ein neues Rezept«, flüsterte er.

Lucio sah ihm prüfend in die Augen, dann ging ein Ruck durch seinen athletischen Leib, einen Körper, den Mauro immer bewundert hatte. Er winkte die beiden Kollegen zu sich.

»Addiopizzo!«, sagte er.

Es klang wie ein Befehl.

Untergehakt gingen die beiden Freunde zum »Lagolungo«. Während Mauro die Maroni schälte und Lucio den Fenchel dünstete, wurde der Regen wieder stärker. Wie Krakenschleim vermengten sich gelber Sommerstaub und Oktoberwasser auf den Scheiben. War die Krake nun innen oder außen?, fragte sich Mauro erschöpft und kniff die Augen zusammen, um schärfer zu sehen. Aus- oder eingeladen?

»Mm, köstlich«, sagte Lucio, der die Suppe probierte.

Auf die Antwort würde er warten müssen, bis sie gegessen hatten.

Fenchelsuppe mit Maronen

ZUTATEN (FÜR 4 PERSONEN)

400 g Fenchel • 4 EL Butter • 2 EL Mehl • 400 g Schlagsahne • ½ l Gemüsebrühe (Instant) • 400 g Maronenpüree • 120 g Fontina-Käse • 150 g roher Schinken • einige Dillspitzen zum Garnieren • Salz, Pfeffer

ZUBEREITUNG

Den Fenchel putzen, waschen und in Streifen schneiden. Etwa 10 Minuten in kochendem Salzwasser garen. Herausnehmen und gut abtropfen lassen. In einem Topf die Butter zerlassen, das Mehl dazugeben und anschwitzen. Mit der Sahne und der Brühe ablöschen und unter Rühren aufkochen lassen. Das Maronenpüree einrühren. Den Käse dazugeben und schmelzen lassen. Dann die Fenchelstreifen in den Topf geben, den Herd abschalten und alles 2–3 Minuten ziehen lassen. Den Schinken in Streifen schneiden. Die Suppe auf 4 Tellern verteilen, mit dem Schinken bestreuen und mit dem Dill garniert servieren.

Wer das Maronenpüree selber machen möchte: Die Maronen an der flachen Seite kreuzweise einritzen, in Wasser weich kochen, dann schälen und pürieren.

Morte all' Arrabbiata

Martina Bick

Eigentlich ist Tante Sophie, genannt Tantchen, gar nicht meine richtige Tante. Sie war eine gute Freundin meiner Mutter, die sie, obwohl erheblich älter, nun schon um einige Jahre überlebt hat. Sie ist klein, zäh, immer unsportlich, aber super schlank gewesen und war mit einem Schlafanzugvertreter verheiratet – Herrenoberbekleidung heißt das bei ihr. Aber ich weiß ja, worum es ging, um Herrenschlafanzüge aus einem seltsamen glatten Stoff, innen aufgeraut, mit altmodischen Mustern, die sommers und winters warm waren wie Daunenschlafsäcke. Mein Vater trug sie, mein Bruder ebenfalls, und ich übernahm die abgetragenen Teile in einer jugendlichen Phase von Selbstgenügsamkeit mit starkem Hang zu schlabberigen Männerunterhemden und eben diesen Herrenpyjamas. Alfried, so hieß der früh Verstorbene, hatte ganze Wagenladungen von den Dingern hinterlassen, die seine damals noch recht jugendliche Witwe gern für die vielseitigen Dienste meiner fleißigen und nähbegabten Mutter als Lohn austeilte. Meine Mutter hielt das Material für »hochwertige Ware« und bedankte sich immer artig. Was Tantchen wohl zu der Überzeugung kommen ließ, die Gaben seien willkommen und ausreichend.

Ob sie sich auf diese Art ihr Vermögen zusammengeschnorrt hat? Ich weiß es nicht. In unserer Familie sprach man nicht über Geld. Man hatte es nicht, warum also darüber sprechen? Tantchen hatte es allerdings. Und da sie kinderlos und auch sonst bar aller Pflichten durchs Leben gekommen war, hatte sie eines Tages beschlossen, ein Testament zu meinen Gunsten aufzusetzen. Das verriet sie natürlich meiner Mutter, die dies mit ihrem ausgeprägten Gerechtigkeitssinn sofort als Ausgleich für ihre langjährigen, nur mit Herrenpyjamas entlohnten Schneider- und sonstigen Unterstützungstätigkeiten deutete.

»Da kannst du mal sehen, wie sich alles am Ende wieder ausgleicht«, meinte sie. »Nun pass schön auf, dass du es dir nicht mit ihr verdirbst, bevor sie stirbt.«

Meine gute Mutter wusste, wovon sie sprach. Sie kannte nicht nur das Tantchen recht gut, sondern auch mich und die langen Phasen, in denen ich gar nicht »schlimm« genug sein konnte, damit mich meine Verwandtschaft mit ihren kleinbürgerlichen Erwartungen spätkapitalistischer Prägung doch endlich in Ruhe ließe. Sie ließ mich jedoch nicht in Ruhe. Niemand ließ mich fallen, niemand brach endgültig den Kontakt ab, niemand nahm mich ernst. Ich wurde dreißig, die revolutionäre Ausdauer verlief sich und das Tantchen hatte mich noch immer nicht enterbt. Sie war auch noch immer nicht gestorben. Sie ist bis heute nicht gestorben, das ist das Problem. Meine gute Mutter liegt schon lange unter der Erde, das Tantchen mit ihren stolzen fünfundachtzig Jahren erfreut sich bester Gesundheit. Und ich werde in den nächsten Tagen fünfzig.

Die Idee, zusammen nach Italien zu reisen, kam im Grunde von ihr. Ich finde das tröstlich. Es sieht dadurch nicht so aus, als ob ich es darauf abgesehen, als ob ich sie »in die Falle« gelockt hätte. Ich fahre einfach nur mit ihr nach Italien, im Grunde tue ich ihr einen Gefallen. Natürlich ist es trotzdem nicht schön, jemandem nach dem Leben zu trachten, auch wenn dieser Mensch schon sehr alt ist und im Grunde alles erlebt hat, was es für ihn zu erleben gab. Ich könnte mir sogar einreden, ich erleichterte ihr das Ende – Italien sehen und sterben –, das ist doch schon fast ein Freundschaftsdienst, oder? Aber ich bin zu realistisch und zu ehrlich, um mir nicht eingestehen zu müssen, dass das alles billige Rechtfertigungen wären. Ich will einfach nur ihr Geld und basta.

Den Flieger und das Hotel in Sorrent hat Tantchen spendiert. Für meinen Unterhalt vor Ort müsse ich allerdings selbst aufkommen, hatte sie spitzbübisch am Telefon verkündet.

»Das ist doch gar kein Problem, Tantchen«, hatte ich mich beeilt zu antworten.

»Das Hotel ist einfach, aber sauber. Ich habe ein Doppelzimmer für uns genommen. Die Einzelzimmeraufschläge sind unverschämt hoch.«

Das fand ich schon perfider. Eine ganze Woche mit Tantchen im Doppelbett, das hätte ich nicht mal meinem schlimmsten Feind gewünscht. Aber was sollte ich machen? Ich habe buchstäblich keinen Pfennig auf der Naht. Keinen Job seit Monaten, auch keinen in Aussicht. Stattdessen verschiedene Schuldner, die an mir herumzerren, weil ich in den letzten Jahren verzweifelt versucht habe, mich auf die eine oder andere Art selbstständig zu machen. Mit dem Ergebnis, dass jedes Vorhaben gescheitert ist und nur immer neue Schulden hinterlassen hat. Druckereien, die meine Visitenkarten und Briefpapier gedruckt haben, eine Autofirma, bei der ich einen Firmenwagen geleast habe, eine Spedition, die Waren für mich herumgefahren hat – alles freundliche kleine Unternehmen, die selbst um ihr Überleben kämpfen. Und die ich ein Stückchen mit in den Abgrund reiße, über dem ich selbst schon an einem gefährlich dünnen Seil baumele. Während eine nette, alte Dame, die in ihrem Leben keine andere Arbeit ausgeführt hat, als die Socken ihres Gatten zu waschen und sich dann noch mal vierzig Jahre lang allein die Zeit zu vertreiben, in Geld regelrecht schwimmt und einfach nicht abtreten will. Und die mich als ihre Erbin auserkoren hat. Nur das rettende Kapital einfach nicht loslassen kann. Loslassen ist immer sehr schwer …

»Wenn Tante Sophie an deinem fünfzigsten Geburtstag noch leben sollte, wird sie ihr Testament abändern. Mit fünfzig solltest du es geschafft haben, dich selbst zu erhalten und brauchst ihr Geld nicht mehr.«

Diese Eröffnung hatte meine Mutter mir kurz vor meinem vierzigsten Geburtstag gemacht. Damals fing ich gerade an, darüber nachzudenken, um wie viel besser es sich leben ließe, wenn man etwas mehr Geld in den Händen hätte. Bis dahin war Geld mir eher suspekt oder egal gewesen. Zum Leben war irgendwie immer genug da und mehr als zum Leben wollte ich nicht besitzen. Solange die Welt voll Hunger und Krieg und sterbender Kinder war, wollte ich nicht an der Fettlebe der westlichen Industrie-Nationen teilhaben. Ab meinem vierzigsten Lebensjahr änderte sich meine Einstellung jedoch entscheidend. Wie in einen Sog geraten fingen meine Gedanken an, um dieses Erbe zu kreisen, das mir plötzlich nicht nur einfach viel Geld zu sein schien, sondern

Lebensqualität bedeutete, neue Möglichkeiten, mich zu entfalten, gute Projekte durchzuführen, in Ruhe nachdenken zu können, endlich Dinge mit Hand und Fuß fertigzustellen. Das ganze Gekrauche der vergangenen Jahre schien mir plötzlich müßig und sinnlos, wohin hatte es denn geführt? Wem hatten meine Armut und falsche Bescheidenheit geholfen, wer kümmerte sich darum? Kein Mensch. Ich hatte in einem Irrtum gelebt. Ich hatte aufs falsche Pferd gesetzt, das Rennen ging an mir vorüber. So hatte ich nicht gewettet.

Ab vierzig tickten meine Uhren anders. Von nun an hing mein Glück am Leben und Sterben des Tantchens. Anfangs bezweifelte ich keine Sekunde, dass sie selbstverständlich vor meinem fünfzigsten Geburtstag das Zeitliche segnen würde. Das war für mich so klar, wie dass Weihnachten jedes Jahr im Dezember stattfindet. Erst in der zweiten Hälfte meiner Vierziger kam mir der Gedanke, dass das Tantchen sich einer ausgezeichneten Gesundheit erfreute und nicht im Mindesten den Eindruck machte, demnächst, also innerhalb der nächsten fünf Jahre, zu sterben. Es erwischte mich unverhofft wie ein Stromschlag: die Einsicht, dass ich dieses Geld womöglich nie sehen würde, weil das Tantchen nämlich mindestens hundert Jahre alt werden würde. Und dann hätte ich die fünfzig schon fast um zwanzig Jahre überschritten.

Auch meine gute Mutter hatte sich insgeheim ihre Gedanken gemacht. Noch auf ihrem Sterbebett flüsterte sie mir zu: »Pass auf, das Tantchen überlebt uns alle, mein liebes Kind. Wer hätte das geahnt.«

Sie musste sterben, ohne meine Sache letztlich geklärt zu wissen. Das war bestimmt nicht leicht für sie. Für mich aber wurde es von nun an richtig schwer. Es war, als hätte das Tantchen seit dem Tod meiner Mutter beschlossen, nun erst recht lange zu leben. Sie kümmerte sich nie um meine Angelegenheiten. Sie fragte mich, wie es mir ginge, ließ sich nette Begebenheiten aus meinem Leben erzählen, gab gute Ratschläge in beruflichen Fragen, die noch aus der Zeit ihres seligen Gatten stammten und trotzdem gar nicht so falsch waren. Schließlich hat sich der Kapitalismus im Grunde nicht verändert und Geld scheffeln ist heute wie damals dieselbe Sache. Tantchen musste wissen, dass es mir schlecht ging und dass meine sogenannten Geschäfte miserabel liefen und reihenweise scheiterten. Aber sie ließ sich nichts anmerken. Niemals bot sie mir finanzielle Hilfe an. Wir spielten uns gegenseitig immer dasselbe Theaterstück vor: Sie war das zarte, wegen ihrer bemerkenswerten Persönlichkeit hofierte, gebrechliche Wesen und ich die praktische, selbstständige Karrierefrau, die sich tapfer durchs Leben schlägt und dabei noch locker ein kleines, altes Tantchen psychisch mitversorgt. Ich hatte die Rolle meiner Mutter übernommen, nur dass ich dafür nicht mal alte Schlafanzüge geschenkt bekam, sondern mit einem schlichten Erbschaftsversprechen an der kurzen Leine gehalten wurde.

Mit der Zeit kam ich zu der Überzeugung, dass diese Erbschaft mir nicht nur zustand, sondern dass das Geld mir im Grunde schon gehörte. Ich hatte meinen Teil des Vertrages abgearbeitet bis auf den letzten Cent, mit eingerechnet alles, was meine Mutter für das Tantchen getan hatte. Sie stand schon längst in unserer Schuld! Schon um meiner Mutter die nötige Grabesruhe zu verschaffen, musste ich das Tantchen aus dem Leben befördern. Es war meine Aufgabe – es war ganz einfach meine Pflicht. Und ich musste es tun vor meinem fünfzigsten Geburtstag.

Sonntag in einer Woche ist es so weit. Ich werde diesen Tag in Sorrent erleben, in einem »einfachen« italienischen Hotel ohne Küche, in einem Doppelzimmer mit meinem Opfer aufs Engste verbunden – auf dass es dann hoffentlich bald nicht mehr existiert. Unser Flug geht am Montag um 10 Uhr ab Hamburg, Ankunft in Neapel 14 Uhr 30. Ich bin fest entschlossen, alles zu tun, was getan werden muss, koste es, was es wolle.

Montag

Die Anreise verlief wider Erwarten nach Plan. Weder hatte der Billigflieger Verspätung, noch war der Leihwagen am Flughafen von Neapel bereits vergeben –

im Gegenteil. Wir wurden höflich und freundlich behandelt, fanden problemlos und ohne Unfall den Weg vom Flughafen auf die Halbinsel von Sorrent und unser Hotel war weder eine alte Bruchbude noch lag es direkt an einer Baustelle. Tantchen war bester Stimmung und in spendabler Laune. Am Nachmittag ruhte sie sich auf der schattigen Terrasse unseres Zimmers – natürlich ohne Meerblick bei der Preisklasse – von den Strapazen der Reise aus. Anschließend tranken wir eisgekühlten Campari-Soda und heute Abend wollen wir irgendwo ein paar gute Spaghetti oder eine Pizza essen gehen.

Dienstag
Ich habe mich heute Nacht entschlossen, nicht unnötig lange zu warten mit meinem Vorhaben. Je eher ich die Sache hinter mich bringe, desto besser. Wer weiß, wie lange die Formalitäten dauern, die der Vorfall sicherlich nach sich zieht (von der Aufklärung des Unfalls bis hin zur Überführung des Leichnams etc.). Für heute Nachmittag ist ein Ausflug nach Amalfi geplant. Das liegt von uns aus gesehen auf der Rückseite der Halbinsel. Wir müssen eine Bergstraße passieren, die sehr unfallträchtig ist. Aber wie soll ich es anstellen, das Auto abstürzen zu lassen, ohne selbst mit drin zu sitzen? Vielleicht ergibt sich eine Gelegenheit auf einem Parkplatz. Zweite Möglichkeit wäre die Kathedrale von Amalfi. Ich habe Fotos von der prächtigen Freitreppe gesehen, die

hinaufführt. Ein falscher Fußtritt und man stürzt zig Stufen hinunter …

Mittwoch
Mein Vorhaben erweist sich als wesentlich schwieriger als gedacht. Alte Menschen sind schlau und zäh – darum sind sie vermutlich so alt geworden. Auf dem Weg durch die Berge habe ich zweimal angehalten. Einmal für eine Toilettenpause, einmal, um den wunderschönen Ausblick über die Küste und das Meer zu genießen. Das Tantchen verließ nicht den Wagen. Dabei hatten beide Parkplätze vollkommen unbefestigte Ränder. Keine Geländer, keine natürlichen Felskanten oder sanft abfallenden Gesteine. Senkrecht ging es hunderte von Metern hinunter bis zur felsigen Küste. Kein Mensch weit und breit außer uns beiden. Ein kleiner Schubs hätte genügt, um all meine Probleme zu lösen. Unkonzentriert und ärgerlich hätte ich zweimal fast einen Unfall gebaut auf der engen Landstraße, die in Haarnadelkurven zum Schwindeligwerden hinab nach Amalfi führt. Das Tantchen saß kerzengerade neben mir, summte alte deutsche Volkslieder und hielt sich am Türgriff fest, als bestünde die Gefahr, während der Fahrt aus dem Auto geschleudert zu werden. Ob sie ahnt, was ich vorhabe? Sie muss niemals irgendwo austreten, sie kann immer alles »fabelhaft vom Auto aus« überblicken, sie hat kein Bedürfnis, irgendetwas von Nahem zu betrachten und ist zu-

dem von einer so rührenden Dankbarkeit, dass mir ganz elend davon ist.

Die Kathedrale von Amalfi wollte sie von innen nicht besichtigen. Auf die mächtige (wunderbar geeignete!) Treppe hat sie keinen Fuß gesetzt. Stattdessen hat sie mich zu einem phantastischen Mittagessen in einer kleinen, feinen Trattoria fernab der Touristenströme eingeladen, wo ich mich über mein Unglück bei einem herrlichen Fischmahl und ein paar Gläsern kühlen Weins trösten konnte, während sie wie immer nur ein paar Happen eines einfachen Nudelgerichts zu sich nahm und ein Fläschchen Wasser ohne Kohlensäure, »non freddo, per favore« trank. Auf die Art kann man leicht hundert werden …

Donnerstag

Ausflug nach Pompeji. Wir haben uns einer geführten Reisegruppe angeschlossen, die früh am Morgen per Reisebus von Sorrent nach Pompeji aufgebrochen ist. Man sprach ausschließlich deutsch. Das Tantchen fand sofort Anschluss bei zahlreichen Damen ihrer Preisklasse und ich konnte meine Hoffnung, irgendwo zwischen den alten Trümmern einen dicken Steinbrocken ins Rollen zu bringen und sie darunter zu begraben, gleich aufgeben. Wir waren keinen einzigen Moment unbeobachtet. Ich versuchte, den vertanen Tag mit Pläneschmieden für bessere Gelegenheiten zu verbringen. Nach Neapel und zu den berühmten heißen Quellen der Phlegräischen Felder will Tantchen partout nicht fahren. Neapel ist ihr zu ruppig – schade, ich hätte dort für wenig Geld einen Neapolitaner dingen können, der mir in einer finsteren Seitengasse schnell und sauber die Arbeit abgenommen hätte. Sie ist wie immer bestens informiert über alles, was für ihr Überleben notwendig ist. Während andere Leute, wie ich zum Beispiel, ihr Leben lang immer nur Informationen und Wissen ansammeln, das sich nirgendwo gewinnbringend einsetzen lässt, hat sie die Fähigkeit, sich nur genau das zu merken, was ihr unmittelbar nützt. Und keinen belastenden Deut mehr. Wenn ich ihr am Abend, wenn wir nach dem Essen noch einen Augenblick zusammensitzen, ein paar Seiten aus meinem Reiseführer vorlese, hört sie mir wie versunken zu und hat im nächsten Augenblick alles wieder vergessen. Dass man jedoch auf den Wegen durch die Phlegräischen Felder, deren vulkanische Aktivitäten ihr sowieso nicht geheuer sind, festes Schuhwerk tragen soll, das hat sie sich gemerkt. Und sofort umgesetzt in den Entschluss, einen Besuch auf so unwegsamem Gelände ihrer Sicherheit wegen lieber zu unterlassen.

Den Vesuv will sie aus ähnlichen Gründen nicht aus der Nähe betrachten. Könnte ja sein, er bricht aus, genau in dem Augenblick, in dem mein überlebenswütiges Tantchen dort auftaucht. Der Vesuv ist auch gestrichen.

Freitag
Capri. Die ganze Nacht habe ich damit zugebracht, mich psychisch in Form zu bringen, um meine destruktiven Kräfte stärker als die konstruktiven Kräfte meiner alten Tante zu formieren. Es muss eine Frage der Willenskraft sein, ob es einem gelingt, jemanden aus dem Leben zu befördern oder nicht. Bis jetzt war ich vielleicht noch nicht fest genug entschlossen gewesen. Nicht annähernd so fest jedenfalls, wie das Tantchen zum Leben entschlossen ist. Ich habe mir all meine Ziele noch einmal vor Augen geführt: 1.) Mich rettet ihr Geld, ihr nützt es gar nichts mehr. 2.) Sie muss sowieso demnächst sterben und hat ihre besten Jahre mit Sicherheit hinter sich. Während ich womöglich bald elendig zugrunde gehe und noch andere (junge!) Leute (Familien!) mit in den Abgrund reiße. 3.) Ich sorge auf jeden Fall für einen kurzen und schmerzlosen Sterbeprozess für das Tantchen. Wer weiß, wie lang und qualvoll sie leiden müsste, würde ich dem Schicksal seinen Lauf und sie am Leben lassen, bis ihr Körper irgendwann nicht mehr kann.

Umgekehrt finde ich kein einziges Argument gegen mein Vorhaben, außer ein paar blutleerer moralischer Grundsätze wie »Du sollst nicht töten« oder »Was du nicht willst, was man dir tut, das füg auch keinem anderen zu«. Im Übrigen wäre ich – und viele andere Menschen wären es auch – eines Tages dankbar für einen schönen, schmerzlosen, zeitigen

Tod. Noch dazu auf Capri, mitten im Thyrrenischen Meer …

Am Morgen nahmen wir ein Traghetto vom Hafen in Sorrent und waren ein Stündchen später auf der nur knapp zehn Quadratmeter großen Trauminsel, deren felsige Doppelgipfel wir bei klarem Wetter von der Halbinsel aus schon vor uns im Meer liegen gesehen hatten wie zwei viel versprechende Sahnehäubchen. Am Marina Grande bestand Tantchen darauf, zuerst mit der Seilbahn in die Stadt zu fahren und erst am Nachmittag die Blaue Grotte zu besuchen, wofür Heerscharen von Schiffern in altersschwachen Motorbooten bereits unsere Mitreisenden verluden, um mit ihnen über das Meer bis zu der weltberühmten Felsenhöhle zu schippern. Soweit ich gehört hatte, muss man kurz vor der Grotte noch einmal das Schiff wechseln, weil nur kleine, flache Ruderboote die Passage in die Grotte hinein meistern. Das Umsteigen auf See schien mir eine ideale Gelegenheit zu sein, zur Tat zu schreiten. Einmal im frühjahrskalten Wasser gelandet, würde das Tantchen bestimmt nicht wieder auftauchen. Als ich jedoch die Touristenmassen sah, die sich straks auf den Weg machten zu dem Naturwunder, dabei jede Menge alter Leute, von denen viele wesentlich unbeweglicher aussahen als meine Tante … bekam ich schon wieder deprimierende Zweifel am glücklichen Ausgang meines Unternehmens. Und morgen war Samstag, der letzte Tag vor meinem fünfzigsten Geburtstag. Capri war meine letzte Chance.

Missmutig stapfte ich hinter dem Tantchen her auf einem lieblichen Treppenpfad zwischen Wohnhäusern und Gärten des Inselstädtchens, während sie fröhlich »Wenn bei Capri die rote Sonne im Meer versinkt« vor sich hin summte. Nach einem Bummel durch luxuriöse Bademode-Geschäfte und Souvenirläden steuerte sie unverdrossen und von der Mittagshitze nicht im Mindesten beeinträchtigt auf einen steilen Uferweg zu, von dem aus man einen betörenden Blick über die Felsenküste von Capri und das glitzernde Meer hatte. Der Weg war »italienisch« gesichert, wie ich bei mir inzwischen diese fast nicht vorhandenen, zu niedrigen, verbogenen Geländer bezeichnete, mit denen steilste Gebirgs- und Küstenwege in diesem Land versehen sind. Das Tantchen nahm Platz auf einem Bänkchen und genoss den Ausblick, während ich lässig neben dem Geländer stand und wartete, ob sie sich irgendwann zu mir gesellte. Meine Hoffnung, sie hier aus dem Weg zu räumen, war allerdings gleich null. Ich fixierte mich auf die nachmittägliche Fahrt zur Blauen Grotte, während der ich es irgendwie schaffen musste, mein Opfer ins Wasser zu befördern. Das Tantchen – weißhaarig und inzwischen sanft gebräunt, von tadelloser Haltung und sorgfältig, aber angemessen leger für diese Art Aktivurlaub gekleidet – erhob sich plötzlich und trat neben mich.

»Sieh mal, da unten liegt die Casa Malaparte. Das war ein deutsch-italienischer Journalist und Schriftsteller, der sein Leben lang zwischen allen möglichen Ideologien geschwankt hat. Kurz vor seinem Tod ist er noch der katholischen Kirche beigetreten. Glaubst du, man ahnt, wenn der Tod nahe ist?«

Ich umklammerte erschrocken das Geländer, das mit mir anfing zu wanken wie ein zarter, junger Ast. »Wie kommst du darauf, Tantchen?«

»Ich habe auf dieser Reise ganz intensiv das Gefühl, es könnte meine letzte sein. Vielleicht habe ich nun alles gesehen und erlebt, was ich sehen und erleben sollte. Aber komm, wir wollen uns nun deine Blaue Grotte ansehen.«

Sie drehte sich um und begann, den Weg, den wir gekommen waren, zurückzumarschieren. Der günstige Augenblick – der günstigste auf der ganzen Reise – war vorübergegangen. Ich hatte ihn ungenutzt verstreichen lassen.

Unnötig zu erwähnen, dass der Bootsausflug in die Grotte nicht die allergeringste Möglichkeit für ein unbemerktes Gewaltverbrechen bot. Zwischen zwanzig oder dreißig andere Passagiere gequetscht wurden wir durch das blau schimmernde Gewölbe gepaddelt, von den schmerzhaften Gesängen der Caprifischer begleitet, die versuchten, ihrem guten Ruf alle Ehre zu machen. Es war beeindruckend, fürchterlich und für mich persönlich die schlimmste

Niederlage meines Lebens. Gebrochen kehrte ich am Abend nach Sorrent zurück.

Samstag
Ein feierliches, letztes Mahl am letzten Tag, ehe ich die magische Grenze zur Fünfzig überschreite. Das Tantchen hat mich eingeladen in ein bezauberndes Restaurant, das wir auf dem Rückweg von Amalfi entdeckt haben. Auf der Terrasse hoch über dem Meer weht eine leichte Brise, die uns den nötigen Appetit verschafft für den köstlichen Vorspeisenteller, den der Kellner uns nach den Aperitifs serviert. Als Hauptgericht hat das Tantchen sich Spaghetti all' arrabbiata bestellt und ich gebackenen Tintenfisch mit Salat und gerösteten Kartoffeln. Wir essen schweigend unsere eingelegten Gemüse und trinken köstlich kühlen Champagner.

»Ich hoffe, du weißt es zu schätzen, morgen ein halbes Jahrhundert alt zu werden«, sagt das Tantchen lächelnd und prostet mir zu. »Und ich hoffe außerdem, dass du mit deiner verbleibenden Zeit ebenso viel Sinnvolles anzufangen weißt wie mit der ersten Hälfte deines Lebens.«

Ich lege mein Besteck nieder und beobachte den Kellner, der unsere Vorspeisenteller abräumt und neue Gedecke auflegt.

»Ich muss dir etwas gestehen, Tantchen«, beginne ich und nehme einen großen Schluck Champagner. »Ich habe bisher nicht viel Sinnvolles angefangen mit meinem Leben. Meine Geschäfte gehen schlecht und ich weiß vor Schulden nicht mehr ein noch aus. Eine Weile habe ich gierig auf deine Erbschaft gehofft, als könnte Geld meine Probleme lösen. Inzwischen habe ich mich damit abgefunden, dass ich es nun nicht mehr erhalten werde. Ich werde morgen fünfzig sein, ohne mich selbst erhalten zu können, ohne eine erfolgreiche Karriere gemacht zu haben. Ich bin kein wertvoller Mensch, ich bin eine Versagerin. So sieht es aus, Tantchen. Prost, und danke für diese Reise. Allein hätte ich sie mir niemals erlauben können.«

Das Tantchen starrt mich an, während der Kellner unsere Hauptgerichte bringt und für die Spaghetti ein silbernes Gefäß mit Parmesan.

»Was redest du denn da? Natürlich bist du ein wertvoller Mensch. Und eines Tages wirst du meine Erbin, egal wie alt und wie erfolgreich du bist. Wenn ich gewusst hätte, dass es dir nicht gut geht, hätte ich dir schon lange ausgeholfen. Warum hast du denn niemals etwas gesagt?«

Ich fange an zu essen und erkläre umständlich, wie Mutter mir vor ziemlich genau zehn Jahren erklärt hat, warum ich das Erbe nur erhalten werde, wenn sie, das Tantchen, vor meinem fünfzigsten Geburtstag stürbe.

Das Tantchen lässt die Gabel mit den ersten in blutrote Sauce getauchten Spaghetti sinken und schüttelt den Kopf. »Deine schlaue Mutter! Hat sie wieder mal mit einem Trick versucht, ihren Willen durchzusetzen! Sie wollte dich zwingen, auf eigenen Beinen zu stehen. Aber du hast ihr doch wohl nicht geglaubt, was mich betrifft, oder?«

Sie schiebt sich die Spaghetti in den Mund und fängt an zu kauen, während ihre Augen mich nicht loslassen. Plötzlich werden sie größer, immer größer, während ihr Rücken sich wölbt, ihr Körper sich zusammenkrümmt, mit einer zuckenden Bewegung wieder aufrichtet und sie, während sie nach Luft schnappt, die Spaghetti mit ihrer »wütend« scharfen Sauce einatmend kollabiert und nach vornüber fällt.

Ich springe auf, klopfe ihr auf den Rücken, versuche, ihren Mund freizumachen von verklebten Spaghettiresten, während der Kellner und schließlich der Geschäftsführer auftauchen, um den Grund für die dramatische Szene auf ihrer Terrasse zu erfahren.

Das Tantchen erstickt in meinen Armen an einem scharf gewürzten Spaghettiknoten. Der Chili muss im null Komma nichts ihre Kehle zugeschwollen haben, sodass die Spaghetti, schon halb verschlungen, nicht vor und nicht zurück rutschen konnten. So erklärt es mir der Arzt ein paar Stunden später.

Koch und Restaurant kann man für das Malheur nicht haftbar machen. Ältere Deutsche würden selten Spaghetti all' arrabbiata bestellen, wiederholt der Kellner immer wieder. Sie äßen lieber milde gewürzte Speisen und Spaghetti sowieso nicht.

Endlich wird der Leichnam von einem sorrentiner Bestatter abgeholt, der auch gleich die Überführung nach Deutschland übernimmt. Es ist kurz nach Mitternacht, als der schwarze Wagen abfährt. Ich bin fünfzig Jahre alt, um einen sechsstelligen Betrag reicher und um ein gutes Tantchen ärmer.

Spaghetti all' Arrabiata

ZUTATEN FÜR 4 PERSONEN

500 g Tomaten • 1 Zwiebel • 3 Knoblauchzehen • 3–5 getrocknete Peperoni- oder Chilischoten • 2 EL Olivenöl Salz und schwarzer Pfeffer • 500 g Spaghetti • frisch geriebener Parmesan

ZUBEREITUNG

Die Tomaten überbrühen, häuten, vierteln und das Fruchtfleisch fein würfeln. Zwiebel und Knoblauch schälen und fein hacken. Die Peperoni- oder Chilischoten zerbröseln oder im Mörser zerstoßen.

Das Öl in einem Topf erhitzen und Knoblauch und Zwiebel darin andünsten. Die Tomatenwürfel und die zerbröselten Schoten zufügen, salzen und pfeffern und alles zugedeckt etwa 20 Minuten bei mittlerer Hitze köcheln lassen. Zwischendurch immer wieder umrühren. Die Sauce mit Salz und Pfeffer abschmecken.

Währenddessen die Spaghetti in reichlich Salzwasser al dente kochen. Abgießen, mit der Sauce vermischen und servieren. Den Parmesan gerieben dazu reichen.

Die Nacht am Lago Maggiore

Oliver Buslau

Robert stand am Kiesstrand und sah auf den See hinaus. Die andere Seite, wo man bei klarem Wetter die Häuser von Locarno und Ascona erkennen konnte, verschwamm in einem diffusen Gemisch aus Grün und Grau. Er holte ein Taschentuch hervor und trocknete sich die Stirn ab. Es würde ein Gewitter geben, da war er sicher. Er fühlte sich müde; das Wetter schlug ihm auf den Kreislauf. Dabei hatte er eine lange Nacht vor sich …

Er hörte Julias Stimme und wandte sich der Treppe zu, die hinauf zur »Casa Roberto« führte – seiner Pension, die sich schmal in die Höhe reckte und über dem See thronte wie eine mürrische alte Dame.

Robert hatte die Pension vor vier Jahren gekauft und sich enthusiastisch in die Renovierung gestürzt, doch nach kurzer Zeit war ihm das Geld ausgegangen. An den ehemals weißen Mauern bröckelte der Putz, die schmiedeeisernen Geländer an den kleinen Balkonen waren rostig; die Terrasse war gerade so weit gefliest, dass man fünf Tische darauf unterbringen konnte. Julia hatte sie mit roten Tischdecken und Kerzen hergerichtet. Doch es war kein Gast zu sehen; alle Tische waren leer.

Was half es, dass die riesige Mauer unten am See angeblich aus dem 17. Jahrhundert stammte – demselben Zeitalter, in dem auch die Fundamente seiner »Casa« gesetzt worden waren? Die Gäste erwarteten in Italien entweder Luxus oder Strände oder Meer oder eben alles zusammen. Wer auf dem Weg in den Süden war und kurz hinter der Schweizer Grenze an Roberts Pension Halt machte, blieb meist nur eine Nacht – um in einem von Roberts zwölf Betten vom richtigen Italien zu träumen und am nächsten Tag seinen Weg dorthin fortzusetzen. Da halfen auch die beiden Palmen nichts, die neben dem Eingang in je einem Terrakottatopf ihr trauriges Leben fristeten.

»Gäste an der Rezeption«, zischte Julia und zog sich wieder in die Küche zurück. Robert warf einen Blick auf den Hof. Ein blauer Mercedes stand da. Essener Kennzeichen. Gäste aus der alten Heimat.

»Wir dachten schon, hier käme keiner«, rief der Mann, der am Tresen neben dem Schlüsselbrett stand, ungehalten – ein Typ wie ein bulliger Bauunternehmer.

»Aber Heinz«, flüsterte eine schmächtige kleine Frau neben ihm und lächelte den herbeieilenden Robert an, der über die Bemerkung hinwegsah und die beiden auf Deutsch begrüßte.

»Na, Sie kommen ja wohl auch nicht von hier«, rief der Mann, nun etwas leutseliger. Robert ergriff manchmal die Gelegenheit, neuen Gästen seine Geschichte zu erzählen: dass er aus Köln stammte, mit einer Italienerin verheiratet gewesen war, mit ihr hier am Lago Maggiore einst Urlaub machte, sie sich gemeinsam in den See verliebten und er sich daraufhin hier niederließ. Während er plauderte, trugen sich die Gäste ins Register ein, er händigte ihnen den Schlüssel aus, und dann machte er darauf aufmerksam, dass auf der Terrasse auch Abendessen serviert wurde.

»Gibt's denn bei Ihnen eine Spezialität?«, dröhnte der Mann, der, wie Robert mit einem schnellen Blick ins Register feststellte, Anders hieß. Er Heinz, sie Marianne.

»Einen ganz hervorragenden Amarena-Eisbecher«, erklärte er und machte sich daran, die beiden Koffer des Ehepaars ins obere Stockwerk zu tragen, was ihm angesichts der Schwüle ziemlich zusetzte.

»Eis?«, fragte Anders. »Aber was Warmes gibt's auch, oder?«

Robert erklärte keuchend, dass es natürlich allerlei andere typische italienische Speisen gäbe: von Pasta bis Fisch, aber auch Mailänder Schnitzel. Er verschwieg, dass es nicht gerade ein Meisterkoch, sondern die neunzehnjährige Aushilfe Julia war, die die warmen Gerichte in der kleinen, immer noch nicht vollständig renovierten Küche einigermaßen annehmbar zubereitete.

»Das Amarena-Eis ist aber etwas ganz Besonderes. Meine Frau stammte aus einer alten Eismacherfamilie. Es ist ein Familienrezept.«

»Na dann«, meinte Herr Anders und betrat das Zimmer.

»Darf ich einen Tisch reservieren?«

»Sehr gern«, sagte Frau Anders leise und schenkte Robert ein Lächeln, bevor sie ihrem Mann auf den Balkon folgte, von dem aus man die ganze Pracht des Sees als Panoramablick genießen konnte.

Die Aussicht nahm Herrn Anders nicht lange gefangen. »Das hier müssen Sie mal streichen«, rief er und deutete auf das Geländer.

Robert hatte eine reelle Chance, den Abend ohne große finanzielle Verluste zu überstehen, wenn drei Gäste auftauchten und zum Essen ordentlich Wein oder teures Mineralwasser tranken. Das hatte er nach langer Rechnerei herausgefunden. Das Ehepaar Anders war zum Glück nicht abgesprungen, sondern erschien pünktlich eine Stunde nach seiner Ankunft auf der Terrasse und nahm umständlich Platz.

Robert hatte gerade die Bestellung aufgenommen – zweimal Lasagne mit Salat, dazu immerhin eine Flasche Wasser und für den Herrn ein Bier –, als er auf dem Weg in die Küche eine Frau neben der Rezeption stehen sah. Der Mercedes auf dem Hof hatte Gesellschaft bekommen. Ein glänzender schwarzer Porsche parkte dort. Schweizer Kennzeichen. Robert begrüßte die große schlanke Dame, die ihm wie eine Mischung aus Claudia Schiffer und Heidi Klum vorkam. Sie trug trotz der einbrechenden Dämmerung eine Sonnenbrille. Die Deckenbeleuchtung vor der Rezeption reflektierte in allerlei Glitzerkram an den Nähten ihrer Jeans.

»Haben Sie ein Einzelzimmer für eine Nacht?«, fragte sie mit knallrot geschminkten Lippen. Gutes Deutsch. Kein Schweizer Akzent. Robert fragte nach Gepäck, aber sie zeigte nur auf den kleinen Rucksack, der an ihrer Hand baumelte. Als sie sich in das Gästebuch eintrug, konnte Robert ihre unleserliche Schrift nicht entziffern.

»Ein kleine Information noch für Sie«, rief er der Dame, die sich gerade in Richtung Treppe bewegte, zu. »Wir bieten auch Abendessen auf der Terrasse an. Wenn Sie es wünschen, reserviere ich einen Tisch für Sie …«

Ihr roter Mund verzog sich zu einem Lächeln.

»Sehr gerne, vielen Dank.«

Immerhin, dachte Robert. Drei Abendessen am Haken.

Die dunkelgrüne Oberfläche des Lago Maggiore nahm nach und nach die Farbe von Schiefer an und vereinte sich schließlich mit der hereinbrechenden Dunkelheit. An den beiden besetzten Tischen brannten kleine Windlichter.

Das Ehepaar Anders hatte seine Lasagne aufgegessen, und Robert setzte sich in Bewegung, um die Teller abzuräumen. Die geheimnisvolle Blondine, die noch immer ihre Sonnenbrille trug, war zwei Tische weiter mit einem Teller Spaghetti beschäftigt. Robert fragte sich, ob sie durch die dunklen Gläser überhaupt erkannte, was sie da zu sich nahm.

»Darf es noch etwas zu trinken sein? Oder ein Dessert?«

»Ein Bier würde ich noch trinken«, tönte Anders.

»Haben Sie nicht gesagt, dass Sie das Amarena-Eis empfehlen?«, fragte seine Frau und lächelte Robert wieder an.

Ein schönes Lächeln, dachte er. Der Mann bemerkt es sicher gar nicht mehr. Wie lange mögen die beiden schon verheiratet sein? Sicher haben sie die Silberhochzeit schon hinter sich … »Wie gesagt, das Rezept ist von meiner Frau. In Mandelöl, Vanille und Zucker eingelegte Wildkirschen auf Vanilleeis …«

»Nicht für mich«, erklärte der Mann.

»Bringen Sie mir bitte eins«, sagte die Frau.

»Sehr gerne.« Robert erkundigte sich bei der alleinsitzenden Blondine im Vorbeigehen, ob alles in Ordnung sei, erntete ein Nicken und machte sich in der Küche daran, den Eisbecher zuzubereiten. Das war die einzige Arbeit in der Küche, für die er und nicht Julia zuständig war.

Die eingelegten Kirschen stellte er im Voraus her, und diese entstanden auch nach dem besonderen Rezept; sie waren das ganze Geheimnis des Amarena-Bechers. Der Rest war reines Arrangement: unten ein paar Kugeln Eis, dann die Kirschen und Sahne. Der langstielige Löffel sollte erst einmal auf eine weiche Lage Kirschen treffen, bevor sich der Gast dem Eis darunter widmen konnte. Der säuerliche Nachgeschmack der Früchte mischte sich mit der milchigen Sahne und dem Mandelaroma. Natürlich gab es auch Amarena-Eis, bei dem das Kirscharoma Teil der Eiszubereitung war, doch davon hatte Viviane, Roberts Frau, nie etwas gehalten.

»Reines Vanilleeis, das ist das ganze Geheimnis«, hatte sie immer gesagt. »Höchstens noch Stracciatella, aber das ist auch schon alles. Es kommt auf die Kirschen an. Und das Vanilleeis muss natürlich ein sehr gutes Eis sein.«

Manchmal ließ sich Robert noch dazu hinreißen, als kleine Variation Schokoladenraspel auf die Sahne zu geben, doch das war nach Vivianes Meinung ein Abweichen von der reinen Lehre.

Sie musste es wissen: Sie stammte aus dem legendären Zoldotal in den Dolomiten, der Heimat vieler sogenannter »Gelatieri«, die das Eismacherhandwerk vor hundert Jahren perfektioniert hatten und vom Zoldotal in alle Welt ausgewandert waren.

Robert hatte das Eis serviert und Marianne Anders war anzusehen, dass sie die Raffinesse des Eisbechers zu schätzen wusste. Sie löffelte genüsslich, während ihr Mann kaum ein Auge für sie hatte. Er nahm hin und wieder einen Schluck Bier und starrte vor sich hin. Als der Eisbecher leer war, erhob sich Marianne Anders und erkundigte sich bei Robert nach der Toilette.

Die Uhr in der Küche zeigte kurz nach elf. Mehr Gäste würden kaum kommen. Auf der anderen Seite des Sees, über den Lichtern von Ascona, flammten Blitze auf. Hoffentlich kommt das Gewitter nicht so schnell hierher, dachte Robert. Es würde kein Vergnügen sein, durch den Regen zu laufen.

Während er noch darüber nachdachte, ob er bei seinem nächtlichen Ausflug lieber einen Regenschirm mitnehmen sollte, geschah etwas Überraschendes: Herr Anders stand auf, ging zu der Blondine hinüber und sagte etwas zu ihr. Sie nickte, ohne Anders anzusehen, als habe sie darauf gewartet, dass er sie ansprechen würde, und machte eine beschwichtigende Geste.

Heinz Anders saß längst wieder an seinem Tisch, als seine Frau von der Toilette zurückkam.

Zwei Stunden später war die Terrasse leer, Julia war nach Hause gegangen und Robert zog sich in seiner kleinen Einliegerwohnung um. Draußen rollte der Donner durch das Tal und der Regen rauschte. Im Takt der wiederkehrenden Windböen klatschte Wasser an die Scheibe.

Robert stieg in seine Gummistiefel und zog sich eine gelbe Regenjacke über. Er hätte nie geglaubt, dass er den Ostfriesennerz hier in Italien so oft brauchen würde.

Als er das Haus verließ, war das Schlimmste schon vorbei. Der Wind hatte nachgelassen, und der Regen trommelte auf die Kunststoffhaut seiner Kapuze. Die Luftfeuchtigkeit war so hoch, dass es Robert so vorkam, als atmete er warmes Wasser ein. Schon nach wenigen Schritten war er unter der Jacke nass vor Schweiß. Die feuchte Haut rieb an dem harten Ölzeug.

Die »Casa Roberto« gehörte zu einer kleinen Ortschaft namens Zenna – es waren die letzten Häuser vor der Schweiz. Man brauchte nur zwei-, dreihundert Meter von der Pension aus in nördliche Richtung zu laufen, und bewaffnete Wachposten in grünbraunen Uniformen fragten einen nach dem Pass.

Robert hielt sich gen Süden, verließ aber die Straße nach kurzer Zeit und folgte einem Trampelpfad hinunter ans Wasser. Der Regen hatte aufgehört, nur von den Ästen der Bäume klatschten immer noch dicke Tropfen. Robert hatte eine Taschenlampe dabei, doch er brauchte sie nicht. Er kannte den

Weg im Schlaf. Einmal im Jahr, immer in der Nacht vom dritten auf den vierten August, machte er sich auf und besuchte diesen Platz – eine ideale Stelle für Liebespaare, die ungesehen im See baden wollten oder anderes vorhatten. Robert hatte sie damals zusammen mit Viviane entdeckt – am schönsten Tag in seinem Leben. Und dem schrecklichsten zugleich.

Sie hatten die Inseln im Süden des Lago Maggiore besichtigt, die Blütenpracht der Gärten auf der Isola Bella genossen und waren, ein turtelndes Liebespaar, auf den Ausflugsbooten bei schönstem Wetter über den See gefahren. Sie hatten irgendwo an der Südseite des Lago lukullisch zu Abend gegessen. Robert hatte die Karte studiert, und da war ihm diese kleine Halbinsel aufgefallen. Die Luft in der warmen Vollmondnacht umhüllte sie wie Seide, als sie diesen Ort fanden und entschieden zu schwimmen – bis zum silbernen Spiegelbild des Mondes, das sich auf dem See als riesiger zitternder Kreis ausbreitete. Viviane hatte sich mit ein paar Handgriffen von ihrem leichten Baumwollkleid befreit und war nackt ins Wasser hineingelaufen …

Robert drängte die Erinnerung beiseite, blieb stehen und atmete tief durch. Hinter den Büschen wurde jetzt die schwarze Wasserfläche sichtbar. Ein paar Schritte noch und Robert erreichte den Strand. Am Himmel waren ein paar Sterne zu sehen. Irgendwo im Gebirge grollte es von ferne.

Robert ging ans Wasser und stand nun genau an der Stelle, wo er Viviane zum letzten Mal gesehen hatte. Die Erinnerung kam zurück. Ihr schimmernder, heller Körper vor dem dunklen Wasser. Wie sie ihm lachend zurief, wo er denn bliebe. Seine Ungeschicklichkeit, mit der er aus der Jeans stieg. Die ersten Schritte durch das kühle Wasser.

Sie musste schon weit hinausgeschwommen sein, und irgendetwas war mit ihr geschehen – Herzstillstand vielleicht oder Kreislaufkollaps. Robert war nichts ahnend losgeschwommen, hatte nach ihr gerufen und immer auf den silbernen Fleck im Wasser zugehalten. Dort aber kam er nie an, denn das Spiegelbild des Mondes wich vor ihm zurück.

Irgendwann wurde ihm klar, dass er inmitten der Dunkelheit alleine war. Er dachte, Viviane würde ein Spiel mit ihm treiben und sei schon heimlich ans Ufer zurückgekehrt. Er rief, suchte im Gebüsch nach ihr und kehrte sogar zur Straße zurück, wo sie den Wagen geparkt hatten. Sie hatten keine Handys dabeigehabt. Irgendwann fuhr Robert den Kilometer hinauf zur Schweizer Grenze und holte Hilfe.

Vivianes Leiche wurde nie gefunden. Heute wusste Robert von Einheimischen, dass der See Ertrunkene oft nicht mehr hergab …

Robert marschierte bis an die Spitze der keilförmigen Halbinsel, stellte sich ans Wasser und dachte wie so oft in den letzten Jahren an Viviane. Er versuchte, sich in das Glück von damals zu versetzen, die Zeit zurückzudrehen, obwohl ihm eine innere Stimme sagte, dass das unmöglich war. Und die Stimme wurde immer lauter. Wie so oft in den letzten Jahren, wenn er herkam, erfasste ihn große Niedergeschlagenheit. Was nützte es, jedes Jahr hierherzukommen? Was hatte es genützt, ein Jahr nach Vivianes Tod alle Ersparnisse in die »Casa Roberto« zu stecken, nur um der Toten vermeintlich näher zu sein?

Die Zeit verging, Robert wälzte quälende Gedanken, als es ihm zu viel wurde und er wieder nach Hause gehen wollte. Da sah er aus den Augenwinkeln, wie ein-, zweihundert Meter in Richtung Straße am Strand ein Licht aufflammte.

Er hätte es sich denken können. Natürlich waren Viviane und er nicht die einzigen Entdecker der Halbinsel gewesen.

Jemand leuchtete das Wasser ab. Eine Frauenstimme rief etwas, und der Lichtschein erfasste einen großen Gegenstand auf dem Wasser. Da schaukelte ein Boot! Robert konnte es nicht glauben. Wer ruderte denn nachts auf dem See herum?

Robert staunte, als er Anders erkannte. Seine bulligen Fäuste packten die hölzernen Enden der Ruder. Noch zwei, drei Züge und das Boot kam knirschend an Land. Anders sprang heraus, nahm auch eine Lampe und leuchtete der Person am Strand ins Gesicht. Die Frau trug keine Sonnenbrille, aber

Robert war sicher, dass es die Porschefahrerin war. Die beiden fielen sich in die Arme wie Romeo und Julia.

Also doch ein Pärchen, dachte Robert. Schau mal an. Und die Ehefrau liegt in der Pension und schläft …

Es ging ihn nichts an. Sollten seine Gäste treiben, was sie wollten. Er warf einen letzten Blick für dieses Jahr auf die Stelle, wo Viviane den Tod gefunden hatte, und nahm wieder einmal Abschied. Robert schlich durch das Unterholz zurück. Er wollte nicht bemerkt werden.

Die beiden hatten ihre Lampen gelöscht. Robert hörte vor sich schnelle Schritte vom Wasser in Richtung der inneren Insel. Dort gab es hinter einem dichten Gürtel aus Büschen und kleinen Bäumen eine kleine Lichtung mit den Resten einer Holzhütte. Offenbar war dort ihr Ziel. Die beiden schienen das Terrain gut zu kennen. Wahrscheinlich trafen sie sich nicht zum ersten Mal hier. Und offensichtlich hatten sie kein Interesse daran, schwimmen zu gehen wie er und Viviane damals. Es raschelte und knackte. Hinter den Ästen flackerte die Taschenlampe.

Robert passierte das Boot, das wie ein riesiger gestrandeter Fisch auf dem Kies lag. Seltsam, dachte er. Warum eine so umständliche und nicht ganz ungefährliche Transportmethode für ein nächtliches Stelldichein?

Er lauschte, aber das ferne Kichern hinter dem Gehölz war verschwunden. Plötzlich kam ihm eine Idee.

Er holte seine Lampe hervor, zielte auf das Innere des Ruderbootes, und im gelben Kegel sah er, unter der Bank des Bootes eingeklemmt, eine schwarze Tasche. Robert löschte sofort das Licht, tastete nach dem Reißverschluss und öffnete ihn. Seine Hand berührte Stapel von Papier. Bündel von Banknoten.

Die Schweizer Grenze … Sie verlief wie eine unsichtbare Linie im See, keine zwei Kilometer von hier konnte man im Tessin an Land gehen. Und Geld holen.

Er blieb eine Weile im Dunkeln stehen und dachte nach. Über den Zustand seiner Pension. Über die dringend nötigen Renovierungen. Darüber, dass er es sich bald nicht mehr würde leisten können, dort zu leben, wo er den letzten glücklichen Tag seines Lebens verbracht hatte. Darüber, dass er zurück nach Deutschland musste. Um mit fast fünfzig Jahren einen Job zu suchen. Darüber, wie schlecht die Chancen standen, einen zu finden – wenn er in Betracht zog, was er in den deutschen Zeitungen gelesen hatte.

Von der Lichtung her ertönte eine Art hoher Schrei. Die beiden hatten ihren Spaß. Robert wartete nicht länger, griff in das Boot, nahm die Tasche und während er eilig der Straße und dann seiner Pension zustrebte, fragte er sich fieberhaft, wo er das

Geld am sichersten verstecken konnte. Als er an seiner Haustür ankam, fiel ihm die Lösung ein. So schnell er konnte, holte er den Autoschlüssel aus der Wohnung und das Auto aus der Garage, packte die Tasche in den Kofferraum und fuhr los.

Als er zurückkam, graute bereits der Morgen, und er musste sich um das Frühstück kümmern. Julias Dienst begann erst am späten Vormittag. In einem Meer aus rötlichen Wolken ging langsam die Sonne auf. Das Wetter versprach schön zu werden, und Robert deckte die Tische auf der Terrasse.

Die Bilder der vergangenen Nacht wirkten wie die Überbleibsel eines besonders intensiven Traums. Die Szene am Strand, der Weg mit der Tasche zurück zur Pension und dann seine nächtliche Fahrt. Der Moment, wo er auf einem Parkplatz an der Schnellstraße im schwachen Schein der Innenbeleuchtung das Geld gezählt hatte. Wo ihm klar geworden war, dass es viel zu viel war, um den Betrag vollständig erfassen zu können. Es mussten mindestens zwei Millionen Schweizer Franken sein.

Gegen halb sieben betrat Marianne Anders die Terrasse. Sie wirkte erschöpft und sank in einen der Stühle – kraftlos wie ein Wanderer, der nach einem langen Weg die Pension erreicht hatte.

Als Robert an ihren Tisch kam, versuchte sie zu lächeln.

»Wieder schönes Wetter«, sagte sie leise.

»Das Gewitter hat die Luft gereinigt. Ich hoffe, Sie haben trotzdem gut geschlafen?«

Sie nickte, aber es war klar, dass sie wahrscheinlich überhaupt nicht geschlafen hatte. Sie wusste, dass ihr Mann fremdging, so viel war klar. Ob sie auch wusste, dass er in dieser Nacht Geld aus der Schweiz geschmuggelt hatte?

Sie bestellte schüchtern Kaffee und sagte: »Nur für eine Person, bitte. Mein Mann wird nicht zum Frühstück kommen.« Langsam schnitt sie ein Brötchen auf.

Robert ging zur Rezeption und blickte hinaus auf den Parkplatz. Er war leer.

Nach dem Frühstück ging Marianne Anders fort – wahrscheinlich hinauf in ihr Zimmer, denn als Robert kurz darauf an der Rezeption ein Telefonat führte, hing ihr Schlüssel nicht am Brett. Nach einer guten halben Stunde kehrte sie zurück. Robert, der sich einige Büroarbeiten an den Küchentisch mitgenommen hatte, beobachtete sie, wie sie sich an einem Tisch niederließ und versuchte, sich auf ein Buch zu konzentrieren. Gegen elf ging er zu ihr und fragte, ob sie das Zimmer eine zweite Nacht behalten wollte. Ansonsten wäre es jetzt an der Zeit, es zu räumen.

Sie schien aus finsteren Gedanken aufzutauchen, als sie ihn ansah.

Robert musste seine Frage wiederholen, damit sie

begriff, was sie von ihm wollte. Schließlich nickte sie. »Ja, eine zweite Nacht. Gerne.«

Am frühen Abend deckte Julia gerade die Tische, als Anders durch den schmalen Gang hinter der Rezeption an der Küche vorbeistapfte und sich neben seiner Frau in einen Stuhl fallen ließ. Er sagte nichts und sah sie noch nicht einmal an.

Es vergingen drei Minuten, und die Blondine betrat die Terrasse. Unnahbar wie gestern. Die Augen hinter der dunklen Sonnenbrille verborgen. Ohne das Ehepaar zu beachten, nahm sie am selben Tisch wie am Vorabend Platz und bat um die Speisekarte.

»Für Sie auch?«, fragte Robert in Richtung des Ehepaares und erntete ein mürrisches Nicken.

Marianne Anders hatte den Blick auf das Tischtuch gerichtet. Die beiden wirkten wie in der schweigsamen Zeit der Verzweiflung nach einem schlimmen Ehekrach – wenn man sich alles an den Kopf geworfen hatte, was es an den Kopf zu werfen gab, wenn jedes Wort alles nur noch schlimmer machte. Dabei hatten sie den ganzen Tag gar nicht miteinander gesprochen.

Robert holte drei Speisekarten und verteilte sie inmitten des eisigen Schweigens an den Tischen. Als er wieder an der Küchentür angekommen war, hörte er ein Poltern hinter sich. Erschrocken drehte er sich um. Anders war aufgesprungen und ihm nachgelaufen. Jetzt drängte er Robert in den kleinen Flur und stieß ihn mit seiner riesigen Pranke hart zurück.

»Wo ist das Geld?«, brachte er keuchend hervor. »Sagen Sie schon. Wo haben Sie es hingebracht?«

»Was wollen Sie?«, fragte Robert erschrocken. »Welches Geld?«

»Man hat Sie gesehen. Jemand ist mit der Tasche in Richtung Pension gegangen. Jemand im gelben Ostfriesennerz. Und so ein Ding haben hier in der Gegend nur Sie.«

»Wie ...«

Wie haben Sie das rausgekriegt, wollte Robert fragen, brach aber noch rechtzeitig ab.

»Wir haben in jedem Haus gefragt. Svetlana kann sehr gut Italienisch, verstehen Sie. Und jetzt geben Sie das Geld her, verdammt noch mal.«

Svetlana heißt sie also, konnte Robert noch denken, bevor ihm die Luft knapp zu werden drohte. Anders hatte ihn am Hals gepackt und zugedrückt. Ein Schrei kam von der Terrasse; Julia war aus der Küche gekommen und sah, was auf dem Flur geschah.

Anders ließ locker.

»Lassen Sie mich in Ruhe«, schrie Robert, »oder ich hole die Polizei!«

Anders schubste ihn zur Seite und ging wieder nach draußen. Julias Gesicht war blass. Sie wollte etwas fragen, aber Robert winkte ab.

»Die Deutschen sind manchmal impulsiver, als man denkt. Geh wieder in die Küche.« Er sah um die Ecke.

»Können wir bestellen?«, schrie Anders.

Robert überlegte, wie er ihn ohne Aufsehen vor die Tür setzen konnte, aber er fand keine Möglichkeit. Er musste weiter den Unschuldigen spielen. Sollten sie ihr Abendessen haben.

Wie am Vorabend bestellte das Ehepaar Lasagne, die Blondine Spaghetti. Jedes Mal, wenn Robert auf die Terrasse kam, schlug ihm die angespannte Atmosphäre entgegen. Anders und die Frau sahen ihn düster an und schienen zu erwarten, dass er ihnen sagte, wo das Geld war. Nerven behalten, dachte Robert. Einfach Nerven behalten. Das Spiel mitspielen. Du weißt von nichts, und das hier sind deine Gäste.

»Noch ein Bier«, verlangte Anders, »und für meine Frau diesen Eisbecher.«

Robert nickte und machte sich daran, das Amarena-Eis zuzubereiten. Als er gerade die Vanilleeiskugeln in den Becher gab, tauchte die Schweizerin an der Küchentür auf.

»Ich glaube, wir müssen mal ein paar Worte wechseln.«

»Ich weiß nicht, was Sie meinen.«

»Machen wir halbe-halbe.«

Die Blondine nahm die Sonnenbrille ab, und Robert traf ein Blick aus hellen, blauen Augen. Er wich dem harten Blick aus.

»Wir haben nicht viel Zeit. Geben Sie uns die Hälfte, und alles ist vergessen.«

»Ich kann Ihnen nicht helfen.«

Er wollte zurück in den Flur, aber die Frau machte einen Schritt zur Seite und stellte sich ihm in den Weg.

»Sie werden Ärger kriegen«, zischte sie, »ich hetze Ihnen die Polizei auf den Hals. Man wird Ihre Pension auf den Kopf stellen. Man wird Sie überwachen. Und wenn Sie nur einen Cent mehr ausgeben, als Ihre jämmerliche Bude hier hergibt, gnade Ihnen Gott. Viele versuchen, ihre Kröten aus der Schweiz zu holen. Die Behörden sind sehr dankbar für jeden, den man anzeigt.«

»Das müssen Sie gerade sagen!«

»Sie wissen also doch, wovon ich spreche. Umso besser.«

Roberts mühsam aufrechterhaltene Selbstbeherrschung bekam plötzlich Risse. Ach was, dachte er. Sie konnte erzählen, was sie wollte. Das Geld war an einem sicheren Ort. Und wenn er nicht so dumm war, es auf ein Konto einzuzahlen, konnte er es Stück für Stück sein Leben lang in bar in seinen normalen Haushalt einfließen lassen …

Robert drängte die Blondine sanft zur Seite und kehrte in die Küche zurück. Dort bereitete er weiter das Eis zu. Seine Hände zitterten. Was, wenn die Frau doch nicht geblufft hatte? Wenn es eine Steuerkontrolle gab?

Plötzlich stand die Frau wieder in der Tür und hielt einen Ausweis in den Händen. »Sie lassen mir keine Wahl. Ich bin von der deutschen Kripo und fahnde nach illegalen Geldtransporten. Kommen Sie bitte mit zur nächsten Dienststelle. Ich werde einen Durchsuchungsbeschluss beantragen. Wir müssen das Geld finden. Ich nehme an, dass es in Ihrem Haus ist.«

Robert schoss die Hitze ins Gesicht. »Aber was ist mit Anders?«, stammelte er. »Er ist doch der Geldschmuggler.«

»Eben. Wir brauchen das Geld als Beweis.«

Robert sah aus den Augenwinkeln Julia, die am Herd zugange war und absichtlich beschäftigt tat. Sie stammte aus Bologna und konnte kein Deutsch, aber er sah ihr an, dass sie ahnte, worum es ging. Wenn jemand irgendwo hereinkam und einen Ausweis zeigte, war das eine Amtshandlung, die man in der ganzen Welt verstand.

In Roberts Kopf schlugen die Gedanken Purzelbäume.

Das ist alles Unsinn, dachte er. Die Frau macht mir doch was vor. Sie mag Polizistin sein, aber es ist doch sonnenklar, dass sie das Geld in die eigene Tasche stecken will. Was ist schon ein Beamtengehalt gegen mehr als zwei Millionen Schweizer Franken?

Unwillkürlich griff er in die Hosentasche, und seine Hand umfasste den kleinen Schlüssel zu dem Schließfach am Mailänder Flughafen, wo er die Tasche mit dem Geld heute Nacht deponiert hatte.

»Was weiß Frau Anders von der Sache?«

»Geht Sie nichts an.«

»Sagen Sie's mir trotzdem.«

»Sie weiß von dem Geld – behauptet er jedenfalls. Sie sind zusammen hergekommen, um das Vermögen über die Grenze zu bringen. Ich habe Herrn Anders nur … sagen wir mal … dazu motivieren können, es etwas schneller zu tun.« Der rot geschminkte Mund verzog sich. Ein breites Lächeln.

Robert spürte Schweißperlen auf der Stirn und überlegte fieberhaft. Er musste Zeit gewinnen.

»Wie haben Sie sich nun entschieden?«, fragte sie. »Ich kann Sie auf der Stelle festnehmen.«

»Kann ich erst noch zu Ende servieren?«

Die Blondine sah auf den halb fertigen Eisbecher, der auf der Anrichte stand. »In Ordnung. Mir bitte auch so einen.« Sie kehrte auf die Terrasse zurück und setzte sich an ihren Tisch, als ob nichts gewesen wäre.

Robert wusste, dass er verloren hatte. Ob er einfach verschwinden sollte, um das Geld zu holen? Sie konnte veranlassen, dass man ihn beobachtete. Und wenn er das Schließfach öffnete, würde man ihn festnehmen.

Es dauerte eine Weile, bis er seine Entscheidung getroffen hatte.

Er holte den Schlüssel aus der Tasche und legte ihn auf die rote Schicht Kirschen. Das Stück Metall sank leicht ein und war kurz darauf kaum noch zu erkennen. Ein schneller Blick zu Julia: Sie beachtete ihn nicht. Robert gab Sahne auf den Becher und servierte ihn mit einem langen Löffel auf dem Tablett.

Zurück in der Küche, bereitete er eine zweite Portion zu.

Marianne Anders ging an der Küchentür vorbei in Richtung Toiletten. Als sie zurückkam, war ihr die Überraschung ins Gesicht geschrieben. Sie stand da, sah ihn an und hielt den Schlüssel in der Hand, auf dem etwas eingraviert war.

»Milano – Malpensa«, sagte Robert.

»Was heißt das?«

»Das Geld ist am Flughafen. Fahren Sie schon.«

Robert beobachtete die blonde Frau und Herrn Anders an ihren Tischen. Es dauerte eine Weile, bis sie begriffen, was geschehen war. Sie brachen auf, ohne ihre Rechnungen zu bezahlen.

Hoffentlich schafft sie es, dachte er.

Robert wurde nicht festgenommen. Und er hatte in der nächsten Zeit auch nicht das Gefühl, dass man ihn beobachtete. Zwei Wochen später erreichte ihn ein dickes Kuvert aus Frankreich; darin war kein Brief, sondern nur ein Schlüssel – scheinbar derselbe, den er Frau Anders in das Eis gelegt hatte.

Robert fuhr zum Flughafen und fand das richtige Schließfach. Zuerst befürchtete er, doch noch von der Polizei beobachtet zu werden und wartete lange, bis er sich traute, das Fach zu öffnen.

Er blieb unbehelligt. Die schwarze Tasche war etwas leichter geworden. Er trug sie zum Wagen, fuhr zur »Casa Roberto« und zählte in seiner Wohnung in Ruhe das Geld. Es waren anderthalb Millionen.

Marianne Anders hatte halbe-halbe gemacht.

Es soll ja Möglichkeiten geben, selbst Eis herzustellen. Meiner Erfahrung nach funktioniert das aber nur, wenn man dazu eine Eismaschine benutzt, oder das beste »Rezept« besteht schlicht und ergreifend in der Anweisung:

Man nehme etwas Geld, begebe sich zur besten Eisdiele, die man finden kann, und bestelle sich einen Amarena-Becher.

Man kann aber auch selbst zu Hause Amarena-Eis herstellen. Hier eine Variante mit Schokoladenstreuseln (damit wird aus dem Vanilleeis Cassata):

Amarena-Becher

ZUTATEN

2 kg Vanilleeis • ½ l Schlagsahne • 2 Päckchen Sahnesteif • 100 g Amarettini • Amarenakirschen (in Zucker, Mandelöl und Vanille eingelegte Wildkirschen) • 100 g Schokoladenstreusel

ZUBEREITUNG

Das Eis muss vor der Verarbeitung erst mal antauen und weich werden. Schlagsahne mit Sahnesteif schlagen, die Amarettini zerbröseln und die Kirschen halbieren. Zusammen mit den Schokostreuseln unter die Sahne heben. In eine gefriergeeignete Form rundherum das Eis geben, die Sahnemasse in die Mitte. Alles glatt streichen und 10 bis 15 Stunden in der Tiefkühltruhe lassen. Um das Eis aus der Form zu bekommen, sollte man die Form kurz in heißes Wasser tauchen.

La famiglia misteriosa

Ina Coelen

Wäre meine Freundin Margit an jenem Abend nicht auf die Idee gekommen, das Pizza-Taxi zu bestellen, sondern hätte, wie versprochen, ihr viel gerühmtes »Tonno alla Marinara« serviert, würde es dieses kriminelle Kapitel in meinem Leben nicht geben. Ich hätte das sensationelle Thunfischgericht mit Tomaten, Oliven, Kapern und Basilikum genossen und Lorenzo nicht kennengelernt, wäre vermutlich bis heute nicht am Gardasee gewesen und das Problem mit der Leiche wäre mir erspart geblieben.

Zufällig war ich dahintergekommen, dass mein Mann ein Wochenende mit seiner Sekretärin verbracht hatte, während ich ihn bei einer Messe glaubte. Die dumme Pute ließ ihre edlen italienischen Schuhe im Hotelzimmer stehen und die naive Rezeptionistin erkundigte sich bei mir, an welche

Adresse sie diese schicken solle. Es kam zu einigen unschönen Szenen, ich warf Wolfgang grob fahrlässige Dummheit vor und regte mich am meisten darüber auf, dass er diese blond gefärbte Pissnelke als seine Ehefrau ausgegeben hatte.

»Wenn du deine Seitensprünge schon vom Geschäftskonto bezahlst und von der Steuer absetzt, solltest du wenigstens so clever sein und deine Privatadresse aus dem Spiel lassen. Warum hast du unsere Telefonnummer angegeben? Kleiner Tipp, dafür sind extra Handys erfunden worden«, klärte ich ihn wenig sachlich auf. Schließlich hatte ich mich in eine nicht allzu aussichtsreiche Position manövriert. Um mein Gesicht zu wahren, packte ich wortlos einen Koffer. Mein vorerst einziger Triumph bestand darin, dass ich mit seinem brandneuen Firmenwagen zu meiner besten Freundin an den Bodensee fuhr. Wolfgang konnte seine Eroberungen in nächster Zeit in meinem betagten Mini chauffieren.

Zuerst heulte ich mich bei meiner Freundin Margit aus, dann schmiedeten wir Rachepläne, wie ich es meiner treulosen, ehemals besseren Hälfte heimzahlen könnte. Meine beste Freundin, selbst Single aus Überzeugung, drängte mich, vorübergehend bei ihr einzuziehen. Sollte mein Noch-Gatte doch mal sehen, wie er ohne seine unterbezahlte und unterschätzte Haushälterin und Privatsekretärin zurechtkäme. Es war spät geworden und wir hatten plötzlich beide solchen Hunger, dass Margit kurzerhand zum

Telefon griff und bei der Pizzeria ganz in der Nähe zwei Salate bestellte. Keine halbe Stunde später trat Lorenzo in mein Leben.

Bei zwei charmanten Damen käme er natürlich höchstpersönlich, schmeichelte er, als Margit die Tür öffnete. Man sah Lorenzo sofort an, dass er Italiener war, dunkler Teint, braune Augen, eine drahtige schlanke Figur, die schwarzen, gewellten Haare nach hinten gekämmt. Ich schätzte ihn auf mein Alter. Es sei eigentlich schon Feierabend gewesen, aber extra für seine Lieblings-Kundin wäre er noch einmal in die Küche gegangen und hätte eigenhändig zwei Salate Capricciosa zubereitet, erklärte Lorenzo von der gleichnamigen Pizzeria. Er hatte eine Flasche Valpolicella mitgebracht und während wir den Tisch deckten, öffnete der wortgewandte Italiener die Flasche. Den Korkenzieher hatte er vorausschauenderweise in der Hosentasche. Später lernte ich, dass es sich um ein Kellnermesser handelte, das er stets bei sich trug. Margit strahlte mich an und glaubte anscheinend, der charmante Latinlover sei genau die Ablenkung, die ich bräuchte. Kurz hatte ich sie in Verdacht, Lorenzo eigens zu meiner Seelenmassage bestellt zu haben.

»Bodensee isse ganz schön, aber Sinorita musse du kommen zu Gardasee, isse eine Traum. Meine Familie hat grosse Hotel in Salò«, sagte Lorenzo mit seinem unwiderstehlichen Akzent am nächsten Abend zu mir und sah mir tief in die Augen.

Den ganzen Tag hatte es wie aus Eimern geschüttet. Während Margit im Büro war, lag ich auf ihrem Sofa, hörte Musik und versuchte, nicht an Wolfgang zu denken. Um bei dem nasskalten Wetter vor die Tür zu kommen, schlug ich vor, essen zu gehen. Kaum hatten wir uns ein paar Schritte vom Haus entfernt, als ein solches Unwetter losbrach, dass wir ins nächstgelegene Lokal flüchteten. So landeten wir in Lorenzos kleiner Pizzeria, in der es nur drei Bistrotischchen gab. An einem davon nahmen wir Platz und bestellten jede eine Pizza. Eine Mama mit tiefschwarz gefärbten Haaren saß am Telefon und nahm pausenlos Bestellungen entgegen. Der Pizzabäcker hinter der Theke war ein älterer Italiener, der unentwegt damit beschäftigt war, Hefeteig durch die Luft zu wirbeln, zu belegen und in den Ofen zu schieben. Das blasse Mädchen, das uns bediente, nannte ihn »Cheffe«. Von Lorenzo fehlte zunächst jede Spur, wie ich enttäuscht feststellte. Dann tauchte er urplötzlich auf, verstaute hastig Pizzakartons in einem Container und wollte wieder eilig zu seinem Pizza-Taxi. Im Hinausgehen erblickte er uns und strahlte. Er bestellte für uns Espresso aufs Haus und kündigte an, nach Feierabend bei Margit vorbeizuschauen, er hätte eine »sorpresa« für uns.

Die Überraschung war der Inhalt einer weißen Plastiktüte, aus dem er uns zu später Stunde köstliche Bruschettas zubereitete, diese himmlischen gerösteten Brote mit würzigen Tomatenwürfeln. Wieder hatte er Wein mitgebracht. Diesmal einen exquisiten Bardolino, natürlich vom Gardasee, und wieder schwärmte uns Lorenzo von seiner Heimat vor. Er war ein wirklich charmanter und begnadeter Geschichtenerzähler. Mein strapaziertes Selbstbewusstsein war für seine Komplimente und Nettigkeiten überaus empfänglich. Und Lorenzo schien es zu genießen, wie ich an seinen Lippen hing. Karl der Große, den müsse ich doch kennen, bohrte er, der habe die Isola del Garda, die größte und schönste der Gardasee-Inseln, den Mönchen von San Zeno geschenkt. Und kein Geringerer als der heilige Franz von Assisi hatte anno 1220 dort ein Kloster erbauen lassen. Dies schilderte Lorenzo in einer Art, dass man den Eindruck gewinnen konnte, seine Vorfahren müssten dabei gewesen sein und seine Familie würde in direkter Linie vom heiligen Franz abstammen. Die Isola del Garda liegt nicht unweit von Salò, dem Geburtsort von Lorenzo und ehemaligen Amtssitz der Marionettenregierung Mussolinis.

Wir redeten bis weit nach Mitternacht, Margit hatte sich schon zurückgezogen. Da es nicht bei der einen Flasche Wein geblieben war, konnte Lorenzo nicht mehr fahren. Es schien eine logische Folge, dass ich ihn in mein Gästebett mitnahm.

So kam es, dass ich am folgenden Wochenende mit Lorenzo Richtung Italien fuhr. Als er sich hinter das Lenkrad von Wolfgangs fabrikneuem Cayenne klemmte, grinste Margit und legte Lorenzo nahe, dafür zu sorgen, dass der Tripp zum Gardasee ein unvergessliches Erlebnis für mich würde.

Unseren Aufenthalt am Gardasee werde ich tatsächlich nie vergessen, nur sicher hatte Margit etwas ganz anderes gemeint.

Es war traumhaftes Spätsommerwetter und die Fahrt durch die Schweiz verging wie im Flug. Als wir auf die A4 fuhren, blühte Lorenzo merklich auf. Er erzählte mir von seiner Familie, seinen Schwestern Maria-Lucia und Rosaria und seinem Bruder Vittorio. Ich erfuhr, wie sein Vater Giuseppe seinerzeit in Venedig seine Mutter Maria-Sebastiana kennengelernt hatte. Und ich wurde über ein dunkles Kapitel in der Geschichte der Familie aufgeklärt. Giuseppes ältere Schwester Emilia, Lorenzos Tante, hatte vor etwa einem halben Jahrhundert einen Deutschen geheiratet, einen geschäftstüchtigen Fuchs. Ihm war es gelungen, Giuseppes Vater das traditionsreiche Familienunternehmen abzuluchsen, eine Branche, die von einer Generation zur nächsten weitervererbt wurde. In Venedig wird man hoch angesehen, wenn man in der Taubenfuttermittel-Branche tätig ist. Emilias Mann hatte trickreich die Geschäfte der Familie in Venedig übernommen und Giuseppe überredet, mit Maria-Sebastiana in deren Heimat am Gardasee eine Zweigstelle aufzumachen. Als Taubenfutterverkäufer am Gardasee war Giuseppe allerdings schon nach kurzer Zeit gescheitert und musste seine sechsköpfige Familie mit Aushilfsjobs und Einfallsreichtum über Wasser halten, bis er in der Gastronomie Fuß fasste.

Tante Emilia und ihr Mann wurden in der Lagunenstadt steinreich, aber nicht glücklich. Der deutsche Onkel soll vor etwa zehn Jahren im Canale Grande ertrunken sein, als er bei einer Gondelfahrt über Bord ging und von dem Gewicht seines Geldgürtels auf den Grund gezogen wurde. Die beiden Söhne Flavio und Francesco kamen kurz nacheinander bei Autounfällen mit ihren schnellen, teuren Autos ums Leben. Seither wohnte die betuchte Tante im Haus ihres Bruders. Sie genoss jeden Tag ihres Lebens, wie ihre Verwandtschaft sie hofierte, obwohl sie ständig betonte, genau zu wissen, dass die ganze Sippe nur auf ihren baldigen Tod und ein saftiges Erbe hoffe.

Lorenzo konnte unheimlich unterhaltsam und spannend erzählen, aber ich war sicher, dass nicht die Hälfte seiner Geschichten der Wahrheit entsprach. Er schien sich an das Motto von Karl May zu halten: Erzähle nicht die Wahrheit, solange dir etwas Interessanteres einfällt.

So war ich nicht weiter verwundert, dass Lorenzos Elternhaus nicht in Salò selbst, sondern etwas weiter südlich in dem kleineren Ort Cisano lag. Auch war es kein palazzoähnliches Gebäude, wie ich seinen Schilderungen entnommen hatte, sondern ein schlichtes Steinhaus mit rau verputzten Wänden, kleinen Fenstern und einer uralten Haustüre. Später fand ich noch heraus, dass Lorenzos Eltern auch kein großes Hotel besaßen, sondern dass sie während der Saison Fremdenzimmer vermieteten. Nur die Familienmitglieder hatte Lorenzo genau so beschrieben, wie sie sich mir später vorstellten. Zuerst drückte mich seine kleine rundliche Mama fest an ihren Busen, hielt mich von sich weg und zog mich wieder zu sich heran, um mich mehrfach rechts und links zu küssen. Dabei redete sie ununterbrochen, wovon ich allerdings kein Wort verstand. Lorenzo zuckte mit den Schultern, grinste, deutete auf seinen Ringfinger und dann auf mich. Jetzt erst begriff ich, dass man mich für seine Verlobte hielt. Als Deutsche trug ich meinen Ehering an der rechten Hand, in Italien befindet sich dort der Verlobungsring. Lorenzos Vater war ein großer Mann mit dickem Bauch und einem weißen Haarkranz. Er nahm mein Gesicht in beide Hände und küsste mich auf den Mund. Dann wurde ich Maria-Lucia zugeschoben, die nur kurz ihre Wangen an meine legte und mich auf Deutsch mit bayerischem Akzent willkommen hieß. Sie hätte jahrelang als Eisverkäuferin in München gearbeitet, erklärte sie mit breitem Lachen. Sie war eine hübsche, schlanke Frau mit hochgesteckten schwarzen Haaren, rot geschminkten Lippen und großen dunklen Augen. Auch Lorenzo wurde überschwänglich und mit großem Lamento begrüßt. Schließlich erschien eine zierliche, weißhaarige Frau in einem eleganten schwarzen Kleid, in der ich

Tante Emilia erkannte. Mit ihr waren zwei kleine rosa gekleidete Mädchen aufgetaucht, die mir brav die Hand gaben und dann quiekend an Lorenzo hochsprangen. Den Freudenschreien entnahm ich, dass sie seine Nichten waren. Tante Emilia hielt mir ihre beringte Hand hin. Beinahe wäre ich niedergekniet, um diese zu küssen. Aber die alte Dame griff mit ihren knochigen Händen nach meinen Armen und drückte mich, bis es wehtat, dabei traten ihr Tränen in die Augen. »Ein deutsches Mädchen hat er mitgebracht. Das ist wirklich eine große Freude für mich, ach Lorenzo, guter Junge, komm her zu deiner Lieblingstante!«, sagte sie in fließendem Deutsch. Erstaunt schaute ich Lorenzo an. Er zwinkerte mir zu und fiel der alten Dame um den Hals.

Ich war total erschöpft von der Begrüßungszeremonie, dabei kannte ich gerade mal die Hälfte der Sippe. Lorenzos Mama scheuchte die ganze Familie ins Haus und Maria-Lucia kündigte an, dass bald Essenszeit sei. Lorenzo sollte mir nur noch schnell unser Zimmer zeigen. Wir erklommen eine steile Treppe mit ausgetretenen Steinstufen, die von der großzügigen Diele abging.

»Isse eine wunderbare Famiglia, oder? Und alle lieben meine Fidanzata, Verlobte«, fügte er fröhlich hinzu und küsste meinen Hals.

»Ich weiß nicht, ob das richtig ist«, warf ich ein.

»Nur eine Wochenende. Montag du bisse wieder betrogene Ehefrau, wenn du lieber willst.«

Bevor ich ihn in seine Schranken weisen konnte, trug er mich über die Schwelle in ein dunkles Kämmerchen mit Möbeln, die aus dem vorletzten Jahrhundert zu stammen schienen. Das Bett war blütenweiß bezogen und sah recht stabil aus. Lorenzo setzte mich darauf ab und öffnete die Tür zu einem winzigen Badezimmer mit Dusche, einem muschelförmigen Waschbecken und goldfarbenen Armaturen.

»Du mache dich bisschen frisch, dann komme runter, essen.«

Sicher lag es auch an der lauen Spätsommerluft und der zauberhaften Atmosphäre vergangener Jahrhunderte, dass einfach alles himmlisch schmeckte. Wir tafelten in einem romantischen Innenhof, der mit Efeu und Weinranken überwachsen war. Vor den alten Mauern standen unzählige Töpfe und Behälter mit bunt blühenden Blumen, die einen süßlichen Duft verströmten. Auf der langen Tafel lag eine Wachstischdecke und die Plastikstühle wurden von unterschiedlich geblümten Kissen geschmückt. Tante Emilia thronte am Kopfende, eingerahmt von den beiden rosa gekleideten Mädchen. Lorenzo und sein Vater setzten sich ans entgegengesetzte Ende. Inzwischen waren auch Bruder Vittorio mit Ehefrau Loretta und Baby Emiliano eingetroffen und Maria-Lucias Mann Paolo. Ich war kurz davor, den Überblick zu verlieren und nahm dankbar zwischen Lorenzo und seiner Schwester Platz.

Zuerst aßen wir Prosciutto e Melone und köstliche Bruschettas nach Lorenzos Rezept. Der Rotwein schmeckte herrlich und ich musste aufpassen, nicht zu viel zu trinken. Mit dem Wein war man mehr als großzügig. Man unterhielt sich auf Italienisch und ich verstand nur Bruchstücke. Eine Bemerkung von Tante Emilia ließ mich aufhorchen, »Witwenschaft ist die einzige Entschädigung, die eine Frau für die Ehe bekommt«, sagte sie auf Deutsch. Wie meinte sie das? Wollte sie mich vor einer Ehe mit Lorenzo warnen? Sie konnte ja nicht wissen, dass ich schon verheiratet war. Oder sprach sie von Wolfgang?

Der nächste Gang bestand aus einer köstlichen Pasta mit Gorgonzola-Gemüse-Sauce. Dazu knabberte ich reichlich Grissini-Stäbchen, um zu verhindern, dass mir der Rotwein, der ständig nachgeschenkt wurde, in den Kopf stieg. Ich dippte gerade ein Grissini in den Rest Sauce, als Tante Emilia so etwas sagte wie, die größte Gefahr der Zweisamkeit bestünde darin, dass der Partner überlebt. Ich blickte sie irritiert an, sie sagte etwas auf Italienisch und bedachte mich mit einem Lächeln. Konnte sie wissen, dass ich verheiratet war? Plötzlich gab es ein Wortgefecht. Bruder Vittorio machte eine Bemerkung, woraufhin er von seiner Mutter streng zurechtgewiesen wurde. Alle lachten und Maria-Lucia flüsterte mir zu: »Mein Bruder sagte, mit einem freundlichen Wort und einer Waffe erreicht man mehr als mit einem freundlichen Wort allein. Davon will meine Mutter nichts hören, denn Vittorio hat eine Pistole.«

»Ach komme, hier habe alle eine Waffe, is normal«, meinte Lorenzo beschwichtigend und schenkte Rotwein nach.

Der Secondo war das eigentliche Hauptgericht und bestand aus einem vorzüglichen Fischgericht. Lorenzo erklärte mir, das sei Carpione, die köstliche Gardasee-Forelle, das Leibgericht aller Gardesaner. Er tätschelte liebevoll meinen Arm und fragte, ob es mir schmecken würde. Was für eine Frage!

Anschließend brachten Mama und Maria-Lucia reichlich Käse und eine riesige Obstplatte mit Birnen, Äpfeln und Trauben. Die Unterhaltung war laut und angeregt. Die Gedanken schwirrten in meinem Kopf, der Wein tat sein Übriges. Tante Emilia verabschiedete sich, bevor der Espresso kam. Sie wolle sich ein bisschen hinlegen und bat Lorenzo, sie zu ihrem Zimmer zu begleiten. Bevor sie gingen, machte sie eine liebevolle Geste in meine Richtung und flüsterte: »Anderen eine Grube zu graben ist anstrengend, aber es zahlt sich fast immer aus.« Sie zwinkerte mir zu und nickte in die Runde. Was hatte das schon wieder zu bedeuten? Was wusste sie über mich?

Papa Giuseppe stellte nach dem Espresso eine Flasche Grappa auf den Tisch und Vittorio hatte Liquore di cedro, ein Likör aus der Zedernfrucht mitgebracht, den ich nur aus Höflichkeit probierte.

Maria-Lucia fragte, aus welchem Ort ich käme und ob ich schon mal in München gewesen sei. Offenbar wollte sie verhindern, dass ich mich langweilte, solange Lorenzo nicht da war. Ich fürchtete schon, sie könne mich nach meiner Beziehung zu ihrem Bruder ausfragen oder würde wissen wollen, wie lange wir uns kannten. Deshalb versuchte ich sie mit gezielten Fragen nach ihrer eigenen Familie abzulenken. Offenherzig erzählte sie, dass Tante Emilia, die ungeliebte Schwester ihres Vaters, richtig reich sei. Emilias Mann wäre vor Jahren an einer nicht näher bekannten Krankheit verstorben. Seitdem würde Papa Giuseppe seine Schwester nur in seinem Haus beherbergen, weil sie seine vier Kinder als ihre Erben eingesetzt hätte. Es sei eine Art Hassliebe. Maria-Lucia lachte, sie mache sich nicht viel aus Geld. Ihre Schwester Rosaria sei gut verheiratet, ihr Bruder Vincento hätte eine florierende Autowerkstatt und Lorenzo wäre sogar Eigentümer einer gutgehenden Pizzeria. Ich teilte ihr nichts von meiner Vermutung mit, dass Lorenzo nur als Pizza-Fahrer arbeitete.

Es wurde gerade begonnen, die Tafel abzuräumen, als Lorenzo wieder zu uns stieß. Ich bot an, in der Küche zu helfen, aber man drängte mich, mit meinem Fidanzato einen romantischen Spaziergang am See zu unternehmen. Ich hatte nichts dagegen, und so fuhr Lorenzo mit mir nach Salò. Wir gingen Arm in Arm von der Porta Carmine zur Seepromenade. Weiter am Seeufer entlang erreichten wir den Palazzo della Magnifica Patria mit dem Arkadengang an der Piazza della Vittoria. Man hätte uns für ein Liebespaar halten können, denn wir sprachen kaum ein Wort. Erst in der »Bummelgasse« Via Butturini im Herzen der Altstadt fand ich den Mut, Lorenzo zu fragen, ob er auch eine Waffe besitze. Diese Frage hatte mich seit Stunden beschäftigt. Lorenzo lächelte und klopfte auf seine rechte Hosentasche. Ich vermutete, dass er dort sein Kellnermesser trug, oder etwa auch eine Pistole?

Ein uralter Tante-Emma-Laden mit einer wundervollen Fassade zog meine ganze Aufmerksamkeit auf sich.

»Schade, dass wir morgen wieder zurück müssen. Es ist traumhaft schön hier«, sagte ich, als wir an den schicken Boutiquen am Seeufer vorbeischlenderten.

»Habe ich doch versprochen, Bella, mein Gardasee isse ein Traum«, sagte Lorenzo und küsste mich. Halbherzig wand ich mich aus seiner Umarmung. »Du weißt doch, dass ich verheiratet bin«, begann ich und wusste nicht weiter.

»Für jede Problem gibte eine Lösung. Du helfe meine Problem, ich löse deine Problem.«

Was meinte er denn damit? Lorenzo hakte mich unter und zog mich gut gelaunt mit sich.

Als wir nach Mitternacht zurückkamen, saßen nur noch Maria-Sebastiana und Giuseppe mit ihrem Sohn Vittorio im Innenhof. Man schien angeregt zu diskutieren, verstummte aber, als wir hinzukamen. Vittorio sprang auf, klopfte seinem Bruder auf den Rücken und wünschte eine gute Nacht. Ich wollte auch schlafen gehen, ließ mich von Lorenzo küssen und verschwand im Haus. Lorenzo versprach in einigen Minuten zu folgen, aber ich hoffte, wenigstens ein bisschen Zeit für mich alleine zu haben. Zu viel ging mir durch den Kopf.

Als ich aus dem kleinen Badezimmer kam, war Lorenzo noch nicht da. Von draußen hörte ich Stimmen und lauschte. Da ich nichts verstand, öffnete ich das Fenster ein Stück und sah hinaus. Dort erblickte ich Papa Giuseppe, dem Lorenzo gerade einen Stapel Euroscheine zugesteckt hatte. Giuseppe lachte zufrieden, ließ die Scheine durch seine Finger gleiten und schlug seinem Sohn anerkennend auf die Schulter. Woher hatte Lorenzo so viel Geld? Musste er seine Eltern, die ihn für einen reichen Pizzeriabesitzer hielten, finanziell unterstützen? Womit verdiente er sein Geld wirklich? Und was hatte Lorenzo gemeint, als er sagte, ich solle sein Problem lösen? Sollte ich seiner Familie die Verlobte vorspielen, weil er homosexuell war? Nein, das war er sicher nicht. Vielleicht war sein Plan, dass ich seine Erbtante umbringen sollte und er würde dafür sorgen, dass ich meinen Ehemann loswurde? Wolfgang umbringen, so weit hatte ich noch nicht gedacht. Über all diesen Fragen musste ich eingeschlafen sein.

Plötzlich schreckte ich hoch. Lorenzo stand an meinem Bett. Er war angezogen und flüsterte: »Schnell, du musse helfen!«

Ich wusste sofort, wo ich war, schaute auf meine Uhr, der kleine Zeiger stand auf der sieben. »Was ist passiert?«

Lorenzo flüsterte, ich solle leise sein und mich beeilen. Trotzdem brauchte ich mindestens zehn Minuten im Bad, bis ich einigermaßen wach war. Der Genuss von ungewohnt großen Mengen Rotwein war nicht ohne Spuren zu hinterlassen an mir vorübergegangen. Schließlich schlüpfte ich in Pulli und Jeans und dann durch die Tür in die Diele. Am Fuß der Treppe hockte Lorenzo und beugte sich über seine scheinbar leblose Tante. Er wirkte nervös und legte die Finger an die Lippen, damit ich leise sein sollte. »Schnell, hast du Schlussel von Auto?« Gemeinsam trugen wir Tante Emilia zu meinem Cayenne und legten die zierliche Person auf die Rückbank.

»Ich hole Koffer von Tante, du hole deine Sachen«, befahl Lorenzo. Obwohl ich nicht sicher war, dass Emilia noch atmete, war ich davon ausgegangen, dass wir sie zum Krankenhaus bringen würden. Wozu brauchte ich dann meinen Koffer? Vermutlich war ich noch nicht ganz klar im Kopf, denn ich befolgte Lorenzos Aufforderung. Benommen saß ich neben ihm auf dem Beifahrersitz. Es war noch nicht richtig hell, aber wir fuhren ohne Licht durch das verschlafene Cisano. Erst als wir das Ortsschild von

Desenzano passierten, erklärte mir Lorenzo, dass seine Tante die Treppe heruntergefallen sei. Auf meine Frage nach dem nächst gelegenen Krankenhaus, erfuhr ich, dass Emilia tot sei und er sie wegbringen müsse. Das verstand ich nicht. »Wenn reiche Tante stirbt in Haus von ihre arme Famiglia, alle denke isse keine natürliche Tod.«

Lorenzo behauptete, Tante Emilia hätte seit Jahren im ganzen Ort herum erzählt, die Familie trachte ihr nach dem Leben, um endlich an ihr Geld zu kommen. Deshalb würde er ihre Leiche nun fort bringen. Dann könne die Familie behaupten, die Tante sei nach Deutschland gereist zusammen mit ihrem Neffen Lorenzo und seiner reizenden deutschen Verlobten. Schließlich wussten alle am Ort, dass Emilias Mann auch Deutscher gewesen war.

»Aber wohin willst du sie bringen?«

Lorenzo grinste: »Deutschland?«

»Bist du verrückt? Wie willst du mit einer Leiche über die Grenze kommen?«

»Welche Leiche? Siehst du Leiche? Alte Dame schläft nur von anstrengende Reise.«

»Lorenzo nein, lass mich aussteigen, ich mache da nicht mit!« Plötzlich fiel mir ein, dass wir in Wolfgangs Wagen saßen und ich forderte Lorenzo auf, auszusteigen. Folgsam fuhr er rechts ran, öffnete die Tür und entfernte sich.

Ich kletterte von meinem Beifahrersitz. »Wo gehst du hin?«, rief ich ihm hinterher.

»Bella, du hast gesagt, ich soll aussteigen. Nun ich gehe zu fusse zuruck.« Er warf mir eine Kusshand zu und wollte sich abwenden.

»Komm sofort her und nimm gefälligst deine Leiche mit«, fauchte ich. Ein roter Sportwagen fuhr hupend an mir vorbei.

Lorenzo kam mit langen Schritten herbeigeeilt.

»Ich tue, was du willste«, lächelte er, »aber was willste du?« Lorenzo legte seinen Arm um meine Schulter und sah mich aus samtbraunen Augen an.

Ich hätte darin versinken können. »O.k., aber du lässt mich nicht mit ihr alleine. Wie soll es weiter gehen, wenn wir in Deutschland sind? Wie kommt denn deine Familie überhaupt an das Geld, wenn deine Tante angeblich noch lebt?« Warum nur zerbrach ich mir seinen Kopf?

Kurz vor Bergamo hatte Lorenzo mir seinen Plan dargelegt, alles klang sehr einfach und einleuchtend. Er würde die Leiche verschwinden lassen, es gäbe reichlich einsame Gegenden, Schluchten, Seen und dergleichen, damit wolle er mich nicht belasten. Und dann würde er seine Tante eines Tages vermisst melden. Selbstverständlich könne seine Familie schon jetzt an das Konto, er als Lieblingsneffe hätte Zugang dazu. Man wolle ja auch nicht alles auf einmal abräumen, immer nur, was gerade benötigt würde.

»Aber warum nimmst du alleine das ganze Risiko auf dich, warum hilft deine Familie nicht?«, wollte ich wissen und rutschte unruhig auf meinem Sitz hin und her. Der Rotwein des gestrigen Abends drückte auf meine Blase.

»Welche Risiko?«

»Ist Tante Emilia denn wirklich ganz von selber und ähm … die Treppe heruntergefallen?«, fragte ich kurz vor Como. Lorenzo antwortete nicht, stattdessen fuhr er an der nächsten Autoraststätte ab, parkte den Wagen möglichst abgelegen und lud mich zu einem Kaffee ein. Schließlich hätten wir noch nicht gefrühstückt und das sei für mich als Deutsche doch unverzichtbar.

Nach über einer Stunde kamen wir zum Parkplatz zurück. Das Auto stand nicht mehr da, wo wir es verlassen hatten. Vergeblich suchten wir nach dem Cayenne mit deutschem Nummernschild und Wolfgangs Initialen. Der Wagen war gestohlen worden.

Natürlich ging ich nicht zur Polizei.

Wolfgang sah seinen Wagen ebenso wenig wieder wie ich Lorenzo.

Mein Mann und ich rauften uns noch einmal zusammen, wir hatten beide ein schlechtes Gewissen. Wolfgang kaufte sich ein neues Auto. Er fuhr nicht mehr mit seiner Sekretärin zu Messen, ich nicht mehr zu Margit. Zu groß schien mir die Gefahr, Lorenzo wiederzutreffen.

Doch jemand anderen traf ich wieder. Ich begleitete Wolfgang zu einer Geschäftsreise an den Bodensee. Während er bei einer Besprechung war, machte ich einen Stadtbummel. Sie saß in einem italienischen Café und löffelte ein Eis. Ich konnte nicht anders, als an ihren Tisch heranzutreten und zu fragen, ob noch Platz sei.

Die zierliche Dame in dem eleganten schwarzen Kleid sah auf. »Lorenzos Verlobte!«, rief sie überrascht. »Setzen Sie sich doch und erzählen Sie.«

»Nein«, entgegnete ich ruhig, »Sie erzählen!«

Und dann erfuhr ich, wie Tante Emilia mit Lorenzos und meiner Hilfe ihre Familie hereingelegt hatte. Es habe sie schon lange gestört, dass ihr Bruder sie permanent um Geld anbettelte und behauptete, es stünde ihm zu, weil ihr Mann ihn um das Familiengeschäft betrogen hätte, erzählte Emilia. Und dann sei ihr ein Zufall zu Hilfe gekommen. Sie habe entdeckt, dass Lorenzo nicht der gewiefte Geschäftsmann sei, den er seiner Familie vorspielte. Daraufhin steckte sie Lorenzo regelmäßig Geld zu, das er an seine Familie weitergab. So konnte er sein Image aufrechterhalten und sie blieb von den Betteleien ihres Bruders weitestgehend verschont. Außerdem war Lorenzo ihr ausgeliefert. Er sollte ihr helfen, ihrem geldgierigen Bruder zu entfliehen und ihr so einen gemütlichen Lebensabend nach ihrem Gusto ermöglichen. Immer schon sei es ihr Traum gewesen, nach Deutschland zu reisen. Als Lorenzo mich kennengelernt hätte, schien das ein Wink des Schicksals zu sein, behauptete Emilia und schlürfte wenig damenhaft das letzte Eis aus ihrem Becher. Den Treppensturz hätten Lorenzo und sie nur vorgetäuscht, weil sie nicht sicher gewesen sei, ob ich ansonsten mitgemacht hätte. Sie beugte sich zu mir vor. »Der Wagen hat nur eine winzige Beule, ich bin keine sehr geübte Fahrerin, aber Sie bekommen das Auto natürlich wieder.«

»Lassen Sie nur«, lächelte ich großzügig, »Sie werden mir den Wagen abkaufen.«

Emilia wurde blass: »Aber Sie wollen mich doch nicht etwa … erpressen?«

»Was für ein hässliches Wort. Es wird ein faires Geschäft, Sie bekommen das Auto und mein Schweigen.«

Als Emilia hechelnd zu atmen begann und die Augen verdrehte, notierte ich ungerührt meine Nummer auf der Papierserviette und stand auf.

»Ich falle kein zweites Mal auf Sie herein. Hier meine Handynummer, Sie werden mich anrufen!«

Tonno alla Marinara

ZUTATEN

4 Scheiben frischer Thunfisch • ca. 5 EL Olivenöl, extra vergine • 400 g reife Tomaten • 80 g entsteinte Oliven, schwarz oder grün • 1 Bund Basilikum, gehackt • 40 g Kapern • 2 EL Semmelbrösel • Salz und Pfeffer

ZUBEREITUNG

Die Thunfischscheiben gut waschen, enthäuten und mit Küchenkrepp trocken tupfen. Gut zwei Esslöffel Olivenöl in eine feuerfeste Form geben und die Fischscheiben nebeneinander hineinlegen.

Die Tomaten blanchieren, Kerne entfernen und klein schneiden. Zusammen mit den gehackten Oliven, dem Basilikum, den Kapern und den Semmelbröseln zu den Fischstücken geben. Salzen und reichlich pfeffern. Mit dem restlichen Olivenöl beträufeln und die Form im vorgeheizten Backofen bei 160 °C ca. 30 Minuten backen. Die Sauce muss leicht eingedickt und der Fisch gar sein, bevor alles noch heiß serviert wird.

* * *

Tomatenbrot (Lorenzos Art)

ZUTATEN

400 g reife Tomaten • 1 Bund Basilikum • 12 Scheiben Ciabatta • 2 Knoblauchzehen • Salz und Pfeffer aus der Mühle • ca. 3 EL Olivenöl extra vergine

ZUBEREITUNG

Die Tomaten waschen, Stielansätze und Kerne entfernen, Fruchtfleisch fein würfeln. Basilikum waschen, mit Küchenkrepp trocken tupfen, die Blätter von den Stielen zupfen und grob hacken. Die Brotscheiben toasten, den Knoblauch schälen und halbieren. Die warmen Brotscheiben mit dem Knoblauch einreiben. Die Tomatenwürfel darauf verteilen, mit Salz und Pfeffer würzen und Olivenöl darüber träufeln. Mit Basilikum bestreuen und servieren.

* * *

Grissini

ZUTATEN FÜR ETWA 4 DUTZEND

350 g Weizenmehl und Mehl für die Arbeitsfläche • 14 g Hefe • 1 TL Salz • 2 EL Olivenöl extra vergine • 200 ml warmes Wasser

ZUBEREITUNG

Mehl in eine Schüssel geben, in der Mitte eine Mulde bilden und die Hefe hineinbröseln. Das Salz darüber streuen, Olivenöl in die Mulde träufeln und langsam das Wasser dazugeben. Alles zu einem geschmeidigen Teig kneten. Die Schüssel mit einem Küchenhandtuch abdecken und an einem warmen Ort ca. 5 Stunden gehen lassen.

Den Teig auf einer bemehlten Arbeitsfläche durchkneten und in ca. 48 gleich große Stücke teilen. Mit den Händen Kugeln formen und daraus Stangen rollen. Die Teigstangen auf ein mit Backpapier ausgelegtes Blech legen, mit Frischhaltefolie bedecken und ca. 15 Minuten ruhen lassen.

Den Backofen auf 230 °C vorheizen, dann die Stangen 15 Minuten goldbraun backen und auf einem Kuchengitter kalt werden lassen.

Grissini frisch und z. B. mit Schinken oder Mortadella umwickelt servieren.

Nessun dorma

Angela Eßer

Siebenundfünfzig Rentner draußen auf dem Gang und ein toter Busfahrer in der Gerichtsmedizin. Alle mindestens über siebzig, außer dem Busfahrer, der lag knapp drunter. Siebenundfünfzig deutsche Touristen. Eine komplette Reisegruppe vor seinem Büro. Und bis jetzt vierunddreißigmal dieselbe Geschichte. Commissario Alessandro di Zampone stöhnte. Er konnte sich ausrechnen, wie oft er noch »Aber ich kann doch nichts dafür, Herr Commissario!« hören würde, angereichert mit Krankheitsgeschichten, Schwächeanfällen, Trinkpausen, Familienanekdoten und natürlich Mafia-Gerüchten. Einmal auf Deutsch und dann in der italienischen Übersetzung.

Es half alles nichts. Schließlich hatten sie hier einen Toten. Einen toten deutschen Busfahrer, der vor noch gar nicht so langer Zeit quicklebendig auf der Via Emilia gefahren war und heute Mittag tot am Tisch lag. Mit dem Kopf im Pastateller, das Gesicht voller Tomatensauce.

Also dann, er atmete tief ein, Nummer fünfunddreißig. »Liebe Signora … äh … Munster …«

»Münsterländer. Signorina Münsterländer.«

»Signorina Münsterländer. Scusi – entschuldigen Sie, dass Sie haben so lange warten müssen.«

»Das ist schon in Ordnung, Herr Commissario. Wie heißt es immer: Sie tun auch nur Ihre Pflicht.«

»Si, Signorina.«

Die kleine betagte Dame war ihm sympathisch. Sie wirkte zwar ein bisschen antiquiert, aber sie hatte ruhige, klare Augen. Sie würde hoffentlich nicht ausschweifend werden oder gar einen Ohnmachtsanfall bekommen.

»Also, Sie waren mit dieser Reisegruppe schon ein paarmal in Italien. Lombardei, Venedig, Toscana, Latio und dieses Jahr wollten Sie unsere schöne Emilia Romagna entdecken.«

»Ja, von Bologna bis nach Rimini, aber nicht auf der Schnellstraße, sondern einmal wirklich die alte Via Emilia entlang, der Küche Italiens.«

Der Mann war ihr sympathisch. Er wirkte zwar ein bisschen überarbeitet und ungeduldig, aber er würde sie verstehen. Und das, obwohl er Willi nicht gekannt hatte. Er hatte Willi ja erst gesehen, als er tot war. Aber sie wusste, Commissario di Zampone würde nachfühlen können, wie es ihr ging.

Zampone, Zampone … ein schöner Name, das war doch das italienische Wort für …

»Liebe Signorina, Sie sind also mit der Reisegruppe im Albergho Cagliostro untergebracht. Erzählen Sie mir doch einfach, was passiert ist.«

»Herr Commissario, so einfach ist das nicht.«

»Comme, Signorina?«

Nein, nicht schon wieder. Nicht schon wieder die Geschichte mit der Katze. Vielmehr dem Kater, der »Pavarotti« hieß und der Nachbarin von Herrn Schmitt in Deutschland gehörte. Und wenn in dem Albergho nicht ein Pavarotti-Double von Kater herumgestreunt wäre …

»Wissen Sie, in der Albergho ist Maria so ein bisschen Mädchen für alles. Sie macht uns das Frühstück, kocht dort, kümmert sich um die Blumen und hat immer ein freundliches Wort für uns. Bei all den Touristen, die sie jeden Tag sieht und die sicherlich nicht immer pflegeleicht sind, hat sie trotzdem immer gute Laune. Jeden Morgen steht sie im Frühstücksraum, macht uns wunderbaren Cappuccino und summt dabei *Nessun dorma.* Und wenn Maria nicht dieses *Nessun dorma* gesungen hätte …«

Wieso jetzt *Nessun dorma*, dachte Zampone, nicht der Kater?

»Nessun dorma?«

»Ja, Sie kennen dieses Lied doch sicherlich.«

»Si, Signorina, ich kenne das Lied.«

»Herr Schmitt hat dann manchmal mit eingestimmt, wenn auch völlig falsch. Aber Maria hat gelacht und ihn mit ›bene, bene‹ gelobt. Ja, und dann lief dieser Kater durch das Albergho, aber das werden Ihnen die anderen ja sicherlich schon alles erzählt haben.«

»Si, Signorina.«

Er holte tief Luft. Also doch der Kater. Warum musste er sich immer und immer wieder diese dämliche Geschichte anhören.

»›Pavarotti‹, hat dann Herr Schmitt gerufen und der Kater ist tatsächlich gekommen, obwohl er doch eigentlich sicher ganz anders heißt. ›Pavarotti?‹, hat Maria gefragt und Herr Schmitt hat von dem Kater seiner Nachbarin erzählt. Maria fand das sehr amüsant und hat dann angefangen von Pavarotti zu erzählen, also dem echten, Sie wissen schon, diesem großen Sänger. Schließlich stammt er ja aus dieser Gegend, aus Modena.«

»Si, Signorina.«

Oh, sie sprach Modena ja sogar richtig aus. Die meisten Deutschen zogen das »e« wie einen Kaugummi auseinander, dabei war es doch so einfach.

»Maria schwärmte von seiner wunderbaren und einmaligen Stimme und erzählte, dass Pavarotti auch ein großartiger Hobbykoch sei. Und sie hätte das Originalrezept seiner *Piccatina*.«

»Das Originalrezept von Pavarotti?«

»Ja. Sie hat es natürlich nicht von Pavarotti direkt,

aber sie hat eine Schwägerin, deren Tante es ihm wohl«, sie räusperte sich, »abgeschwatzt hat. Aber es ist das Originalrezept. Und da hat sie Herr Schmitt überredet … Sie müssen wissen, Herr Schmitt ist ein ganz feiner Mann mit sehr viel Charme«, erklärte sie, »er hat eine Blume aus der Vase vom Tisch genommen und Maria gebeten, es für uns zu kochen. Maria hat strahlende Augen bekommen und gesagt, dass es ihr eine Freude wäre. Sie wurde allerdings gleichzeitig ein wenig verlegen und erklärte, sie hätte leider keinen original Aceto, denn der wäre doch so teuer. Aber da hat sie Herr Schmitt unterbrochen, sie in den Arm genommen und gesagt, das wäre überhaupt kein Problem, er hätte welchen auf seinem Zimmer …«

»Aceto Traditionale di Modena?«, Alessandro di Zampone hob die Augenbrauen.

»Ja, den Original-Essig und nicht das, was wir von zu Hause aus dem Supermarkt kennen. Herr Schmitt war ganz stolz und freute sich sehr, dieses kleine Vermögen uns allen zu spendieren. Wissen Sie, so viel vom Leben haben wir auch nicht mehr und …«

»Und diese Maria hat wirklich das Originalrezept von Pavarottis *Piccatina*?«

»Ja, Herr Commissario. Maria lügt nicht, das hätte ich gemerkt.«

»Und sie wollte wirklich das Rezept mit Aceto Traditionale machen?«

»Aber sicher, Herr Schmitt hatte ihr die Flasche gegeben.«

Ihm lief das Wasser im Mund zusammen. Unglaublich, Pavarottis *Piccatina* und er hatte noch nicht einmal mehr ein paar Kekse in seiner Schublade. Er wollte endlich nach Hause, auch wenn es da keine *Piccatina* gab. Er holte tief Luft. »Signorina, wie ging es dann weiter?«

»Ja, wie ging es weiter? Lassen Sie mich kurz nachdenken. Es war ja so eine Aufregung, weil Herr Schmitt den Aceto holen ging und Willi, also der Busfahrer, ich meine der Tote …«

»Si?«

»Willi hat sich so fürchterlich aufgeregt, er wollte doch mit uns den Ausflug wieder zu so einer Fattoria machen. Dort sollte eine Weinprobe stattfinden, so wie das Willi jedes Jahr für uns arrangiert. Und da sollte es auch Aceto geben, aber jetzt hatte Herr Schmitt doch schon welchen gekauft. Ja, und dann sollte diese Fahrt nun ausfallen, wegen der *Piccatina*. Herr Schmitt hat versucht ihn zu beruhigen und ihm einen Grappa gebracht. Er hat ihn dann auch zu dem Essen eingeladen und ihm versprochen, dass wir den Ausflug einfach später machen würden. Und das, obwohl ich von Herrn Schmitt weiß, dass er auf der Weinprobe keinen Wein mehr kaufen wollte. Er hat nämlich zu mir gesagt, zu Hause würde der Wein nie so gut schmecken wie hier in Italien. Na ja, auf jeden Fall hatte sich Willi in der Zwischenzeit ein klein wenig beruhigt.«

Langsam wurde Alessandro di Zampone ungeduldig. Weinprobe, Grappa, *Piccatina,* Pavarotti – hin oder her. Der Busfahrer war tot und das bestimmt nicht, weil er sich ein bisschen aufgeregt hatte.

»Signorina, was ist dann passiert?«, er trommelte mit den Fingern auf den Tisch.

»Das weiß ich nicht mehr so ganz genau. Ich weiß nur noch, dass Maria den Tisch gedeckt hat. Ja, und Parmesan, ganz frisch geriebenen, den hat sie auch auf den Tisch gestellt. Willi hatte … also, er war eigentlich ganz zufrieden!«

»Signorina Münsterländer, der Busfahrer war nicht zufrieden, sondern lag irgendwann tot am Tisch!«, Alessandro di Zampone schaute die kleine alte Dame forschend an. Jetzt war Schluss, er hatte keine Lust, noch stundenlang immer dieselbe Geschichte zu hören.

»Vielleicht hatte er ja nur einen Herzinfarkt. Herr Commissario, das kann passieren in dem Alter. Und außerdem hat Willi immer so viel getrunken, obwohl er doch noch den Bus fahren musste. Es war alles ganz schrecklich, aber ich kann doch nichts dafür, Herr Commissario!«

Da war es also schon wieder. Jetzt also zum fünfunddreißigsten Male – »aber ich kann doch nichts dafür, Herr Commissario!«. Der Busfahrer war aufgedunsen, völlig grün im Gesicht und die Augen waren schreckgeweitet gewesen, aber keiner konnte etwas dafür. Und jetzt fing sein Magen auch noch an zu knurren.

»Signorina, Sie saßen doch alle mit am Tisch und wollen nichts gemerkt haben. Impossibile – unmöglich, das kann ich mir nicht vorstellen.«

»Sie müssen mir glauben, Herr Commissario. Willi war ganz normal. Obwohl … nein, er hatte eigentlich richtig gute Laune und hat sogar ab und zu gelächelt. Das hat er eigentlich immer nur nach den Weinproben gemacht. Aber als wir da saßen, sah er richtig zufrieden aus. Er hat sich wahrscheinlich auch auf die *Piccatina* gefreut.«

»Piccatina, Piccatina, Piccatina«, di Zampone spuckte die Worte förmlich aus, »Signorina Münsterländer, so kommen wir nicht weiter. Ihrem Busfahrer ging es morgens wunderbar, er regt sich ein bisschen auf und dann …«, drohend stellte er sich vor sie, »Signorina, hier ist ein unschuldiger Busfahrer gewaltsam zu Tode gekommen und niemand kann sich an irgendetwas erinnern. Es muss aber irgendetwas passiert sein und … Maledetto! Wissen Sie was, ich glaube, dass eine Nacht hier in der Questura bei Ihnen allen wieder ein bisschen die Erinnerung auffrischen würde, was halten Sie davon?«

»Aber Herr Commissario, Sie wollen uns alte Leute doch nicht etwa … und außerdem, so unschuldig war Willi nun wiederum auch nicht!«

»Come prego?«

»Mir haben zu Hause und, wie ich Ihnen schon gesagt habe, Herrn Schmitt übrigens auch, all diese gekauften Weine nie so gut geschmeckt wie in Italien und letztes Jahr mein Grappa, den ich auch auf so einer Fattoria gekauft habe … so ein schöner bernsteinfarbener …, also, der war ganz merkwürdig. Und dann habe ich, ganz zufällig, Herr Commissario, dass müssen Sie mir glauben, also, da habe ich gehört, wie er zu jemanden am Telefon gesagt hat, wie wunderbar es doch wäre, dass so alte Omis, stellen Sie sich vor, er hat wirklich ›alte Omis‹ gesagt, also, dass alte Omis auf den Urlaubsfahrten ihre Rente nicht mehr in Rheumamatratzen und Heizdecken investieren würden, sondern in deutschen Schnaps mit …«, sie stockte.

»Ascoltano, Signorina …«

»Stellen Sie sich vor, er hat einfach billigen deutschen Schnaps mit einem schönen italienischen Etikett beklebt, und …«, sie räusperte sich, »ich möchte nicht wissen, wie er es geschafft hat, dass der Schnaps so gelblich wurde.«

Der Commissario verschränkte seine Arme. Soso, gelblicher deutscher Schnaps. Sicher, hier wurde an jeder Ecke falscher Parmaschinken, falscher Parmesan und natürlich auch falscher Aceto Traditionale verkauft. Aceto, der eigentlich teurer war als so manches Parfüm. Aber gelblicher Schnaps? Il pasticcio! Was für eine verrückte Geschichte. Wahrscheinlich kam jetzt wieder, wie schon vierunddreißigmal vorher, dass die Mafia einen unliebsamen Konkurrenten ausgeschaltet hätte. Aber hier in seiner Romagna gab es keine Mafia. Dass die Deutschen immer so eine Phantasie hatten. Hier gab es die ein oder andere kleine Gaunerei, aber keine Mafia.

»Also, ich glaube, dass die Mafia irgendetwas damit zu tun hat.«

Di Zampone beugte sich langsam auf seinem Stuhl nach vorne und sah sie durchdringend an. »Adesso finito – jetzt ist Schluss – Signorina, hören Sie mir jetzt genau zu, die Mafia schaltet hier keinen deutschen Busfahrer aus, weil er ein bisschen gepanschten Wein oder deutschen Schnaps mit anderem Etikett an Sie verkauft hat«, er machte eine kurze Pause, »SIE, liebe Signorina, SIE allein fühlten sich betrogen. SIE wollten ihn bestrafen und niemand anders …«

Er sah, wie sich das Gesicht der kleinen alten Dame dunkelrot färbte und sie die Augen schloss. »Aber es war doch nur eine kleine Tablette, Herr Commissario …«

Di Zampone hielt die Luft an. Madonna mia, dass konnte doch nicht wahr sein, sie hatte tatsächlich den Busfahrer … »Eine kleine Tablette? Signorina, der Busfahrer ist tot!«

»Es ist doch alles nur passiert, weil Maria den frisch geriebenen Parmesankäse für die Pasta auf den Tisch gestellt hat und wenn sie nicht *Nessun dorma* gesungen hätte …«

»Wenn, wenn, wenn … Signorina, bleiben Sie bei der Sache.«

»Entschuldigen Sie, Herr Commissario, ich versuche es Ihnen ja zu erklären. Wenn Willi … also Willi hat das Essen immer so hinuntergeschlungen und … er hat wirklich gar nichts gemerkt … aber, Herr Commissario, es kann doch nicht sein, dass so eine kleine Tablette«, sie schaute ihn mit großen Augen an, »das kann doch nicht sein, oder?«

Alessandro di Zampone schwieg.

»Nun, Herr Commissario, Sie kennen das noch nicht, aber in einem gewissen Alter fällt manchmal das Einschlafen schwer. Vor allem in einer fremden Umgebung und für diesen Fall nun … Der Arzt hat gemeint, es wäre ein vollkommen biologisches Mittel.«

»Signorina, ich verstehe nicht ganz.«

»Herr Commissario, manchmal, aber wirklich nicht sehr oft, trinke ich ein Gläschen Rotwein und dann … Nun, dann nehme ich eine kleine Schlaftablette. Und bei Willi, da dachte ich …«

»Si?«

»Willi war doch immer noch so außer sich, weil der Ausflug mit der Weinprobe nun jetzt nicht … und außerdem wollte er …, da dachte ich, dass Willi ein kleiner Mittagsschlaf guttun würde.«

»Also, eine Ihrer kleinen Tabletten?«

»Natürlich, Herr Commissario, aber ich habe mir nichts dabei gedacht. Ich habe einfach nur die Tablette mit dem Löffel zerdrückt und über den Parmesan, der vor Willi stand, gestreut.«

Er schloss die Augen und rief sich den Speisesaal noch einmal ins Gedächtnis. Der tote Busfahrer mit dem Gesicht in der Pasta und überall die Tomatensauce.

»Von einer kleinen Schlaftablette stirbt aber niemand«, di Zampone atmete schwer ein, »es reicht jetzt, Signorina, raus mit der Wahrheit!«

Das Telefon auf seinem Schreibtisch klingelte. Di Zampone fluchte. »Pronto?«

Der Gerichtsmediziner. Endlich bekam er den Bericht über den toten Busfahrer. Jesubambi! Er konnte kaum glauben, was er da hörte. Ein harter Schlag, vor allem auf seinen leeren Magen. Langsam legte er den Hörer wieder auf.

»Signorina, Ihre kleine Tablette, die …«

»Sie müssen mir glauben, Herr Commissario. Ich habe ihm nur eine Tablette untergemischt. Wirklich nur eine.«

Nessun dorma.

Niemand schläft. Außer Willi.

Di Zampone kratzte sich am Kopf. »Signorina, bitte …!«, flehte er und lief in seinem Büro auf und ab.

»Wirklich nur eine. Ich meine … jeder …«

»Was haben Sie gerade gesagt?«, er drehte sich um und starrte sie an.

»Nichts! Ich sage jetzt gar nichts mehr!«

Di Zampone ließ sich auf einen Stuhl fallen – nickte, er brauchte nicht noch einmal nachzufragen, er hatte verstanden und lachte plötzlich leise auf.

Alle waren von Willi betrogen worden, alle wollten sich ein klein wenig an ihm rächen, alle nur ein klein wenig.

Er hatte noch den Gerichtsmediziner im Ohr, der nicht nur eine kleine Schlaftablette gefunden hatte, sondern auch Rheumapillen, Schilddrüsenpräparate, Abführmittel und Herztabletten. Eine halbe Urlaubsapotheke, die der Busfahrer hinuntergeschlungen hatte. Incredibile, unglaublich.

Jetzt fällt es mir wieder ein, dachte Signora Münsterländer, Zampone heißt auf Deutsch »gefüllter Schweinsfuß«. Schlimm, mit so einem Namen herumlaufen zu müssen.

Die Region Emilia Romagna wird zu Recht als die Küche Italiens bezeichnet, stammen nicht zuletzt der herrliche Parmaschinken und der Parmesan aus dieser Gegend. Etwas ganz Besonderes ist natürlich der *Aceto Balsamico Tradizionale di Modena,* mit dem sich viele Gerichte verfeinern lassen. Aber allein schon ein paar Tropfen von diesem edlen Essig auf einem kleinen Stück original Parmesan, dazu einen Wein aus der Romagna sind ein Genuss für Auge, Nase und Gaumen.

Der großartige Opernsänger Luciano Pavarotti wurde in Modena geboren und ist begeisterter Hobbykoch. Er liebt die Küche seiner Romagna und hat natürlich für diesen wunderbaren Aceto auch einige Rezepte, eines davon ist die *Piccatina.*

Piccatina Balsamica alla Pavarotti

ZUTATEN

800 g Kalbsnuss in Scheiben • Mehl • Salz, Pfeffer • 100 g Butter • 60 g roher Schinken aus Modena, geschnitten »à la julienne« • 1 guter EL Aceto Balsamico Tradizionale di Modena • 25 g gehackte Petersilie

ZUBEREITUNG

Die Kalbfleischscheiben mit dem Fleischklopfer flachklopfen und wenig salzen, pfeffern und in Mehl wenden.

80 g Butter in einer Pfanne erhitzen, die Fleischscheiben von beiden Seiten bei starker Hitze bräunen, herausnehmen, Fett abtropfen lassen und die Stücke warm halten. Die restliche Butter zum Bratenfond geben und die Schinkenstreifen hinzufügen. Das Ganze noch etwas bräunen lassen und dann mit dem Balsamico abschrecken. Die Sauce noch ein wenig in der Pfanne lassen, damit sich der Essig gut verteilen kann, dann über die warm gestellten Fleischstücke geben. Mit Petersilie bestreuen, dazu ausgebackenes Gemüse und Kartoffeln reichen.

* * *

Parmesanchips

ZUTATEN

Parmesan

ZUBEREITUNG

Parmesan reiben, auf ein mit Backpapier ausgelegtes Backblech flache, runde Häufchen setzen (geht am besten mit Hilfe einer runden Keksausstechform), leicht plattdrücken und bei 220 °C goldbraun backen. Etwas auskühlen lassen und vom Papier nehmen. Schmecken frisch zu Salat oder einem Glas Rotwein.

Cucina d'amore – Tödliches Liebesmahl

Carsten Germis

So aufgeregt wie an diesem Morgen hatte Andreina LoBianco ihren Mann schon lange nicht mehr erlebt. Auf Guidos Stirn bildete sich diese tiefe Längsfalte, die immer auftauchte, wenn er innerlich tobte. Seine Hände zitterten, als er die »Repubblica«, seine tägliche Morgenzeitung, vor sich auf den Frühstückstisch legte. »Das ist der Beweis«, sagte er. Er schob die Zeitung zu seiner Frau hinüber und tippte mit dem rechten Zeigefinger auf ein kleines Foto auf der Seite mit den vermischten Meldungen. Seine Stimme überschlug sich fast. »Die beiden haben Gigi umgebracht«, rief er und schlug mit der Faust auf den Tisch.

Seine Frau nahm die Zeitung. Ein Lächeln huschte über ihr Gesicht. Sie kannte die beiden, die da, wie es in der Bildüberschrift hieß, »als Verlobte grüßen«.

Lorenzo, einer der beiden Jungköche im »Ristorante Rezzano«, das sie mit ihrem Mann seit acht Jahren betrieb, war schon immer ein hübscher Junge gewesen. Voller Selbstbewusstsein strahlte er in die Kamera. Sein linker Arm lag besitzergreifend auf den Schultern einer Frau mit blonder Löwenmähne. »Claudia Pfeiffer«, las Andreina, »Deutsche, 30 Jahre alt«. Die beiden streckten dem Fotografen ihre rubinroten Verlobungsringe entgegen. Sie sah ihren Mann fragend an.

Guido riss ihr die Zeitung wieder aus der Hand. »Und?« Ein erwartungsvolles Schweigen folgte.

»Was, und?« Andreina verstand nicht, worauf er hinauswollte. Sie las laut vor: »Lorenzo Berlusci, 28, neuer Starkoch der RAI, der nach dem tragischen Tod des Maestro Luigi Arentino, 59, die beliebte Kochsendung ›Cucina popolare‹ fortführt, und die 30-jährige Claudia Pfeiffer aus Hamburg haben sich verlobt. ›Wir haben uns an dem tragischen Abend im Rezzano kennengelernt, als Maestro Arentino starb‹, berichtet Bräutigam Lorenzo. ›Dieser Unglückstag, der einen der größten Köche Italiens dahinraffte, ist gleichzeitig unser Glückstag.‹ Lorenzo wischt sich die Tränen aus den Augen, und auch Claudia schluchzt leicht vor sich hin.«

Andreina spürte, wie so etwas wie Rührung in ihr aufstieg und las weiter. »›Ich werde Arentino nie vergessen‹, sagt Lorenzo. Der junge Mann aus Imperia, der als Jungkoch im »Rezzano« begann, ist Nachfolger Arentinos und der neue Star am italienischen Fernsehhimmel. Die Kochsendung ›Cucina popolare‹ wird jeden Montagabend von mehr als vier Millionen Zuschauern, größtenteils Frauen, gesehen. Drei Folgen hat Lorenzo bisher gedreht, und schon ist er den Umfragen zufolge populärer, als es Arentino je war. Seine Kochbücher haben in Rekordgeschwindigkeit die Bestsellerlisten erobert. Waschkörbeweise geht die Fan-Post nach jeder Sendung ein. Mehr als 90 Prozent der Briefe kommen von Frauen. Eifersucht? Claudia Pfeiffer lächelt ihren Lorenzo an. ›So etwas kenne ich nicht‹, sagt sie. ›Ich bin glücklich.‹ Noch in diesem Jahr sollen in Imperia die Hochzeitsglocken läuten.«

Andreina legte die Zeitung zurück auf den Tisch. »Ich weiß nicht, was du willst, Guido. Was soll das? Was für ein Beweis ist dieser Artikel?«

»Ja, siehst du es denn nicht?«

»Nein, ich weiß nicht, wovon du sprichst.«

»Denk doch mal zurück«, sagte er. »Erinnere dich genau an das, was an diesem schrecklichen Abend in unserem Restaurant passiert ist.«

Es war ein lauer Abend im April. Die schönste Jahreszeit in Ligurien. Nach der Winterpause kamen die Touristen wieder. Es ist zwar noch nicht richtig heiß, aber überall blüht es, und die Cafés und Restaurants sind wieder bis in die Nacht geöffnet. Fernsehkoch Luigi Arentino, den Guido seit den gemeinsamen Schultagen in Imperia nur Gigi nannte, hatte einen Tisch im Restaurant am Hafen reserviert. Arentino wollte an diesem Abend nach einem letzten Testessen bekannt geben, welcher der beiden Jungköche des »Rezzano« als neuer Juniorkoch in seine Fernsehsendung eintreten sollte. Beide hatten bereits bei mehreren Probesendungen in den Fernsehstudios in Rom mitgekocht. Arentino, der im Herbst sechzig wurde, wollte sich nach ein, zwei Jahren aus dem Geschäft zurückziehen. Die Zuschauerquoten gingen beständig zurück; ein neues Gesicht sollte die Wende bringen.

Die beiden Jungköche standen in der Küche bereit, um sich der schwierigen Aufgabe zu stellen. Lorenzo rechnete sich nach den ersten Probeaufnahmen die besseren Chancen aus. Er war ein guter Koch, aber beileibe kein Meister seines Faches. Oft war er zerstreut, vergaß Zutaten. Kreativität, wichtig für jeden erfolgreichen Koch, war nicht seine starke Seite. Aber er sah blendend aus. »Darauf kommt's im Fernsehen an«, sagte er, streckte sich und drehte sich einmal um die eigene Achse. »Im Studio in Rom haben sie mir schon gesagt, dass ich ganz vorne mit dabei bin«, raunte er Maria, der Küchenhilfe, zu. »Pass auf, es dauert nicht lange, und ich bin die Nummer eins in der Sendung und nicht nur der Hilfskoch.«

Am anderen Ende der Küche schleuderte Paolo, der gemeinsam mit Lorenzo die Ausbildung bei Guido begonnen hatte, wütend einen Schöpflöffel in die Spüle. »Gib nicht so an«, fauchte er. Aber Paolo war ein Jahr jünger als Lorenzo. Als Koch war er ein Genie. Mit einfachsten Mitteln zauberte er wahre Meisterwerke. Paolo war keine Schönheit. Schon als Junge ging er gebeugt. »Veccietto«, Alterchen, nannten ihn die Mitschüler schon in der zweiten Klasse spöttisch. Seine dünnen Haare gingen ihm aus, obwohl er noch keine dreißig Jahre alt war. Er wohnte bei seinen Eltern in einem der ärmlichen Viertel hinter dem Hafen. Eine feste Freundin schien er nicht zu haben. Jedenfalls hatte ihn nie jemand knutschend am Hafen oder in einer der Bars von Imperia gesehen. Ein Vertrag mit Arentino und dem Fernsehen war für ihn die Chance, sein Leben zu ändern. Nicht, dass Paolo je darüber gesprochen hätte. Aber er kannte nahezu alle Rezepte, die Arentino in seinen Sendungen vorgestellt hatte. Und er kochte sie nach – besser als der Meister.

Guido LoBianco platzte fast vor Stolz. Acht Jahre lang hatte er daran gearbeitet, das »Rezzano« in Imperia zum ersten Haus am Platze zu machen. Imperia ist keine Stadt, in der Touristen länger bleiben. Sie fahren weiter an die Badeorte der ligurischen Küste. Doch viele kommen abends zum Essen in die Stadt zurück. Und jetzt suchte sich der Starkoch des italienischen Fernsehens in seinem Restaurant den Juniorpartner. Dieser Abend sollte Guido LoBiancos persönlicher Triumph sein.

»Es ist so weit«, sagte Gigi Arentino, als er wie immer pünktlich fünf Minuten vor der vereinbarten Zeit ankam. »Einen deiner beiden Jungens wirst du heute los.« Er schlug Guido gönnerhaft auf die Schulter und lachte. »Wir sind zu alt fürs Geschäft.«

Arentino zögerte kurz und sah gespannt zurück zur Restauranttür.

»Wann kommt denn deine neue Freundin, auf die wir alle schon so gespannt sind?«, fragte Guido. In dem Moment öffnete eine großgewachsene, schlanke Frau mit langen, glatten, tiefschwarzen Haaren die Tür und betrat die Gaststube. Schnurstracks steuerte sie auf Arentino zu. »Gigi«, hauchte sie ihm ins Ohr und gab ihm einen Kuss.

»Darf ich vorstellen? Signorina Barbara Monte, meine, na, wie soll ich sagen, meine neue Gefährtin«, sagte er. Die Frau hakte sich demonstrativ bei ihm ein und zeigte Guido ihr breitestes Lächeln. Guido geleitete die Gäste zu einem Tisch direkt am Fenster zur Hafenpromenade. Im Hafenbecken blitzten die Segelboote im Sonnenschein. »Hier wird's euch gefallen«, sagte er. »Und ich habe mir beim Essen etwas ganz Besonderes ausgedacht.«

»Was kochen deine Jungs denn?«, fragte Arentino.

Guido schmunzelte. »Na, ich dachte, wo du doch jetzt eine neue Freundin hast …«

»Für mich?« Barbara strahlte ihn an.

»Cucina d'amore«, sagte Guido, »ein verführerisches Mahl. Gut für …« Die Geste, die er mit der Hand machte, war eindeutig.

Gigi und seine Begleiterin lachten.

»Die Wirkung dieses Menüs auf den Mann ist verbürgt«, flüsterte Guido dem Freund ins Ohr. »Antipasto und Secondo Piatto macht euch Paolo«, sagte er dann wieder laut. »Primo Piatto und Nachspeise sind Lorenzos Werk. Wartet, ich hole die beiden.«

In der Küche herrschte helle Aufregung. Lorenzo kämmte sich. »Wie seh ich aus, Maria?«

»Bene.« Lorenzo könnte ungewaschen und in Lumpen vor ihr stehen; Maria würde immer »bene« sagen. Sie himmelte den jungen Koch an. »Bene«, sagte sie noch einmal. »So kannst du raus. Du kriegst den Fernsehjob«, rief sie, »und dann wirst du berühmt. Und holst mich nach Rom.«

Paolo stand mit mürrischem Gesicht gebeugt an der Arbeitsplatte und schälte Spargel. Den brauchte er für das Menü, mit dem er sich zum Fernsehstar kochen wollte. Seine weiße Jacke war fleckig. »Hm«, brummte er nur, als Guido ihn fragte, ob er aufgeregt sei. Er hatte an diesem Abend den schwierigeren Teil zu meistern. Arentino hatte sich ein vegetarisches Essen gewünscht. Doch jeder Koch weiß, wie schwierig es ist, ein gutes Risotto zuzubereiten. Der Reis muss verführerisch cremig sein, dabei aber auch Biss haben. Paolo schwitzte und dachte, wie schnell ihm das misslingen könnte. »Dio mio«, flüsterte er und bekreuzigte sich.

»Los, Jungs.« Guido stand an der Küchentür und klatschte in die Hände. »Jetzt wird's ernst. Unser Starkoch will euch sehen.«

Lorenzo strahlte. Er drückte den Rücken durch. Ein letzter Blick zu Maria, die ihm aufmunternd zunickte. Guido legte Paolo die Hand auf die Schulter. »Du auch«, sagte er und schubste ihn in Richtung Tür, wo Lorenzo schon auf die beiden wartete.

Arentino stand auf, als die drei an seinen Tisch kamen. Das Restaurant war inzwischen gut gefüllt. Mehr als die Hälfte der Tische war besetzt.

Der Fernsehkoch klatschte in die Hände. »Ein Gläschen Gavi di gavi für uns«, rief er Andreina zu, die hinter dem Tresen stand. Alle Augen waren auf ihn gerichtet. Er streckte sich, jede Bewegung vor Publikum schien ihm ein purer Genuss zu sein. Demonstrativ knöpfte er sich das Jackett auf, das leicht über seinem Bauch spannte. »Lektion eins«, erklärte er den beiden Kandidaten. »Inszenierung ist alles. Die Leute wollen etwas zu sehen bekommen für ihr Geld.«

Lorenzo nickte. Paolo kaute nervös auf den Lippen.

»Fernsehköche sind bekannt wie Filmstars. Die Zeitungen schreiben über euch, die Frauen drehen sich nach euch um …«

Das Knallen der Tür unterbrach ihn. Arentino blickte zum Eingang. Wer wagte es, seinen Auftritt zu stören? Aus seinem Gesicht wich plötzlich jede Farbe. »Du?«, flüsterte er.

»Damit hast du nicht gerechnet …« Claudia Pfeiffers Stimme überschlug sich, während sie, ihre Hand noch an der Türklinke, den bekannten Fernsehkoch anbrüllte. Im hautengen, langen schwarzen Kleid sah sie aus wie die Königin der Nacht. Sie spitzte ihre dunkelrot geschminkten Lippen zu einem Kussmund und spuckte dann in Richtung Arentino aus. Die Gespräche verstummten, als sie zu seinem Tisch ging. Nur das Klacken ihrer Pfennigabsätze und eine Arie aus Giacomo Puccinis »La Bohème«, die im Hintergrund lief, war zu hören. Wie ein Racheengel stand die blonde Frau vor dem Tisch, an dem Arentino nun zusammengesunken saß. Sie zeigte mit dem Finger auf ihn, ihr walnussgroßer, rubinroter Ring funkelte dabei im Licht des Kronleuchters. Der Mann, der sich gerade vor den Jungköchen noch als Star gebrüstet hatte, wagte es nicht, den Kopf zu heben.

Claudia Pfeiffer ließ den Blick spöttisch über Arentinos Begleiterin schweifen. »Du hast dich schnell getröstet, Gigi«, sagte sie. »Aber immer noch der elende Feigling.« Ihr Lachen klang höhnisch.

»Was willst du, Claudia?« Arentino rang sichtbar um Fassung.

»Sehen, wen du dir als Partner für deine Kochsendung aussuchst. Vielleicht erinnerst du dich. Wir wollten das gemeinsam machen.«

»Claudia, bitte.«

»Schon vergessen, mein Lieber? Die Pläne, die du geschmiedet hast, als wir in Genua aus unserem Hotelbett gar nicht mehr herauskamen?«

Arentino sah wieder zu Boden. Guido stand mit puterrotem Kopf neben ihm. Lorenzo und Paolo starrten mit offenem Mund auf die Szene, die sich vor ihnen abspielte. So hatten sie sich ihr entscheidendes Zusammentreffen mit dem Meisterkoch an diesem Abend nicht vorgestellt. Guido sah seinen Freund fragend an. Er merkte, dass er von ihm keine Hilfe zu erwarten hatte. Also musste er die peinliche Situation selbst beenden. Unmerklich straffte sich sein Körper. Andreina gab ihm ein aufmunterndes Zeichen.

»Signora«, sagte Guido und stellte sich zwischen Claudia Pfeiffer und seinen Freund. »Wenn Sie etwas essen möchten, zeige ich Ihnen gerne einen Tisch. Wenn nicht, muss ich Sie jetzt bitten zu gehen.« Er erwartete, dass die Frau jetzt lautstark lamentieren würde, doch Claudia Pfeiffer zuckte nur mit den Schultern. »Sie haben recht. Der Mann ist die Aufregung nicht wert«, sagte sie und hielt Guido ihren linken Arm hin. »Bitte.« Er brachte sie zu einem kleinen Ecktisch in der Nähe des Eingangs.

In der Küche war das Thema klar: »Siehst du, Paolo, sogar die abgelegten Frauen laufen einem Fernsehkoch nach«, sagte Lorenzo. Maria kicherte. Paolo richtete gerade die Tomaten- und Mozzarella-Scheiben auf dem Teller für Arentino an. Dazu Basilikum, das Kraut der Könige. »Red nicht so viel«, fuhr er Lorenzo an. Konzentriert beträufelte er den Salat mit Olivenöl. »Du bist dran«, sagte er und drehte sich zu Lorenzo um. »Lass den Maestro nicht allzu lange auf den ersten Gang warten. Sonst scheidest du schon in der Vorrunde aus.«

Gigi schien sich wieder gefangen zu haben. Er aß jedenfalls mit sichtlichem Appetit und unterhielt sich angeregt mit seiner Begleiterin. Lorenzos Karottensuppe mit Nelke, Zimt, Ingwer, Kardamom und Muskat pries er in hohen Tönen. »Genial, Guido«, sagte er, »Lorenzo muss mir das Rezept verraten.« Guido freute sich sichtlich über das Lob. Er beugte sich zu Arentinos Ohr. »Und du musst mir unbedingt berichten, ob die Suppe wirklich die Wirkung hat, die man ihr nachsagt«, sagte er. Arentino lachte, trank einen Schluck Wein und legte seiner Freundin demonstrativ die Hand aufs Knie. Barbara kicherte.

Paolo und Lorenzo beobachteten das Paar durch die halb geöffnete Küchentür. »Und?«, fragten sie Guido, als er von Arentinos Tisch zurückkam, »hat er schon was gesagt?«

»Es scheint ihm zu schmecken.«

»Ja, aber hat er schon eine Andeutung gemacht, wer …?« Lorenzo konnte seine Anspannung kaum noch verbergen.

»Kein Wort«, sagte Guido. »Und jetzt ab an die Zabaione con bacche. Vielleicht entscheidet ja die Nachspeise das Rennen.«

Paolo verzog das Gesicht. Lorenzo holte die Eier für die Weinschaumcreme aus dem Kühlfach, stellte den Marsala neben die Schüssel. Er wollte gerade Eiweiß und Eigelb trennen, als Guido ihn so laut anfuhr, dass man es noch an der Theke hören konnte. »Verdammt noch mal, Junge, wie oft habe ich dir gesagt, du sollst bei der Arbeit keinen Schmuck tragen.«

»Aber Signore, es ist doch nur ein Ring.«

»Du weißt, dass uns das Gesundheitsamt die Hölle heiß macht. Keine Ringe bei der Küchenarbeit.«

Lorenzo verzog das Gesicht. Jetzt bloß keinen Streit mit dem Chef! »Bene, bene«, sagte er und hob die Hände wie zur Kapitulation. »Ich nehm ihn schon ab. Ist ja wirklich ein bisschen sperrig.«

»Aber wunderschön«, mischte sich Maria ein. »Ich mag dieses satte, dunkle Rot.«

Lorenzo streifte den Ring ab und legte ihn neben den Messerblock auf die Ablage.

»Und jetzt avanti, avanti!«, rief Guido, »der Nachtisch macht sich nicht von alleine.«

Arentino schien sich mittlerweile glänzend zu amüsieren. Er gestikulierte wild, seine Begleiterin hing anbetungsvoll an seinen Lippen. So war es wohl, wenn man es geschafft hatte. Stars blieben Stars. Das Bild zählt, das die Medien von ihnen produzierte. Und da war Gigi Arentino einer der Größten. Ein Meisterkoch. Ein Casanova.

Al Bano und Romina Power trällerten ihre Schlager, als Claudia Pfeiffer sich zu ihrem zweiten Auftritt erhob und wie eine Furie in die Küche stürmte. Sie baute sich vor Paolo auf. Mit dem rechten Ellenbogen riss sie dabei das Salzfass vom Tisch. »Du hast dieses gottverdammte Risotto Asparagi gekocht!«, schrie sie. »Willst du mich umbringen?« Sie packte Paolo an der Jacke und schüttelte ihn. Er wehrte sich nicht. Die Frau zerrte weiter an ihm. »Da, schau dir das an!«, zeterte sie.

»Signora, bitte.« Guido, der ihr in die Küche gefolgt war, versuchte, Claudia Pfeiffer von Paolo wegzuziehen.

»Sehen Sie das?«, fragte sie.

»Ja, das ist eine Heftzwecke.«

»Die war in meinem Risotto.« Triumphierend hielt sie ihm das Stück vor die Nase.

»Dieser Koch ist gemeingefährlich.« Sie zögerte einen Moment, drehte sich wieder zu Paolo und fragte: »Oder war das Risotto etwa für Gigi gedacht?«

Paolo zuckte zusammen. »Ich weiß nicht, wie das passiert ist«, stammelte er, Tränen traten ihm in die Augen.

»Das Spargel-Risotto war deine Aufgabe«, sagte Guido.

»Ja, aber …«

»Kein Aber. Wir klären das später.« Er gab seinem Koch einen Klaps auf die Schultern. »Es tut mir sehr leid, Signora«, sagte er zu Claudia Pfeiffer, die an der Schwingtür stand. »Und jetzt macht Lorenzo Ihnen den Nachtisch. Oder wollen Sie Gigis Portion haben? Er kann ruhig ein bisschen warten.« Guido zeigte auf die Weinschaumcreme, die bereits fertig angerichtet auf der Durchreiche neben der Frau stand.

Sie schüttelte den Kopf. »Ich habe es nicht eilig«, sagte sie.

Guido winkte eine der Kellnerinnen herbei. »Für Maestro Arentino, avanti«, sagte er und nickte kurz in Richtung der Zabaione. Dann reichte er Claudia Pfeiffer den Arm und führte sie unter den Blicken der Gäste zum zweiten Mal an diesem Abend zu ihrem Tisch.

Arentino pickte gerade die Himbeeren vom Teller. Er schob sie sich genussvoll einzeln in den Mund und grunzte dabei zufrieden. »Sehr gut, Guido«, sagte er. »Diese Zabaione con bacche kommt in die erste Sendung, die ich mit deinem Koch mache.«

Guido reichte Gigi und Barbara je ein Glas Marsala. »Das rundet das Liebesmahl auf süßeste Weise ab. Salute«, sagte er und zwinkerte ihnen zu.

Arentino nahm das Glas, sah Guido und seine Nachbarin kurz an. Dann stand er auf und prostete ohne ein Wort zu sagen in Richtung Restauranttür seiner verflossenen, blonden Geliebten durch das Lokal zu. Er leerte das Glas in einem Zug.

Kaum hatte er es wieder abgesetzt, färbte sich sein Gesicht puterrot. Der Schweiß rann ihm über die Stirn. Er griff sich an den Hals und lockerte den Knoten seiner Krawatte. Guido stützte ihn. Er sah, wie dem Freund der Speichel aus dem Mund lief. Arentino röchelte. Dann fiel er vornüber auf den Tisch. Dabei ging das Weinglas zu Boden und zerbrach klirrend. Ein Schrei – von Barbara – durchschnitt den Moment der Stille. Dann begann sie hemmungslos zu schluchzen.

Ein Arzt, der zufällig mit seiner Familie am Nachbartisch aß, sprang auf und kümmerte sich um Luigi. Er fühlte seinen Puls, die Halsschlagader. Langsam ließ er Luigis Arm sinken und schüttelte den Kopf. »Da ist nichts mehr zu machen«, sagte er.

»Tot?«, fragte Guido. Der Arzt nickte. »Sie sollten die Polizei rufen«, sagte er. »Da hat jemand nachgeholfen.«

Zwei Tage später kam Commissario Lunetti von der Kriminalpolizei in Imperia kurz nach Öffnung des Restaurants ins »Rezzano« und verhaftete Paolo. Mit drei Streifenwagen waren die Carabinieri vorgefahren. Blaulicht, Sirenen – das volle Programm. »Paolo Bruschi«, sagte der Kommissar nur.

»Was ist, Commissario? Was wollen Sie von Paolo?« Guido stellte sich den Polizisten breitbeinig in der Küchentür entgegen.

»Ich habe hier einen Haftbefehl«, erklärte Lunetti und reichte ihm ein Blatt Papier. »Wenn ich bitten darf.«

Paolo stand vor der Spüle. Mit aufgerissenen Augen starrte er Lunetti an. Ohne Gegenwehr ließ er sich die Handschellen anlegen.

»Warum Paolo?«, fragte Guido. »Der Junge kann keiner Fliege etwas zuleide tun.«

»Nein?« Der Kommissar grinste spöttisch. »Das Tylenol, mit dem Arentinos Zabaione vergiftet war, stammt aus der Flasche, die wir noch am Tatabend in Paolos Jackentasche fanden.«

»Das kann ihm jemand reingetan haben«, widersprach Guido.

»Er konnte das Gift ungestört in die Creme rühren.«

»Das hätte ich auch tun können.«

»Aber seit heute haben wir so etwas wie ein schriftliches Geständnis. Wir haben sein Tagebuch gefunden«, sagte der Polizist.

Paolo erschrak, als er das hörte. »Aber das habe ich doch so nicht gemeint«, flüsterte er.

»Was hast du so nicht gemeint?«, fragte der Kommissar.

»Dass ich ihn eher umbringe, als zuzusehen, wie Lorenzo den Job bekommt«, flüsterte Paolo.

»Abführen«, sagte Lunetti nur.

Das alles war jetzt auf den Tag genau fast drei Monate her. In der kommenden Woche würde die Staatsanwaltschaft Anklage erheben. Guido nahm die Zeitung wieder an sich. »Ich habe es gewusst, die ganze Zeit gewusst«, sagte er. »Nicht Paolo, sondern Lorenzo und seine Braut haben Gigi vergiftet.«

»Eine Verlobung macht die beiden doch nicht zum Mörderpaar.«

»Verstehst du das wirklich nicht?«

»Schrei mich nicht an, Guido.«

Er knallte die Zeitung mit dem Verlobungsfoto vor Andreina auf den Tisch. »Sieh dir das Foto genau an«, sagte er.

»Zwei junge Menschen, die glücklich sind, die sich verlobt haben. Ja und?«

»Achte auf die Ringe.«

Sie lachte. »Stimmt, die sind selten hässlich. Aber schlechter Geschmack macht einen noch nicht zum Kriminellen.«

»Es geht nicht darum, dass die beiden keinen Geschmack haben.«

»Sondern?«, Andreina klang ungehalten.

»Das Foto beweist, dass Lorenzo und Claudia Pfeiffer sich schon lange vor dem Abend kannten und liebten, an dem Gigi ermordet wurde.«

»Unsinn.«

Andreina stand auf.

Doch Guido drückte sie wieder auf ihren Stuhl zurück. Er hielt sie fest und zeigte auf das Foto.

»Beide trugen ihre Verlobungsringe schon an dem Abend, als Arentino vergiftet wurde. Erinnerst du dich nicht?«

Andreina schüttelte den Kopf. »Hör auf, Guido, du tust mir weh«, sagte sie.

»Bei Claudia Pfeiffer ist mir der Ring aufgefallen, als sie ihren Auftritt am Tisch von Arentino hatte. Ihr Lippenstift hatte das gleiche Rot«, fuhr Guido fort.

»Und Lorenzo?«

»Der Dummkopf trug den Ring in der Küche, als er die Nachspeise anrührte. Ich war wütend, weil Lorenzo wissen musste, dass er als Koch bei der Arbeit keinen Schmuck tragen darf. Mir ist damals nur nicht gleich aufgefallen, dass es der gleiche Ring war, den auch Claudia Pfeiffer trug.«

Guido ließ seine Frau los, setzte sich wieder. »Beide hatten ein Motiv«, sagte er. »Die Frau wollte sich rächen, weil Arentino sie als Geliebte eiskalt abserviert hat.«

»Und Lorenzo?«, fragte Andreina.

»Sie muss ihn heiß gemacht haben.«

»Was heißt ›heiß gemacht‹?«

»Du weißt, wie ehrgeizig der Junge ist. Die Chance, von Anfang an die erste Geige in der Kochsendung zu spielen, gleich zum Star zu werden, war wohl zu verlockend. Als ich das Bild in der Zeitung sah, fügte sich alles wie ein Puzzle zusammen«, sagte Guido.

»Wie passt Paolo da rein?«

»Er war das Bauernopfer. Claudia hat das Gift auf die Weinschaumcreme gestreut und Paolo bei ihrem Streit in der Küche die Giftampulle in die Tasche gesteckt. Alles ergibt Sinn.«

»Was willst du jetzt tun?«, fragte Andreina.

Guido stand auf und ging zum Telefon. Er holte eine Visitenkarte aus seiner Hosentasche und wählte die Nummer. »Guido LoBianco hier«, sagte er, »Commissario Lunetti, bitte …«

Insalata Caprese

ZUTATEN

3–4 fruchtige Tomaten • 2 Mozzarella-Kugeln • frische Basilikumblätter • Olivenöl • Balsamico • Salz, Pfeffer

ZUBEREITUNG

Die bekannte Vorspeise in den italienischen Nationalfarben ist einfach und schnell zubereitet: Tomaten und Mozzarella in Scheiben schneiden und auf einem Teller anrichten. Dann großzügig mit frischen Basilikumblättern bestreuen und mit feinstem Olivenöl und etwas Balsamico beträufeln. Bitte nur beste, aromatisch duftende Tomaten dazu verwenden.

* * *

Zuppa di Carote

ZUTATEN

2 große Karotten • 150 ml Gemüsebrühe • 150 ml Orangensaft • Nelken, Zimt, Ingwer, Kardamom, Muskat, Salz, Pfeffer • 1 TL Honig • 4 EL Schlagsahne

ZUBEREITUNG

Als ersten Gang gibt es eine Karottensuppe, die arabisch inspiriert ist. Zwei große Karotten werden in dünne Scheiben geschnitten und mit Gemüsebrühe und Orangensaft sowie Nelken, Zimt, Ingwer, Kardamom, Muskat, Salz und Pfeffer weichgekocht. Anschließend wird alles püriert und mit Honig und Sahne abgerundet. Es heißt, die Wirkung auf den Mann sei verbürgt.

* * *

Risotto Asparagi

ZUTATEN

1 Zwiebel • 150 g Risotto-Reis • ¼ l Weißwein • ⅜ l Gemüsebrühe • 500 g Spargel • Olivenöl • Salz, Pfeffer • gehobelter Parmesan

ZUBEREITUNG

Zuerst eine feingewürfelte Zwiebel in Butter andünsten. Dann kommt der Risotto-Reis dazu, der mit ⅛ l Weißwein abgelöscht wird. Unter ständigem Rühren nach und nach die Gemüsebrühe dazugeben, bis der Reis cremig ist, aber noch Biss hat. Den Spargel inzwischen in etwa drei Zentimeter lange Stücke schneiden, in Olivenöl anbraten und mit Salz und Pfeffer würzen. Dann den Spargel in ⅛ l Weißwein auf kleiner Hitze garen und anschließend unter das fertige Risotto heben. Mit gehobeltem Parmesan servieren.

* * *

Zabaione con bacche

ZUTATEN

4 Eigelb • 4 EL Zucker • etwas geriebene Zitronenschale • 4 EL Marsala • frische Beeren

ZUBEREITUNG

Eigelb mit Zucker und der geriebenen Zitronenschale im Wasserbad schaumig rühren. Nach und nach den Marsala hinzugeben. Die schaumige Creme mit den frischen Beeren anrichten. Weinschaumcreme mit Beeren ist eine Variation der klassischen Zabaione.

Süßes in Syrakus

Almuth Heuner

Der Commissario widmete sich mir mit einer Aufmerksamkeit, die mir unheimlich war. Er hatte zwar gesagt, dass er »nur noch ein paar kleine Fragen« hätte, aber ich wusste schon, dass ich die nicht beantworten konnte. Zumindest nicht wahrheitsgemäß. Listig hatte er mich beim Frühstück im Hotel abgefangen, er dachte wohl, dass ich in einer entspannten Atmosphäre unvorsichtig wäre. Ha! Doch was konnte ich ihm sagen, damit er mich in Ruhe ließ? Zu allem Überfluss wollte ich gar nicht, dass er mich in Ruhe ließ … jedenfalls nicht ganz.

»Dann fangen wir doch noch einmal von vorne an«, sagte er, stellte seine leere Espressotasse ab und schlug die Beine übereinander. »Warum sind Sie hier?«

Vor einigen Tagen war ich nach Syrakus gekommen, offiziell, um als Jurorin bei einem Kochwettbewerb mitzuwirken. Die sizilianischste aller Speisen sollte gekürt werden, hatte die Tourismusbehörde beschlossen.

Doch mir war mein inoffizielles Programm wichtiger, weil ich nun endlich wusste, warum ich schon immer von Sizilien geträumt hatte. Nicht nur von der Wärme, dem Licht, der Kultur und der Geschichte – vor meinen Augen standen all die Bilder von Großeltern, Eltern und Kindern, von Tanten und Vettern und Schwippschwägern, die zusammen aßen und feierten und unter allen Umständen zusammenhielten.

Der alte Conte empfing mich gleich nach meiner Ankunft. Wie würde er es aufnehmen? Mit klopfendem Herzen betrat ich den Palazzo des verwitweten Fürsten und wurde die elegant geschwungene Treppe hinauf in sein Arbeitszimmer geleitet.

Er freute sich, auch wenn ihn der Tod meiner Großmutter betrübte. Natürlich hatte ihre Liebe geheim bleiben müssen, damals, denn er war ja schon mit einer anderen verlobt, und deswegen hatte meine Großmutter auch ihre Schwangerschaft für sich behalten. Aber er hatte die junge deutsche Frau nie vergessen und erinnerte sich, wie temperamentvoll sie gewesen war, wie klug und *si bella* … Doch zum Abschluss unseres Zwiegesprächs sagte er: »Mein liebes Kind, du musst verstehen … das muss alles unter uns beiden bleiben. Wenigstens noch eine Weile. Ich muss die Familie darauf vorbereiten. Und auf keinen Fall dürfen die Zeitungen davon erfahren – unser Ruf ...« Traurig willigte ich ein, obwohl ich es kaum erwarten konnte, endlich eine richtige Familie zu haben. Meine Mutter hatte mich als Baby bei der Großmutter abgeladen und verbrachte ihre Zeit damit, in der Welt herumzureisen. Ich sah sie nur selten. Wer mein Vater war, wusste ich nicht.

Dann stellte der Conte mich seinem Sohn Paolo und dessen beiden Kindern vor und wies darauf hin, dass ich zu der Jury des Kochwettbewerbs gehörte. Paolo überschlug sich förmlich vor Begeisterung – war er doch ein Teilnehmer und hoffte, mit dem ersten Platz Werbung für sein Restaurant machen zu können. Gleich lud er mich zum Essen ein. Auch Olivia und Fabrizio, die in meinem Alter waren, boten sofort an, mir die Stadt zu zeigen und durch die Straßen zu schlendern, in denen es die besten Boutiquen gab. Paolo kochte wirklich ausgezeichnet, wie ich beim Abendessen im Palazzo feststellen konnte. Doch seine Begeisterung ebbte ein bisschen ab, als der Conte mir während des Essens oft die Hand auf den Arm legte und dort ließ. Das fiel mir aber erst hinterher wieder ein; solange ich dort war, dachte ich nur daran, dass hier meine zukünftige Familie versammelt war, auch wenn sie nicht so groß war wie erhofft – der Conte hatte nur diesen einen Sohn, und dessen Frau war vor einigen Jahren mit ihrer

Schwiegermutter bei einem Unfall ums Leben gekommen.

Die Familienehre schien ein Dauerthema des Conte zu sein. Beim Essen sprach er über die ruhmvolle Geschichte seiner Vorfahren, die angeblich bis zu den Staufern zurückreichte. »Auch wenn uns heute nur mehr unser guter Name geblieben ist, aber das ist auch das Wichtigste!«, betonte er immer wieder. Doch den sah er durch Paolos Restaurant gefährdet, das – obzwar edel und teuer – keine Reichtümer einbrachte. Paolo überhörte alle Andeutungen, dass er sich nicht standesgemäß verhielt, und trug seine Köstlichkeiten auf. Vieles davon war aus Wildpflanzen zubereitet, mit denen er sich gut auskannte, und beim Salat aus Papyrusmark lobte ich seinen Einfallsreichtum. Die Ehre der Familie war offenbar auch Paolos Kindern eher lästig; Olivia drängte ihren Vater, nach dem Essen noch die Buchhaltung durchzugehen, und Fabrizio wirkte sorgenvoll, die schönen Augen dunkel umschattet.

Ich spazierte über den Domplatz zurück zu meinem Hotel in der Altstadt von Ortygia, ganz in der Nähe von Paolos Restaurant, wie ich nun wusste. Auf dem Platz war die allabendliche *passeggiata* in vollem Gange: sehen und gesehen werden, Jung und Alt flanierten umher, gestikulierten, redeten, lachten … Gern wäre auch ich mit jemandem Hand in Hand gegangen und hätte gemeinsam die kunstvollen Fassaden bewundert, die das Abendlicht dunkelrosa färbte. Ich spürte, hier war meine wahre Heimat, und ich wollte alles tun, um in Syrakus bleiben zu können. Ich war auch bereit, mich zu verlieben, obwohl ich gehört hatte, dass sizilianische Männer nicht zum Spielen da waren …

Während ich am nächsten Morgen mein Frühstücks-Briosche in die *granita di caffè* tunkte, erschien Fabrizio und bestand darauf, mir die Stadt zu zeigen, wie er am Abend zuvor versprochen hatte.

Der Commissario bedachte mich mit einem ähnlichen Blick wie Fabrizio am gestrigen Morgen. Ich schmelze dahin, wenn mich dunkle Augen unter langen schwarzen Wimpern ansehen. Wirklich schade, dass das Interesse des Commissario so beruflich war.

Und natürlich konnte ich ihm nicht die ganze Wahrheit erzählen, weil der Conte es eben nicht wünschte. Dabei würde der Commissario den Fall leichter aufklären können, wenn er über unsere wirklichen Verhältnisse Bescheid wüsste. Das war es vermutlich, was er aus mir herauskitzeln wollte – wer welches Motiv gehabt hätte. Und im Lichte der späteren Ereignisse war ich in Versuchung, ihm reinen Wein einzuschenken. Sollte ich also doch –?

»Und was wollte der junge Mann nun von Ihnen?«, fragte er.

»Vermutlich hatte sein Vater ihn vorgeschickt, um mich weich zu machen«, sagte ich munter, obwohl es mir nach all dem, was passiert war, schwerfiel, über Fabrizio zu sprechen. »Sehen Sie, Paolo wollte den Wettbewerb unbedingt gewinnen, und da dachte er wohl, wenn er mich mit einem netten, gutaussehenden Jungen quasi bestechen kann … Und Fabrizio als artiger Sohn tat, was er konnte.«

»Und was war dann mit diesem angeblichen Unfall bei der Besichtigung?«

Er drehte sich um und winkte einem Kellner, uns noch eine Runde Espressi zu bringen. Diese geschmeidige Bewegung, wie bei einer klassischen griechischen Statue. Auch wenn die Griechen Syrakus vor mehr als zweieinhalbtausend Jahren gegründet hatten – Spuren dieses New York des Altertums fanden sich nicht nur in den Ruinen, sondern auch in seinen heutigen Bewohnern.

»Ich bin ganz sicher, dass Fabrizio damit nichts zu tun hatte!«

Ich hörte nichts, bis der große Felsbrocken neben mir dumpf auf dem Boden aufschlug.

»Madonna!«, hauchte Fabrizio und fasste mich am Arm, als wollte er mich noch nachträglich retten. Seine Augen waren aufgerissen und glänzten feucht.

Bis dahin war unser Spaziergang durch Syrakus ohne Aufregung verlaufen. Fabrizio hatte seine Deutschkenntnisse an mir getestet. Er wusste viel über seine Heimatstadt und ihre lange Geschichte zu erzählen, und wir hatten oft gelacht.

Mit Verzögerung begann mein Herz zu pochen, fast blieb mir die Luft weg. Der Stein war von der steilen Wand der Latomien herabgestürzt und hätte uns beide erschlagen können. Nicht dass wir im Tode allein gewesen wären, die Geister der unzähligen athenischen Soldaten, die vor fünfundzwanzig Jahrhunderten hier elend in Gefangenschaft gestorben waren, hätten uns in ihren Reihen sicher willkommen geheißen.

Ich blickte nach oben. Zwischen dem üppig herabhängenden Grün war eine kahle Wand zu erkennen, an der Metallstreben und Bretter in die Höhe wuchsen. »Ist das ein Baugerüst?«

»Scusi, es tut mir so leid …«, stammelte Fabrizio. »Eigentlich sind die Steinbrüche zurzeit geschlossen – genau aus diesem Grund! Erst wenn sie gesichert wurden, dürfen Touristen wieder hinein. Wir müssen der Madonna danken, dass sie uns beschützt hat!«

Wir verließen den Steinbruch schnellen Schrittes und gingen auf direktem Weg zum Heiligtum der Weinenden Madonna. Fabrizio zerrte mich förmlich in das düstere Betonzelt hinein, in dem das Gemurmel und Geraschel vieler Menschen widerhallte, die sich langsam vorwärtsschoben. Die Madonna selbst konnte ich kaum erkennen, so klein war sie, und nach einem hastigen Gebet schob Fabrizio mich auch schon wieder ins helle Sonnenlicht.

»Ich zeigen Ihnen den allerschönsten Ort«, sagte er ernsthaft und lächelte scheu. »Voller Frieden. Voller Liebe.«

Ich konnte nur hoffen, dass es sich dabei nicht um die Katakomben handelte, aber nein: Er führte mich um das neue Museo Archeologico herum in einen Park und dort zu einem kleinen Friedhof.

»Die Fülle dieses Lebens erfüllt mich oft mit Schrecken«, zitierte Fabrizio leise und sagte mir das gesamte Gedicht auf Deutsch vor.

Ich kannte es nicht, wohl aber den Dichter, der hier begraben lag. Endlich am Ort seiner Sehnsucht angekommen, hatte August von Platen geglaubt, sich mit der Pest angesteckt zu haben – doch woran er dann starb, war die Medizin, die er einnahm.

Erst im Archäologischen Museum konnte ich mich auf angemessene Weise bei Fabrizio für seine Fürsorge bedanken. Wir standen vor einem nackten Jüngling, der wie fast alles Griechische hier über zweieinhalbtausend Jahre alt war und von dem nur der Rumpf erhalten geblieben war. Fabrizio konnte seinen Blick kaum lösen von dem sanft geschwungenen Rücken, der schlanken Taille, den muskulösen Pobacken, und ich konnte ihn gut verstehen. Doch mehr würde zwischen uns nicht sein …

»Wir kannten nicht sein unerhörtes Haupt«, zitierte ich Rilkes Zeilen auf einen Torso Apollos, und der junge Mann neben mir hörte atemlos zu. Als das Sonett beendet war, nahm er meine Hand und drückte sie.

Wir verstanden uns.

Offenbar so gut, dass er später, bei einem Glas Wein, gestand, was seinen Vater und seine Schwester an mir störte.

»Den Conte *heiraten*?« Ich konnte nur lachen. »Er ist doch mein Großvater!«

Als er seine Verblüffung überwunden und ich ihm alles erklärt hatte, lachten wir beide. Und weil er sich so darüber freute, nun eine Cousine zu haben, strömte in mir die Liebe zu Sizilien, Syrakus und der Familie über, und ich konnte kaum an mich halten bei all diesen Gefühlen. Fast hätte ich geweint.

»Weißt du«, gestand Fabrizio dann, »der Stein ist da nicht zufällig heruntergefallen … Olivia und ich haben als Kinder viel hier gespielt und wissen genau, welche Steine locker sind. Die Stadtverwaltung hat erst angefangen, sie festzubetonieren, als der Antrag auf Aufnahme ins Weltkulturerbe lief … und als ein paar Touristen beinahe verletzt wurden.« Er seufzte. »Sie wollte dich nur erschrecken!«

»Warum wollte sie das? Und warum hast du da mitgemacht und mich extra hingeführt?«

»Das war Papas Vorschlag, er hat ja gedacht, du wolltest den Conte heiraten. Da wäre das Erbe noch kleiner ausgefallen! Wo er doch alles für das Restaurant braucht … Und Olivia weiß Bescheid über mich und wollte es Papa sagen – du verrätst mich doch nicht?«

Ich stellte mir vor, wie der Conte es aufnehmen würde, dass Fabrizio wohl nicht den Namen der Familie weiterführte. Diesen Namen, der ihm alles bedeutete.

Und an dieser Stelle beschlich mich ein Verdacht, den ich Fabrizio jedoch nicht erzählte, obwohl wir nun unsere Geheimnisse teilten: Hatte ich schon ein Recht auf meinen Erbteil? Wenn Paolo das erfuhr, musste ich mich dringend vor weiteren herabfallenden Felsbrocken hüten.

Mit sizilianischen Männern spielte man nicht. Nicht in der Liebe, nicht mit deren Ehre und bestimmt auch nicht beim Thema Geld.

Und außerdem waren sie jetzt meine Familie!

Daher hatte ich auch nicht vor, dem Commissario Fabrizios Geheimnis zu eröffnen, genauso wenig wie ich erklären wollte, welche Gründe meine mordlustigen Verwandten hatten, mich aus dem Weg zu räumen. So bestand ich darauf, dass es doch ein Unfall gewesen wäre und murmelte etwas von einer trödeligen Stadtverwaltung und nachlässigen Bauarbeitern.

Meine Vorwürfe empörten den Commissario. »So läuft das hier schon lange nicht mehr! Es wird alles getan für unsere Gäste und für unsere Kultur!«

Ach ja, die sizilianischen Männer und die Ehre … Ich versicherte hastig, dass ich es so nicht gemeint hätte.

»Kommen wir also zum Wettbewerb!«, befahl der Commissario und ließ vom Kellner noch einmal die Speisekarte bringen. »Vielleicht fällt Ihnen dazu noch etwas ein.«

Am Tag des Wettbewerbs aß ich mein Frühstück aus frischen Kaktusfeigen, bei Morgengrauen geerntet, als Fabrizio auftauchte, um mich zum Festplatz zu begleiten. Um die Arethusaquelle herum waren am Ufer zum Großen Hafen hin kleine Zelte aufgebaut. Es gab so viele Teilnehmer, dass die meisten Gerichte unter freiem Himmel zubereitet wurden. Mit dem Gewühle der Besucher zwischen den Ständen, den Andenkenhändlern und vielen kleinen Blaskapellen glich die Szenerie eher einem Jahrmarkt.

Die Jury hatte sich bereits am Vortag besprochen, und weil ich als Gastrojournalistin für ein bekanntes deutsches Gourmetmagazin schon oft bei solchen Veranstaltungen gewesen war, konnte ich zügig mit der Bewertung beginnen. Ein Zeitlimit gab es hier nicht; wenn etwas fertig war, konnte die Jury es sofort probieren. So schlängelte ich mich von Kochplatz zu Kochplatz und füllte meine Bögen aus, beurteilte, wie die Köche und Köchinnen vorbereitet und organisiert waren, begutachtete die Sauberkeit ihrer Geräte und kostete von den bereits fertigen Speisen. Fabrizio trödelte hinter mir her und begrüßte Freunde und Bekannte. Doch ich hörte nicht nur Italienisch um mich herum; es waren auch viele

Touristen da. Sie schnatterten auf Deutsch, Englisch, Französisch, was das Fremdenverkehrsamt freuen würde. Die Sonne brannte jetzt im September nicht mehr so heiß auf uns herab, und vom Meer kam ab und zu eine sanfte Brise salziger Luft.

Betäubender als der Lärm waren die Gerüche. Thunfisch und Schafskäse, Mandeln und Tomaten, Olivenöl und Würste, alles verlangte nach meiner Aufmerksamkeit. Schon nach einer halben Stunde hatte ich Schwierigkeiten, den Geschmack von Schwertfisch mit Zitrone von Reisbällchen mit Honig und Rosinen zu unterscheiden … Obwohl ich mir vorgenommen hatte, meine Kostproben in der üblichen Reihenfolge eines Menüs zu nehmen, gerieten mir *antipasti* mit *contorni, primi piatti* mit *dolci* und *secondi piatti* mit allerlei Getränken schnell durcheinander. Als dann noch ein Windstoß aus der Stadt über uns fegte, mit all den Duftnoten von Abgasen und Baustellenstaub, meldete sich mein Magen nachdrücklich.

Fabrizio bemerkte, wie ich offenbar grünlichweiß im Gesicht wurde, und nahm meinen Arm. »Mina, gleich sind wir beim Stand meines Vaters, da kann ich dir eine Grappa geben.«

Ich ließ mich mit ihm treiben und behielt dabei die zarten Wedel der Papyruspflanzen im Auge, die um das Quellbecken herum gepflanzt waren. So leicht und luftig, so frisch und kühl wirkten sie, dass ich mich schon fast wieder beruhigt hatte, als wir bei

Paolos Zelt ankamen. Fabrizio wieselte zwischen den aufgetürmten Kisten im Hintergrund herum, während ich mich wieder stark genug fühlte, auch für Paolos Wettbewerbsbeitrag einen Bogen auszufüllen.

Der Biskuit für seine Cassata war bereits fertig. Er strich die Ricottacreme auf die einzelnen Böden. Olivia hackte Pistazien für die Dekoration. Kandierte Früchte waren fein säuberlich zurechtgeschnitten und warteten darauf, auf der umhüllenden Sahneschicht angeordnet zu werden. Paolo hatte eine große Kühlbox dabei, in der die fertige Cassata noch ein bisschen durchziehen konnte, bevor die Jury darüber herfiel.

»Nein, nein«, rief er über die Schulter Fabrizio zu, »nimm die andere Flasche …«

Der Conte gesellte sich zu uns. »Hast du meinen Wein mitgebracht?«, fragte er Paolo und wandte sich zu mir. »Den musst du auch mal probieren, ein Moscato von Pantelleria – nicht jedermanns Sache, ich weiß. Paolo, die Cassata sieht wieder wunderbar aus! Findest du nicht auch, Mina, die musst du einfach gut bewerten …« Er zwinkerte mir verschwörerisch zu. »Eine bessere Hochzeitstorte gibt es einfach nicht. Fabrizio, mein Junge, wann wird es denn bei dir so weit sein?«

»Ach«, sagte Olivia schnippisch, »nicht in hundert Jahren wird der heiraten!«

Fabrizios Hand bebte beim Einschenken, und er verschüttete ein paar Tropfen. Der Conte wollte ein sauberes Glas, Olivia kramte in den Körben hinter dem Stand, Paolo ließ eine Handvoll Dekorfrüchte fallen und fluchte …

In diesem Moment traten zwei andere Jurymitglieder an den Stand, und ich stellte, ohne etwas getrunken zu haben, mein Glas hin, um mit ihnen unsere Zwischenergebnisse zu vergleichen. Paolo nahm Fabrizio die Flasche ab und schickte ihn auf die Suche nach weiteren Gläsern, »für die ehrenwerten Preisrichter«, wie er sagte, »sie müssen sich stärken.«

Plötzlich kreischte Olivia hinter mir auf. Alle fuhren herum. Auf dem Boden krümmte sich Fabrizio. Schaum stand ihm vor dem Mund. Und dann brach Chaos aus, alle drängten herbei, riefen nach Arzt und Rettungswagen. In dem Gewühl wurde ich weggeschoben.

»Sie haben also nicht gesehen, wer wem welches Glas gegeben hat?«, wollte der Commissario wissen. Nach Orangensalat und Canneloni waren wir inzwischen zu Kuskus mit Fisch übergegangen. Der Commissario wirkte, als wollte er niemals wieder aufstehen. Zugegeben, die Terrasse meines Hotels bot ein wahres Postkartenpanorama, einschließlich des Ätna mit Rauchwölkchen in der Ferne, und der Service ließ keine Wünsche offen. Der Commissario hielt sein Glas mit Marsala versonnen gegen das sanfte Septemberlicht, das alles um uns herum durchdrang. »Ah … die Küche hier ist hervorragend, aber Sie müssen einmal die wahren Schätze Siziliens kennenlernen, Signorina. Besuchen Sie mich, wenn das alles hier vorbei ist.«

»Meinen Sie nicht, dass ich in den letzten Tagen genug sizilianische Köstlichkeiten probiert habe?«

Er grinste. »Vielleicht nicht die richtigen?« Und wurde wieder ernst: »Die Analyse hat ergeben, dass in Fabrizios Getränk Saponin und Solanin war. Wir vermuten ein Nachtschattengewächs, wahrscheinlich war es Saft aus unreifen Beeren … Es ist tragisch, dass Fabrizio so schnell darauf reagiert hat, der Notarzt konnte nichts mehr tun.«

»Wie sollte ich denn an so etwas herankommen?«

»Sie doch nicht! Auf allen Flaschen und Gläsern waren die Fingerabdrücke der gesamten Familie, das hilft uns nicht weiter … Das Gift jedoch befand sich im Moscato.«

»Das würde ja bedeuten, dass eigentlich der Conte das Opfer sein sollte?«

»*E bene,* das ist genau die Frage – und natürlich noch, wer der Täter ist …« Er spießte ein Stück Fisch auf. »Und auch wenn es nicht die Aufgabe der Polizei ist, sondern die der Staatsanwaltschaft, einen Hinweis auf mögliche Motive fände ich hilfreich.«

Ich dachte daran, wie sich der Conte, Paolo und Olivia angeschrien hatten, während der Notarzt Fabrizios Gesicht zudeckte. Mir waren die Tränen hinuntergelaufen, und die übrige Familie beschuldigte sich gegenseitig, den guten Namen in den Schmutz gezogen zu haben. An den armen Fabrizio verschwendeten sie noch nicht einmal einen Blick. Wollte ich wirklich dazugehören, zu denen? Zu Paolo, der seinem Vater eine lang vergangene Liebesaffäre vorwarf und dass er das Familienvermögen verschleudert hätte, zu Olivia, die ihren Bruder mit seinem gut gehüteten Geheimnis erpresste, zum Conte, der in diesem Moment nur daran denken konnte, was wohl die Zeitungen jetzt schreiben würden? Aber wenn ich einfach verleugnete, mit ihnen verwandt zu sein, was würde dann aus meinem Traum? Ich würde nie an einem großen Tisch sitzen können und mit Großeltern, Eltern und Kindern, Tanten und Vettern und Schwippschwägern Berge von Spaghetti vertilgen, mit ihnen lachen und feiern und vertraut sein …

Ich starrte so lange in mein leeres Glas, dass der Commissario mir besorgt die Hand auf den Arm legte.

»Ist Ihnen nicht gut?«

Ich schüttelte den Kopf und versuchte, die aufsteigenden Tränen hinunterzuschlucken. »Ich kann Ihnen nicht sagen, wer das Opfer gewesen sein sollte, und den Täter kann ich Ihnen wohl auch nicht präsentieren … aber was die möglichen Motive angeht, darüber kann ich Ihnen doch etwas erzählen.«

Der Commissario hörte mich schweigend an, während ich ihm die ganze Wahrheit erzählte. Ich verschwieg ihm auch nicht, dass ich die Enkelin des Conte war. An dieser Stelle musste ich dann wirklich weinen.

Er sprang auf, rief nach Grappa – »schnell, per la signorina« – und fasste nach meinen Händen. »Aber, aber … sehen Sie sich um, Sizilien ist noch da, Syrakus ist noch da, und wir laufen nicht weg!« Er reichte mir sein Taschentuch, setzte sich und nahm wieder meine Hand. »Ich werde mich um alles kümmern, machen Sie sich keine Sorgen.«

Ich tauchte aus dem Taschentuch auf und sah ihn voller Dankbarkeit an. Noch nie hatte jemand so etwas so zu mir gesagt – als ob er es auch ernst meinte.

Der Commissario lächelte. »Warum bleiben Sie nicht noch? Ich kenne mich hier auch gut aus und kann Ihnen alles zeigen. Die Küche meiner *nonna* ist mindestens ebenso gut wie im feinsten Restaurant – aber viel gemütlicher, und wir passen alle hinein, meine Schwestern, ihre Männer, alle bambini … Und wer weiß, vielleicht gibt es bald auch eine Cassata für Sie?«

Cassata siciliana

ZUTATEN FÜR DEN BISKUIT (AM VORTAG ZUBEREITEN)

6 Eier • 1 Prise Salz • 200 g Zucker • 200 g Mehl • abgeriebene Schale von 1/2 unbehandelten Zitrone

ZUTATEN FÜR DIE FÜLLUNG

800 g Ricotta • 300 g Zucker • 1/8 l Wasser • einige Tropfen Rosenwasser • 150 g Zartbitterschokolade • 50 g geschälte Pistazien • 150 g kandierte Früchte • 300 ml Maraschino-Likör (oder Kirschsaft)

ZUTATEN FÜR DIE DEKORATION

200 g Schlagsahne • 1 EL Zucker • Mark von 1/2 Vanilleschote • 250 g kandierte Früchte

ZUBEREITUNG

Für den Biskuit: Backofen auf 175 °C vorheizen. Eier mit Salz und Zucker über heißem Wasserbad 10 Minuten schlagen, herausnehmen und weitere 10 Minuten schlagen. Das Mehl darübersieben und mit Zitronenschale vorsichtig unterziehen. Den Boden einer Springform (Ø 26 cm) mit Backpapier auslegen, Teig einfüllen, glatt streichen und etwa 40 Minuten backen. Auskühlen lassen und zweimal quer durchschneiden.

Für die Füllung: Den Ricotta abtropfen lassen und cremig rühren. Zucker mit Wasser erhitzen und rühren, bis ein heller Sirup entsteht. Etwas abgekühlt mit Rosenwasser unter den Ricotta rühren. Schokolade und Pistazien hacken, Früchte klein würfeln, alles unter die Ricottacreme rühren.

Den untersten Boden mit 100 ml Likör beträufeln und die Hälfte der Creme aufstreichen. Den mittleren Boden auflegen, mit 100 ml Likör beträufeln und die andere Hälfte der Creme aufstreichen. Den obersten Boden auflegen und mit restlichem Likör beträufeln. Mindestens 3 Stunden kühlen.

Für die Dekoration: Sahne mit Zucker und Vanillemark sehr steif schlagen. Die Torte mit $^3/_4$ der Sahne rundum bestreichen, restliches Viertel mit einer Spritztüte in Mustern auftragen. Mit kandierten Früchten dekorieren und sofort servieren.

Spaghetti nach Hurenart

Gisa Klönne

Heute, denkt er. Heute Nacht. Du wirst die Tische auf der Terrasse zusammenschieben und die Stühle stapeln. Du wirst den Terrazzoboden vor der Theke fegen und mit Franco, Giovanni, Marco oder wie auch immer dein neuer Chef heißen mag, die Tageseinnahmen zählen. Du wirst nicht wissen, dass du verloren bist. Der Restaurantbesitzer wird sich einen letzten Grappa einschenken und das Glas wie jeden Abend ungespült auf den Tresen knallen, den du soeben poliert hast. Nur ein winziges, kaum wahrnehmbares Zucken in deinem linken Mundwinkel wird deinen Unmut darüber verraten. Ein winziges Zittern, das ich sehe, weil ich es kenne, aber er, dein neuer Herr, nicht. Wie sollte er auch? Für ihn bist du nicht die Frau, die Herzen stiehlt, um sie auf dem Altar ihrer Freiheit zu opfern, sondern eine Bedienung. Eine kleine, blonde Halbitalienerin, servil und flink und belastbar ohne zu murren. So dankbar für dein neues Leben in dieser Stadt, die den Tod verklärt, ja dem Tod gehört, wie keine andere.

Puttana, denkt er. Hure. Noch weißt du nicht, dass ich dich gefunden habe. Noch bist du besessen von deinem Leben, davon überzeugt, es gehöre dir. Siehst mich an, morgens, mittags, abends, siehst durch mich durch, erkennst mich nicht. Ahnst nichts von dieser Nacht, die uns gehört.

Du wirst den Kopf senken und das Grappaglas spülen. Du wirst mit dem weichen Lappen einmal mehr über den Tresen wischen, während Franco, Giovanni, Marco oder wie auch immer dein Chef nun heißen mag, die zu einem Bündel gerollten Tageseinnahmen in die Innentasche seines Jacketts stopft und geht. Dann wirst du allein sein in der Trattoria, allein mit der Nacht, die aus den Kanälen in die abgetretenen Steingassen Cannaregios kriecht und Wehmut verbreitet. Eine dunkle, feuchte, brackige Wehmut, als würden die wenigen Gondolieri, die sich mit ihren lackschwarzen Barken vom Canale Grande hierher in den Norden verirren, nicht Touristen befördern, denen das Geld zu locker in den Brieftaschen sitzt, sondern immer noch Särge, die man so schnell wie möglich aus der Stadt schaffen will, hinüber auf Venedigs Toteninsel, den Cimitero San Michele.

Bald, denkt er wieder. Heute Nacht. Verlagert sein Körpergewicht ganz sachte vom rechten Bein auf das linke. Warten, geduldig sein, sich beherrschen, das hat er in den letzten Monaten gelernt. Jetzt endlich erscheint es ihm der Mühe wert. Der Tag verliert seine Kraft, die Nacht schleicht heran, denkt er, unsere Nacht. Diesmal entkommst du mir nicht. Mein Körper wird sich nehmen, was er begehrt, so lange, bis du weinst und flehst und mir versprichst, mich nie mehr zu verlassen. Dann wird es gut sein, dann werde ich frei sein und kann dich töten.

Puttana. Hure. Hast es nicht anders verdient. Denkst, ich weiß nichts von den Männern, die du manchmal nachts in dein Apartment schleppst, denkst, du bist frei von mir. Aber so ist es nicht, deine Freiheit wird eine andere sein. Dein Körper wird hinüber zum Cimitero treiben, entseelt und gezeichnet, wie früher die Opfer der Pest. Ja, du, denkt er, dich meine ich, und sie hebt den Kopf und sieht zu ihm hinüber, als könne sie seine Gedanken hören. Sieht ihn an und erkennt ihn nicht, wie so oft in den letzten Wochen, weil er gelernt hat zu warten und sich zu verbergen, hinter der Maske des Harlekins.

Durch einen irrwitzigen, alles entscheidenden Schicksalswink hat er sie wieder gefunden. Ob du's glaubst oder nicht, deine alte Flamme jobbt jetzt als Kellnerin in Venedig, hat eine Kollegin eines Montags gesagt. Er ist ganz ruhig geblieben und hat weitere quälende Wochen verstreichen lassen. Wochen ohne sie, die ihn in einer Frühlingsnacht verlassen hatte, ohne Abschied, ohne Spur. Die ihn in den Wochen vor ihrer Flucht zurückgewiesen hatte, verhöhnt, verletzt, auch wenn er das damals nicht wahrhaben wollte. Erst im Sommer hat er seinen Job gekündigt, um ein neues Kapitel seines Lebens aufzuschlagen, hier vor der Trattoria, unweit der Kirche Santi Giovanni e Paolo, in der mehr Dogen zur letzten Ruhe gebettet worden sind als sonst wo in Venedig. Und vielleicht, denkt er jetzt zum wiederholten Mal, ist das ein gutes Zeichen: gefallene Macht, für immer unter Marmorplatten begraben, sodass man darauf treten kann, weitergehen.

Die Frau sieht ihn immer noch an. Eine kleine, blonde Kellnerin mit weißer Schürze, die jetzt zur Mittagszeit Teller mit dampfender Pasta und Pizza zu den Touristen schleppen muss, die sich auf der Terrasse der Trattoria in der bleichen Oktobersonne wärmen und ihn, den Arleccino, der geradewegs einer Commedia-dell'Arte-Aufführung entsprungen zu sein scheint, beobachten. Nicht sofort hatte er sich für die Figur des Harlekins erwärmt, der laut den strengen Regeln der Commedia zu den Dienern gehört, den Zanni. Capitano oder Dottore, ein Herr von edlem Geschlecht, ach was, ein Herrscher wollte er sein. Aber dann hatte er sich näher mit der alten, italienischen Theaterkunst beschäftigt, deren Masken so untrennbar zu dieser zum Sterben schönen Stadt gehören wie ihre faulenden Eichenfundamente. Unbeugsam ist der Harlekin, unbestechlich. Ein Diener, ja, doch einer, der seinen Gebietern in Wahrheit überlegen ist. Weil er stolz ist, weil er Schläge einstecken kann und dennoch niemals liebedienert. Ein Narr nur äußerlich, den man in Maske, Federkopfschmuck und dem Flickengewand mit den bunten Rauten unterschätzt. Denn welche Maskerade kaschiert den Tod gründlicher als ein tölpisches Lachen?

Die Frau, die er töten wird, ist längst wieder im Inneren der Trattoria verschwunden, wo weitere Teller auf sie warten. Er federt in die Knie, bleckt die Lippen, dreht sich auf seinem weißlackierten Podest um die eigene Achse. Lächeln, immer lächeln. Auch wenn die Haut unter der Theaterschminke spannt und juckt, auch wenn sein Gesicht sich unter der Maske wie halbgarer Fisch anfühlt. Kinder juchzen. Eine Amerikanerin wirft ihm eine Euromünze zu. Er fängt sie in der Luft, beißt darauf, bevor er sie mit großer Geste in den Falten seines Kostüms verschwinden lässt, wo Messer und Nylonschnur auf ihren Einsatz warten. Die Gäste der Trattoria lachen, applaudieren. Er deutet eine Verbeugung an. Nur sie, für die er all dies tut, knallt zwei Pizzen auf den Tisch und wendet sich ab. Aber sie war nicht schnell genug, er hat das Zucken in ihrem Mundwinkel gesehen. Er weiß, dass sie ihn nicht mag, vielleicht sogar ein bisschen fürchtet, den bunt gekleideten, hartnäckigen Arleccino. Aber die Touristen lieben ihn und ihr Chef ebenfalls, weil ein venezianischer Harlekin mit seiner Pantomime den Umsatz erhöht.

Heute, denkt er wieder, mit lächelndem Mund. Heute Nacht. So lange habe ich gewartet, ich wusste ja nicht, wann der richtige Moment gekommen ist. Ich wollte keine Fehler machen diesmal. Nichts überstürzen, in Ruhe Abschied nehmen von dir. Und nun hast du mir selbst das Zeichen gegeben. Spaghetti Puttanesca, hast du heute als Tagesgericht auf die Schiefertafel geschrieben, in deiner schön geschwungenen Handschrift. Spaghetti nach Hurenart: chilischarf und salzig und ein bisschen billig, wie guter Sex.

Tollpatschig klettert er von seinem Podest, wie es sich für einen venezianischen Arleccino gehört. Die Maske sitzt fest, spart den Mund aus, dessen Form die Theaterschminke verzerrt. Er nimmt an einem Tisch im Schatten Platz. Deutet wortlos auf das Tagesgericht, fühlt, wie ihm der Speichel im Mund zusammenläuft bei der Aussicht auf Tomatensauce mit Chili, Knoblauch, Sardellen, Kapern und Oliven. Ein Resteessen, zusammengerührt aus dem, was eben vom Abend in einer Restaurantküche übrig ist, wenn die Huren ihre Arbeit erledigt hatten, so ist dieses Rezept wohl einmal entstanden, hat sie ihm in Deutschland erklärt. Früher, bevor sie sich von ihm zurückgezogen hat, hat sie dieses Gericht manchmal für ihn gekocht, wenn sie von ihrer Schicht in der Pizzeria heimkam. Nudeln nach Hurenart, ihr Lieblingsrezept, eine Mahlzeit der Nacht. Er hätte wissen müssen, dass sie ihn verlassen würde, wie all die anderen auch.

Er saugt die Spaghetti in seinen rot geschminkten Mund, der niemals aufhört zu lächeln. Die Sauce ist scharf, teuflisch scharf, er winkt nach Wasser, einen Moment lang davon überzeugt, dass letztlich doch sie die Siegerin ist, dass sie ihn erkannt hat und mit dieser Pastasauce töten will. Schweiß glitscht unter seiner Maske, er leert das Wasserglas in einem Zug, kann wieder atmen, gewöhnt sich an die Schärfe, die er so lange gemieden hat. Puttana, denkt er, als sein Mahl beendet ist. Bist eine Hure, kochst wie eine Hure. Hast mit mir gespielt und mich unterschätzt.

Er gibt ihr Trinkgeld, seiner Dienerin, lächelt sie an. Gönnt sich eine lange Nachmittagspause am Fondamente Nuove. Sitzt auf einer Steinbank und sieht hinüber zum Cimitero San Michele. Bewundert ein letztes Mal die Farben Venedigs: das milchige Hellgrün des Lagunenwassers, das bleiche Rosa der Fassaden, akzentuiert von weißem Stein. Morgen wird er schon woanders sein, morgen gibt es keinen Arleccino mehr und sie, die ihm das Herz zerriss, ist nur noch ein blutleerer Körper, den irgendein Boot aus der Lagune vor der Friedhofsinsel fischen wird.

Einmal ist er mit dem Vaporetto hinübergefahren, magisch angezogen von der stillen Schönheit, die er dort vermutete. Doch hinter den Friedhofsmauern ist er zurückgezuckt. Ein schreiendes Blumenmeer waberte über Gräber und Urnen, verhöhnte die Würde der Toten. Erst später hat er erkannt, dass diese grelle Geschmacklosigkeit hervorragend zu den sterblichen Überresten einer Hure passt.

Er rappelt sich auf, als die Dämmerung hereinbricht, huscht zurück zur Trattoria, ein bunter Schemen. Gläserner Tand, marmorierte Papierwaren, Konfekt und immer wieder Masken blitzen ihm aus den erleuchteten Schaufenstern entgegen. Jahrhundertealtes Handwerk, das nun die Gelüste der Touristen befriedigen soll. Jeder hat seine Art, dem eigenen Untergang zu begegnen, ja, ihn zu verklären, doch nirgendwo beherrscht man diese Kunst besser als in Venedig, denkt er.

Noch einmal warten. Noch einmal das weiß lackierte Holzpodest erklimmen, den Körper verbiegen, die Gesten der Restaurantgäste und Passanten imitieren, Münzen fangen. Die Dunkelheit kommt jetzt schnell und mit ihr kriecht feuchte Kälte aus den Kanälen, eine vager Hauch von Armut und Seuchen.

Er hockt in seiner Nische unter der Brücke, als die letzten Gäste die Trattoria verlassen, wählt die dunkle, langnasige Maske des Pestarztes und einen schwarzen Umhang für seinen letzten Auftritt. Er weiß, dass er in seiner Nische unsichtbar ist. Unsichtbar, einsam, voller Sehnsucht nach ihr, voller Sehnsucht nach Rache und Tod. Sie tritt in die Nacht, stapelt die Stühle. Er unterdrückt ein Zittern, als sie einen Moment innehält und zu seinem Versteck hinüberstarrt, als könne sie ihn sehen. Drinnen schenkt ihr Chef seinen Grappa ein, stürzt ihn hinunter, leckt sich die Lippen. Sie verschließt die Tür hinter ihm, als er sich verabschiedet hat, geht mit müden Schritten zurück an die Bar, die rechte Hand ins Kreuz gestemmt. Spaghetti Puttanesca – was, wenn er sich diese Botschaft nur eingebildet hat, wenn sie mit einem anderen verabredet ist? Der Zweifel wütet in seiner Brust, doch dann spült sie das Grappaglas und poliert den Tresen, wie all die Nächte zuvor, und sein Herzschlag beruhigt sich wieder. Puttana, denkt er. Hure. Jetzt bist du mein.

Um Mitternacht ist der Stadtteil Cannaregio beinahe menschenleer. Sie geht mit unruhig trippelnden Absätzen vor ihm her zum Fondamente Nuove. Er lächelt, weil er diesen Rhythmus kennt. Es ist der Rhythmus einer Frau, die nicht recht glauben will, wovor ihr Unterbewusstsein sie warnt und ihre Angst bekämpft.

Kurz vor der Lagune springt er sie an, schlingt die Nylonschnur um ihre Kehle, fest, stoppt ihren Schrei mit seinem Messer, das er in den dünnen Stoff ihres Mantels drückt.

»Ruhig. Kein Wort.«

Er genießt ihren Atem, keuchend, panisch. Er reibt sich an ihr und packt fester zu, spürt, wie das alte Begehren erwacht. Er hat überlegt, sie schnell zu töten, aber warum eigentlich, denkt er jetzt, warum soll ich mir nicht noch einmal alles nehmen, was sie mir so lange vorenthalten hat?

Er schiebt sie vor sich her, drückt die lange Nase seiner Maske an ihre Wange, presst sich an ihre Hinterbacken. Puttana, Hure, jetzt bist du mein.

Dort ist die Sackgasse, die er für den letzten Akt seiner Commedia auserkoren hat. Er fühlt ihre Panik, lächelt in ihren Nacken. Kein rettender Hauseingang mehr, nur ein Tunnel aus Steinquadern und am Ende ein stinkender Kanal, dessen Strömung ihren Körper zum Cimitero tragen wird, wenn er mit ihr fertig ist.

Sein Messer schneidet durch ihren Mantelstoff, durch Bluse, Rock und Unterwäsche. Sie zittert, wie er es sich ersehnt hat. Wimmert und schluchzt seinen Namen, sodass er das Nylonseil noch fester zieht. Dann gibt sie auf und es ist wie früher, sie gibt sich ihm hin, er gibt ihr, was eine Puttana verdient. Ein allerletztes Mal, ein Henkersmahl, denkt er und grinst in die Schwärze über seinen Witz.

Sie windet sich unter ihm, dreht sich auf den Rücken für ihn, wirft den rechten Arm über die Stirn, wie früher. Hält sie etwas in der Hand? Wenn schon, was soll es ihr nützen?

Einen Moment nur vergisst er sich, lockert den Griff um das Nylonseil. Und sie bäumt sich auf, packt seine Maske und jagt mit der Rechten Feuer in seine Augen. Teuflisches Feuer, chilipulverscharfes Feuer, die Würze der Spaghetti nach Hurenart.

Er jault, windet sich, lässt Messer und Nylonseil fahren. Wasser, er braucht Wasser. Geblendet robbt er über glitschigen Stein zum Kanal, schaufelt sich schwarze Nässe ins Gesicht. So von Sinnen vor Schmerz ist er, dass er das Messer in seinem Rücken erst bemerkt, als er im Kanal hinaustreibt aus der Stadt des Todes, dem Cimitero zu.

Kälte, Wasser, lodernde Blindheit. Irgendwo hupt eine Schiffssirene. Nah, zu nah, gefährlich nah. Aber er kann die Hände nicht von den Augen nehmen, nicht um sich vor dem Schiff in Sicherheit zu bringen, nicht um das Messer aus seinem Rücken zu ziehen.

Heute, denkt er. Heute Nacht. Dann gar nichts mehr.

Spaghetti Puttanesca (Spaghetti nach Hurenart)

KOCHZEIT CA. 20 MINUTEN

ZUTATEN FÜR 4 PERSONEN

500 g Spaghetti • 3 EL Olivenöl • 3 Knoblauchzehen, gepresst • 1/2 Bund glatte Petersilie, gehackt • 1 kleine zerstoßene Chilischote oder Chilipulver (je nach Geschmack mehr oder weniger) • 6 Sardellenfilets, gehackt oder 1 Dose Ölsardinen • 1 Dose Tomaten (450 g) • 2 EL Tomatenmark • 2 EL Kapern • 3 EL schwarze Oliven, entsteint und gehackt • schwarzer Pfeffer aus der Mühle • frisch geriebener Parmesan zum Servieren

ZUBEREITUNG

Spaghetti in Salzwasser al dente kochen. Währenddessen das Olivenöl erhitzen. Knoblauch, Petersilie und Chili unter ständigem Rühren darin anbraten. Sardellen, Tomaten, Tomatenmark und etwas Wasser zugeben und 5 Minuten köcheln lassen. Dann die Kapern und die Oliven zugeben, mit schwarzem Pfeffer aus der Mühle abschmecken und weitere 5 Minuten köcheln lassen. Mit der Pasta servieren und mit dem Parmesan bestreuen. Guten Appetit.

Des Nachbarn Gut

Beatrix M. Kramlovsky

Angela hatte direkt fahren wollen, aber wie immer war geschehen, was Simonetta wollte. Auf der steilen Straße aus der Altstadt von Todi hatte sie mitten in einer Kurve geschrien: »Bieg ab, nach links, nach links, das ist perfekt!« – und Angela war ihr gefolgt, überrumpelt und gerade noch imstande, einen Sicherheitsblick in den Rückspiegel zu werfen. Sie musste zugeben, dass es sich gelohnt hatte.

Das Hotel, ein ehemaliges Nonnenkloster, lag direkt am Steilhang auf Terrassen, unter alten Bäumen schwangen in eleganten Holzträgern Hängematten, bauschten sich weiße Gazeschleier an Baldachinen über gepolsterten Gartenbänken. Der Blick aus dem hübschen Zimmer fiel weit über das karge Tal. Diese Idylle war verführerisch schön und überschritt ihr Reisebudget erheblich. Simonetta warf sich kreischend in den Pool, während Angela, von der Hitze erschlagen, im Schatten an einer Pflaume lutschte und den Kirchturm hinter dem Hoteldach fixierte. Natürlich hatte ihre Schwester recht gehabt mit dieser Pause, sie spürte wieder den vertrauten Schmerz im rechten Bein, es war eine lange Fahrt vom Süden herauf gewesen.

»Und glaub mir, wenn wir einen Tag später kommen, wird sie nervös sein und daher viel netter zu uns«, hatte Simonetta noch behauptet und Angela wusste, dass sie auch damit richtig lag. Chiara war, wollte man es freundlich umschreiben, ein komplizierter Mensch. Aber das störte Angela mittlerweile nur mehr wenige Tage im Jahr. Die Zeiten der Enge, der geschwisterlichen Kämpfe und Rivalitäten lagen endgültig hinter ihr.

Wie jedes Jahr hatte sie Simonetta in dem trostlosen Dorf besucht, in das es die Schwester nach der Heirat verschlagen hatte. Südlich von Neapel gelegen hatte es nur für Ahnungslose einen gewissen Zauber. Eingekeilt zwischen Autobahnen, schmutzigem Strand, rostenden Baugerüsten, maroden Kleinbetrieben und gesichtslosen Industriezentren war Simonettas Heim umgeben von bestürzender Hässlichkeit. Kein Wunder, dass sie ihre Schwester jedes Jahr um eine Reise, eine Fluchtbegleitung bat. Angela, oft unterwegs, berufstätig und unverheiratet, hatte gerade erst die unbefriedigende Liaison mit einem alternden Muttersöhnchen beendet und sich auf diese Reise von Herzen gefreut. Hatten sie doch diesmal geplant, das neue Domizil der jüngsten Schwester zu begutachten.

Chiara war als Dolmetscherin nach Brüssel gegangen und mit einem deutschen Mann und einem erwachsenen Stiefsohn zurückgekehrt. Allerdings hatte sie sich geweigert, in die Nähe der Schwestern zu ziehen. Und die Rückkehr war auch keine wirkliche gewesen, sie blieb zeitlich begrenzt auf die Ferienwochen. Chiara liebte offensichtlich die barocke Lebensart bayrischer Kleinstädte, das langanhaltende Grün, die überschaubare Ordnung ihrer neuen Heimat zu sehr. Sepp, den sie alle Beppo nannten, war ein umgänglicher Mann, etwas zu alt für Chiara, aber er hielt sich gut, achtete auf seine Gesundheit, sein Äußeres. Die Schwestern mochten ihn. Kein Wunder, dass sie sich freuten, als Chiara vom Kauf des umbrischen Hauses berichtet hatte. Das würde mehr Nähe bedeuten, aber mit der Möglichkeit zur erholsamen Distanz für sie alle drei.

Angela spuckte den Kern aus und ließ sich am Beckenrand nieder. Simonetta schwamm ihr entgegen. »Wir sollten so etwas öfters machen.« Ihre Stimme kippte fast vor Begeisterung.

»Das kannst du dir nicht leisten.«

»Es ist wie ein Märchen, alles so gediegen, alles so perfekt. Und alles für mich!«

»Netti, es ist eine Ausnahme.«

»Erinnere mich nicht daran, sei nicht so schrecklich realistisch.«

Angela antwortete nicht. Es war immer so gewesen: Simonetta übersprudelnd und ständig beschäftigt, Angela als praktisch veranlagtes Korrektiv der Schwester mit den richtigen Ideen, und Chiara eifersüchtig auf das enge Band zwischen den zwei Älteren, bedacht darauf, alles anders zu machen und doch immer wieder um ihre Anerkennung bettelnd.

»Ich glaube«, fuhr Simonetta fort und setzte sich auf die Treppe, die ins Becken führte, »ich glaube, Chiara würde es hier auch gefallen.«

»Netti, hier gefällt es jedem! Man zahlt ja auch genügend dafür!«

»Warum habe ich mich in einen Lehrer verliebt und sofort die Babys bekommen?«

»Weil es dich glücklich gemacht hat. Und immer noch macht.«

»Aber es ist nicht perfekt.«

»Perfekt wäre dein Leben in einer anderen Stadt mit einem Lottogewinn, einem Kindermädchen und sieben Kilo weniger auf den Hüften. Aber Netti, dann hättest du nichts zu jammern und weniger zu träumen. Wer will denn schon makelloses Glück?«

»Etwas Romantik und Sentimentalität würde dir nicht schaden. Du wirfst deine Partner hinaus, weil sie entweder zu selbstständig sind, sich zu gut ohne dich amüsieren oder weil sie sich noch an einer Kittelschürze festkrallen, egal, ob an deiner oder der mütterlichen. Du hast noch nie länger als drei Jahre mit jemandem eine Wohnung geteilt. Du bist achtunddreißig, hattest schrecklich viele Liebhaber und warst noch nie schwanger.«

»Wäre ich schwanger, wäre ich ausreichend sentimental oder wie meinst du das?«

»Du hast entschieden mehr Erfahrung beim Sex als ich, aber du bist so viel alleine. Und das macht mich traurig.«

»Können wir das Thema wechseln?«

»Über wen willst du tratschen?«

Angela lachte. Das war Simonettas große Gabe, sie blieb liebenswert, egal, welche Aufgaben sie sich aufhalste, welches Thema sie anschnitt, in welcher Verfassung sie selbst auch war. Kein Wunder, dass Chiara dagegen schlecht abschnitt, abgeschnitten hatte. Vielleicht hatte sich auch bei ihr in diesem Jahr einiges verändert. Todi jedenfalls war eine perfekte Ouvertüre für das Wiedersehen. Angela ließ sich nun auch ins Wasser gleiten.

Am nächsten Vormittag trödelten sie die wenig befahrenen Seitenstraßen entlang nach Norden. Hinter Spoleto wandten sie sich den Hügeln zu. An den Hängen lagen die für die Region typischen Bauerndörfer, niedrige, verwinkelte Häuser mit unverputzten Steinwänden aus ockerfarbenen, grob behauenen Brocken. Hohe Mauern hielten Blicke in Gemüsegärten ab, die schmalen Gassen wirkten wie glühende Schneisen unter der Mittagssonne. Zum Talboden hin waren Olivenhaine angelegt, aber oberhalb der Häuser führten Straßen in gefährlich engen Kurven durch die Wälder, die den eigentlichen Reichtum der Gegend hüteten. An jedem ersten Baum am Straßensaum war ein Schild befestigt. *Prohibido* hier, *Prohibido* da. Die Grabungslizenzen wurden in schmalen Bahnen vergeben. Es war zwar nicht Trüffelsaison, aber allein die vielen Hinweise reichten, um beide Schwestern hungrig zu machen.

Sie erreichten Poreta. Kein Haus hatte eine Nummer, die Gassen waren ohne Namen. Vor der Kirche saßen zwei alte Frauen, schwarz gekleidet, auf dem Schoß Schüsseln mit Gemüse, das sie putzten.

»Bist du sicher, dass wir im selben Jahrhundert leben?«, fragte Angela leise, während Simonetta bereits kichernd das Fenster öffnete.

»Kennen Sie das Haus, das der Deutsche gekauft hat? Der mit der italienischen Frau?«, rief sie.

Ein alter Mann tauchte aus dem Kirchenschatten auf. »Fährt er einen silbernen Mercedes?«

»Keine Ahnung.«

»Wenn er einen silbernen Mercedes fährt und seine Frau lange Kleider tragt …«

»Das sind sie!«

»Ihr fahrt hier hinauf bis zur zweiten Quergasse, keine Angst, es ist nicht so steil, wie es aussieht. Dann parkt ihr hinter dem linken Haus, da ist ein kleiner Platz und der gehört schon dazu. Ihr müsst noch weitergehen, an der Mauer entlang bis zu einer

Tür auf der rechten Seite. Dort läutet ihr. Aber jetzt ist Mittagspause. Sie werden schlafen.«

»Woher will er das wissen?«, flüsterte Angela.

Simonetta wollte sich bedanken, aber der alte Mann unterbrach sie brüsk. »Sie schlafen jeden Nachmittag bis vier Uhr, die Signora hat darum gebeten, dass Ambrosio da mit dem Hämmern und Sägen aufhört. Ambrosio war unser Tischler. Der Tedesco hat bei ihm einen Tisch bestellt.«

Angela fuhr los, während Simonetta losprustete. »Unsere edle Stadtschwester siedelt in einem Dorf, wo alle Nachbarn wissen, was sie wann genau tut. Oder auch nicht tut. Oder wie sie es tut! Ich finde das komisch. Glaubst du, sie findet das idyllisch?«

Angela zuckte nur mit den Schultern, die Straße wurde immer enger, sie hoffte, dass ihr niemand entgegenkam. Dann wichen die Mauern zurück, gaben den Blick frei auf Terrassengärten, einen gepflasterten Platz, auf dem bereits ein Auto mit Münchener Kennzeichen stand. Sie parkten, stiegen aus und betrachteten ihre Umgebung. Direkt vor ihnen bewegten sich sachte die höchsten Zweige staubgrauer Olivenbäume, dahinter schluckten Schieferdächer Licht, unten markierte der spitze Kirchturm das Dorfzentrum. Noch weiter unten, bereits im Glast verschwimmend, wand sich die breite Schnellstraße von Spoleto Richtung Assisi. Hinter ihnen jedoch ging es steil hinauf zu den verkarsteten Spitzen des dicht bewaldeten Hangs. Das Land war trocken, eine Dürre, die man leise knarren hörte, wenn Blätter und Zweige vom Wind bewegt wurden.

Simonetta deutete auf eine renovierte Mauer schräg vor ihnen. Dahinter konnten sie ein Stück Garten mit Blumenbeeten erkennen, ein abweisend wirkendes, verwinkeltes Haus.

»Das muss es sein!«

Sie packte ihre Tasche und lief voraus zu der dunkelgrauen Tür, läutete Sturm und rief laut »Chiara! Chiara!«, bis im gegenüberliegenden Haus ein Fenster geöffnet wurde und eine alte Frau missbilligend den Kopf herausstreckte.

»Die Donna ruht!«

Aber da bewegte sich die Tür, Angela kam näher und sah zu, wie ihre jüngste Schwester in einem wallenden Kaftan heraustrat, die Arme theatralisch hochriss, Simonetta umarmte und geradezu schrill beide Namen wiederholte. Die Situation erschien Angela wie eine Inszenierung, aufgesetzt. Einen Moment lang hätte sie am liebsten kehrtgemacht. Dann aber erreichte sie die Schwestern und erwiderte die heftigen Küsse – dabei fühlte sie nur kindische Freude über das Wiedersehen.

Beppo stand im Hof und strahlte, während Chiara um sie herumtanzte, weit ausholend auf die Einzelgebäude zeigte, die durch windschiefe Dächer verbunden waren.

»Hier ist der Küchentrakt, wir haben da auch das Esszimmer. Der Durchgang führt am ehemaligen Schweinestall vorbei zum Badehäuschen. Keine Angst, wir haben weder Esel noch sonst ein Tier, ich denke, ich werde aus den Verschlägen eine Sauna machen lassen. Solange ich an den Außenmauern nichts ändere, gibt es keinen Ärger mit dem Denkmalschutzamt. Und ihr könnt hier herumlaufen, wie ihr wollt, es ist im Prinzip absolut uneinsehbar. Auch das Badehäuschen, die Dusche im Freien, das Klo. Und hier, die Treppen hinauf, geht es zu Wohnzimmer und Bibliothek, ist das nicht hübsch? Euer Zimmer ist hier, um die Ecke, bückt euch, hier hinein.«

Der Raum erinnerte an eine Höhle, hatte etwas ungemein Beschützendes, obwohl es drückend heiß war. Überall lagen rote Kermanshahs und an den Wänden hingen Schnitzereien, die Beppo von verschiedenen Reisen mitgebracht hatte. Das schmale Fenster stand weit offen, der dünne Vorhang war zur Seite gezogen. Angela sah hinaus auf einen Teil vom Garten und auf eine weitere Mauer.

»Und was ist dahinter?«

»Der andere Besitzer«, antwortete Chiara. Ihre Schwestern wussten sofort, dass vom Wurm im paradiesischen Apfel die Rede war.

»Besitzer?« Simonetta wuchtete ihre Tasche auf das Bett.

»Bauern!«, entfuhr es Chiara, »ich weiß schon, wie das mit Traditionen ist, und dass das hier ein sehr armes Land war. Aber sie ruinieren sich mit diesen alten Erbrechten. Wir haben so lange verhandelt und trotzdem war es unmöglich, den gesamten bebauten Grund zu bekommen. Früher haben die Bauern hier jedem Kind ein Zimmer, einen Hausanteil vererbt, damit alle wenigstens ein Dach überm Kopf hatten. Nun gibt es kaum mehr ein Anwesen, wo du es nicht mit Massen von Geschwistern oder Cousins zu tun hast. Jeder ist im Grundbuch eingetragen. Von jedem musst du die Quadratmeter einzeln erstehen. Es ist ungeheuer kompliziert. Außerdem gibt es alte Wegerechte, die durch Privatgärten führen. Sehr ärgerlich. Und man darf in diese Wände keine neuen Fenster einlassen.«

»Aber du wolltest unbedingt hier ein Ferienhaus!«

»Natürlich! Es ist ja wunderschön. Und nicht so überlaufen wie die Toskana. Es schien am Anfang so leicht. Ich hatte mich in den Hof verliebt. Den Stein, die Kanten, die Farben, das Licht.«

Beppo erschien kurz vor dem Zimmereingang. »Ich habe Oliven, Käse und Wein hergerichtet. Alles aus der Gegend. Und abends fahren wir hinüber zu Luigi, ich habe schon einen Tisch reserviert, ihr werdet hingerissen sein!«

»Es ist so einfach für ihn, glücklich zu sein«, seufzte Chiara, »gebt ihm Spezialitäten des Landes, Bücher und alle paar Tage die Gelegenheit auf ein interessantes Gespräch. Dann ist ihm egal, wo er lebt und vor allem, wie er lebt.«

»Was bedeutet«, schloss Angela, »dass du nicht ganz so glücklich bist.«

»Das Dorf! Alle wissen hier alles! Ich lebe ja praktisch Wand an Wand mit ihnen. Wenn bloß diese Extraräume und das damit verbundene Wegerecht nicht wären! Mich stört weniger der arme Marco, der kann nichts dafür, so wie er ist, ist er eben, aber sein Vater. Sein Vater ist ein gemeiner Kerl. Niemand mag Matteo wirklich. Verbittert, verbiestert, bösartig.«

Simonetta hatte sich während dieser Tirade umgezogen, wie immer, wenn ihre kleinen Kinder nicht in der Nähe waren. Diesmal trug sie einen flatternden, kompliziert geschnittenen Hänger in prächtigem Orange. Sie liebte Kleider, die völlig fehl am Platz waren, das lächerliche Gepränge einer alternden Diva, das sich an ihr jedoch in etwas überschwänglich Herzliches verwandelte. »Na, wenn er keine Freunde hat, dann kann man ihn doch loswerden, oder?« Dabei lächelte sie, als wäre ihr gerade etwas sehr Schönes eingefallen.

»Blöde Mafiawitzeleien«, konterte Angela lachend. Aber Chiara reagierte nicht darauf.

Sie saßen auf einer überdachten Terrasse hoch über dem Tal. Beppo hatte nicht übertrieben, das Essen schmeckte wunderbar, und während sich Angela mit dem letzten Polentastück den Rest der Sauce einverleibte, registrierte sie mit Verwunderung die eigenartigen Ideen, die ihr plötzlich durch den Kopf schossen. Es war diese Art von Unkonzentriertheit, die einen mit vollem Magen überfällt. Sie hörte nur halb zu, wie Simonetta von den Kindern redete, wie Chiara mit sarkastischen Schilderungen der Nachbarn dagegen hielt, wie Beppo manchmal bayerische Anekdoten einstreute – und sie hätte nicht sagen können, was daran der erbaulichste Teil war. Aber in unkontrolliert aufsteigenden Bildern waren da die fühlbare, jedoch zivilisiert geäußerte schwesterliche Wut und das abwartend beobachtende Gesicht des Nachbarn Matteo, dem sie beim Spaziergang natürlich über den Weg gelaufen waren. Ein Bauerngesicht, die Augen waren manchmal hinüber zu seinem Sohn, einem armen Tropf, gehuscht, der, aufgeregt von einem Bein aufs andere steigend, Chiara unverhüllt angestarrt und »La Bionda! La Bionda!« gemurmelt hatte.

Noch immer, das wurde Angela erst langsam bewusst, bewunderte sie Chiara um die Freundlichkeit, mit der sie die zwei Männer angesprochen und ihnen ihre Schwestern vorgestellt hatte. Da war nichts von Zorn, von Reminiszenzen in ihrer Stimme zu hören gewesen. Noch mehr hatte sich Angela jedoch darüber gewundert, dass sie sich über diese offensichtliche Falschheit nicht geärgert, auch nicht amüsiert hatte. Ihr Respekt war ehrlich gewesen, war es immer noch.

Man müsste den Mann vergiften, dachte ein Teil von ihr, während die Zunge genießerisch dem Oregano und dem Zitronenthymian im Rehfleisch nachschmeckte.

Der idiotische Sohn kann kein Erbe antreten, sein Vormund wird verkaufen, dafür wird die restliche Verwandtschaft sorgen. Und ein anderer Teil in ihr, der hysterisch kicherte, konstatierte jegliches Fehlen von Entsetzen über das gerade Gedachte.

»Ich habe mich immer für sehr vernünftig und moralisch einwandfrei gehalten«, sinnierte Angela weiter und merkte an den erstaunten Blicken der anderen, dass sie laut gesprochen hatte.

»Bezweifelst du das etwa?«, Simonetta lachte.

»Du bist wie ich«, behauptete Chiara und zum ersten Mal glaubte ihr Angela, denn sie erkannte an ihr eine vertraute Zielgerichtetheit, eine Entschlossenheit, die einfach nur mit abgewandelten Methoden erreicht wurde.

»Du solltest den Nachbarn zum Essen einladen«, schlug sie vor.

»Oh, das haben wir schon probiert.« Beppo klang etwas müde.

»Noch einmal. Meinetwegen, während wir noch hier sind.«

»Was soll ich kochen?«, fragte Chiara und intuitiv wusste Angela, dass ihre Schwester ihre Gedanken erraten hatte.

»Nichts Aufwändiges – du willst ihn ja nicht beschämen. Außerdem bringt er vielleicht Marco mit, der eventuell nicht alles mag. Oder nur einigermaßen manierlich essen kann. Und das macht den Vater dann nervös. Das wäre nicht gut.«

»Makkaroni natürlich. Und davor Antipasti mit Rucola und Friséesalat, Pinienkernen, Oliven, Kapern, das ist ländlich, gesund und die Pignoli machen das Ganze trotzdem etwas festlich.«

Chiara musterte sie und immer noch verspürte Angela keine Scham. Nur gegenseitiges Bemühen um Verständnis, um das Aufspüren des Ungesagten.

»Du hast den Garten sehr schön angelegt«, wechselte sie scheinbar das Thema.

»Oh, das meiste war schon gepflanzt, bloß unter Winden und Unkraut fast erstickt. Beppo hat ein paar seiner Lieblingsblumen, Stecklinge und Samen mitgebracht, die haben sehr gut angewurzelt. Ich bin mir sicher, nächstes Jahr werden die meisten schon blühen.«

»Das frage ich mich.« Angela sah das Aufglimmen von Erkenntnis in Chiaras Augen, setzte langsam fort, »wegen des Klimas, meine ich.«

»Habe ich jetzt irgendwas verpasst?«, tönte Simonettas unbeschwerter Sopran, »ich dachte, wir reden über ein Friedensessen mit dem Nachbarn?«

»Tun wir, tun wir.«

»Vergeudete Zeit.« Beppo hob sein Glas. »Wir werden lernen müssen, uns damit zu arrangieren, dass wir ihn mitgekauft haben. Ob uns das passt oder nicht.«

Es ist ein Spiel, nur ein Gedankenspiel, beschwichtigte sich Angela am nächsten Morgen im Garten. Chiara stand neben ihr, ihre Zehe bewegte sich wie zufällig auf die noch kümmerlich wachsenden Triebe des Eisenhuts zu.

»Und du glaubst?«

»Vermischt mit zerzupftem Rucola und Frisée, die Oliven und Pinienkerne braucht man, um die zerkleinerte Wurzel zu kaschieren. Die schmeckt bitter. Die Blätter alleine reichen vielleicht nicht. Du weißt nicht, wie robust man ist.«

Verallgemeinerungen. Versachlichungen. Dann war nicht wahr, was sie beide eben dachten. Es geschah doch nichts! Nichts.

»Beppo mag nicht so viel Salat, ›Grünzeug‹ den Eseln«, sagt er.«

»Eine Alternative für ihn wäre mit Rosmarin geräucherter Schweinebraten, kannst du dich noch erinnern?« Festdüfte aus der Kindheit. »Netti hilft dir, sie kennt alle Rezepte von Mama.«

»Simonetta …«

»Netti ist zu naiv.«

»Außerdem liebt sie Gemüse.«

Sie sahen einander an. Dann prusteten sie los, als könnten sie so dem Bösen den Stachel nehmen.

Marco stand mitten im Hof. Verloren spielte er mit einer von Chiaras doppelwandigen Tonvasen, die sie aus Ägypten mitgebracht hatte. Vorsichtig nahm

Beppo sie ihm ab, nahm ihn an der Hand, führte ihn zum Tor und ging mit ihm die schmale Gasse an seinem Grundstück vorbei hinunter zum Nachbarn, klopfte lange an das Portal. »Er ist wieder aus dem Hinterzimmer hinaus in unseren Garten«, sagte er freundlich.

»Das darf er.«

»Das weiß ich, aber manchmal würden wir gerne ungestört sein.«

»Er tut niemandem etwas.«

»Das wissen wir. Aber darum geht es nicht.«

»Er geht in alle Häuser hinein, im ganzen Dorf.«

»Auch das wissen wir.«

»Er mag Ihre Frau.«

»La Bionda! La Bionda!«, dröhnte Marco.

»Sie mag ihn auch. Aber nun sind ihre Schwestern da. Sie möchte ungestört die paar Tage mit ihnen verbringen.«

»Ich werde aber mein Holz herunterholen müssen.«

»Ja und?«

»Das geht schneller, wenn ich durch Ihren Teil direkt hinaufsteige.«

»Matteo, verschieben Sie es um eine Woche, bitte. Ich helfe dafür mit.«

Der alte Mann sah ihn abschätzend an, als hätte er Beppo noch nie arbeiten gesehen, als hätte er nie begutachtet, wie der Fremde die alten Mauern saniert hatte. Alle im Dorf hatten sich über die Bereitwilligkeit des Deutschen, die horrenden Handwerkerlöhne zu zahlen, gewundert, hatten erfreut zur Kenntnis genommen, dass die alte Substanz richtig behandelt worden war, dass Beppo um Rat gefragt hatte bei der Pflege seiner mickrigen zwölf Olivenbäume. Matteo war immer wie von ungefähr aufgetaucht, ein hilfsbereit wirkender, neugieriger Nachbar, der sein Wegerecht als Freibrief für permanente Präsenz verstand.

»Gut.«

Matteo packte Marco und verschwand mit ihm. Beppo ging langsam zurück. Er benutzte immer die öffentliche Gasse, als wäre der schmale Durchlass zwischen Badehaus und Schuppen gar nicht in seinem Besitz. Es deprimierte ihn, dass ihr Bedürfnis nach Zurückgezogenheit als Affront dem Behinderten gegenüber ausgelegt werden konnte. Als er aufblickte, sah er Angela auf ihn warten. Sie beobachtete ihn lächelnd und auf seltsame Art fühlte er sich ertappt. »Jahrelang werden wir das nicht durchstehen. Chiara machten schon die vergangenen Wochen grantig.«

»Wer hat das Haus ausgesucht?«

»Chiara.« Er lachte kurz. »Sie hat auch die Verkaufsverhandlungen geführt. Ich war dann da, als das Gebäude hergerichtet wurde. Damals hat mich das nicht so gestört, dass die Nachbarn hereinschauten. Ich fand das freundlich.«

»Und jetzt?«

»Marco ist nicht das Problem. Der ist einfach beschränkt und lieb. Aber sein Vater. Matteo. Der ist im Grunde verärgert, dass wir es uns hier so schön gemacht haben. Er lebt mit dem Sohn in zwei kleinen Zimmern mit Gang, angebautem Klo und einer windschiefen Kochhütte. Sehr armselig. Wir haben ihm genug Geld geboten, dass er sich ein alleinstehendes Haus kauft. Es gibt im Dorf einige, die nicht heruntergekommen sind, wo er mehr Komfort hätte. Seine Geschwister haben ihm zugeredet. Aber er ist ein halsstarriger alter Bock. Er will nicht.«

»Zerbrich dir nicht den Kopf. Vielleicht löst sich das Problem von selbst. Vielleicht kann ihn Chiara überreden.«

»Mit dem Essen? Dass ich nicht lache!«

Sie betraten den Hof, er schloss hinter ihr das Tor, schob den Riegel vor.

Gesagtes hat Substanz. Gesagtes kann nicht zurückgenommen werden. Gesagtes ist präsent. Angela litt unter diesen ausgesprochenen Sätzen und Andeutungen, die alle ihre Gedanken infiltrierten. Egal, woran sie dachte, es schob sich blaues Aconitum davor. Egal, welche Schnurre Beppo erzählte, sie schmeckte die tödliche Bitterkeit einer Eisenhutwurzel. Ging es Chiara ebenso? Warum hatte sie keinerlei Bedenken gehabt, über eine derartig hinterträchtige Idee zu sprechen? Anstiftung hieß das. Warum wagte sie es jetzt nicht, herauszufinden, ob die Schwester tatsächlich alles verstanden hatte, in derselben Bösartigkeit versunken war? Angela war, neben aller Scham, erstaunt über sich selbst. Es war ein Unterschied, ob man schwarze Witze über das Sterben riss, auch über einen Mord, oder ob man sich in eine, zumindest in Momenten ernst gemeinte Überlegung hineinsteigerte. Mit welcher Unschuld Simonetta im Haus herumwirbelte! Wie unverkrampft sie Marco anlächelte, wenn er schon wieder auftauchte, um La Bionda zu sehen, manchmal die Hände sehnsüchtig ausstreckte, zu offenen Halbkugeln geformt, die er schnell auf Chiaras Brüste legte, protestlos wegwischen ließ, als sähe er nicht ihren Widerwillen. Simonetta war diejenige, die ihn ansprach, mit ihm plauderte, als wäre er eines ihrer kleinen Kinder, in seltsamen Träumen gefangen. Simonetta brachte ihm in nur zwei Tagen bei, »die Signora zu fragen, ob es ihr recht wäre«, dass er ihren Busen berühren wollte. »Natürlich nicht!«, hatte Chiara gezischt und Marco hatte interessiert auf ihren Mund gestarrt.

Das gedachte Böse war in ihrem Kopf und Angela hätte es so gerne ausgelöscht. Aber sie fürchtete ein Gespräch, das vielleicht noch weiter führte, das ihr klarmachte, was an Schrecklichem sie zu denken imstande war. Welche Erleichterung, dass es zu keiner Einladung Matteos kam! Vielleicht war doch alles nur ein Hirngespinst!

Am Tag der Abreise umarmte sie Chiara heftig und flüsterte ihr ins Ohr: »Du sollst nicht begehren deines Nachbarn Gut.«

Chiara jedoch reagierte nicht darauf, drückte beiden Schwestern eine Tasche mit Olivenöl, Trauben und Kräutern in die Hand. »Ihr müsst etwas von unseren Schätzen mitnehmen. Beppo ist der Bauer, ich bin die Gärtnerin.«

»Ist das nicht erstaunlich?«, fragte Simonetta, als sie sich bereits auf der Schnellstraße hinter Spoleto befanden, »dass Chiara so einen grünen Daumen entwickelt hat? Ich hätte ihr das nie zugetraut. Sie hat mir gezeigt, wie sehr sie sich um diese Pflänzchen bemüht, vor allem um Beppos heimatlichen Bauerngarten. Alles lauter giftiges Zeug, hat sie mir gesagt.«

»Was hat sie noch gesagt, Netti?«

»Dass sie für alles eine Verwendung finden wird. Könntest du aufhören, so zu rasen?«

Das eine Problem war, dass Angela nichts vergessen konnte. Das andere Problem, weitaus schwerwiegender, tauchte einen Monat später auf, als Beppo in einem Telefonat den Tod des Nachbarn erwähnte, ein nächtliches leises Sterben, ein ergreifendes Dorfbegräbnis, den Beginn neuer Verhandlungen mit dem Vormund Marcos. Diese würden wohl zu aller Zufriedenheit verlaufen.

»Aber wie ist Matteo gestorben?«

»Herzversagen, sagt man. Zu wenig getrunken in dieser Hitze. Zu viel gearbeitet. Wohl auch Sorgen wegen des Jungen. Wie schade. Irgendwie. Denn nun hatten wir uns fast schon an ihn gewöhnt.«

»Auch Chiara?«

Beppo lachte. »Auch Chiara! Sie haben begonnen, einander zum Essen einzuladen, einmal er, einmal sie. Mit immer neuen Rezepten. Sehr vegetarisch. Es war wie ein Wettbewerb. Ich habe mich da rausgehalten. Und jetzt das.«

Das.

Ein alter Mann war gestorben.

Wie lebte man mit der Ungewissheit? Mit dem Zweifel? Wie groß war möglicherweise ihre Schuld?

»Angela? Bist du noch da? Ihr kommt doch nächsten Sommer wieder, du und Netti, oder?«

Ein Nein würde Beppo nicht verstehen. Sonnenwochen im schwesterlichen Paradies zwischen den unsichtbaren Schatten, die sie mit sich schleppte. Verstanden das die Priester unter Buße? Ein sich einnistender Schmerz.

»Chiara plant schon die Umbauten. Ich glaube, es wird dir gefallen!«

Ihr Menetekel besonderer Art.

Spezielles aus Umbrien

Antipasti: Etwas Grünes

ZUTATEN FÜR 4 PERSONEN

1 Friséesalat • 250 g Rucola • 1 Bund glatte Petersilie • ½ Säckchen Pinienkerne • 10 g Parmesan • Saft von 1 Zitrone • bunte Pfefferkörner • 1 EL Olivenöl

ZUBEREITUNG

Friséesalat, Rucola und grob geschnittene grüne Petersilie mit Pinienkernen und zerstückeltem Parmesan mischen, Zitronensaft mit etwas gehacktem Pfeffer und Olivenöl darüber gießen.

* * *

Etwas Gelbes

ZUTATEN FÜR 4 PERSONEN

2 Eier • 3 EL Schlagsahne • 3 EL Olivenöl • schwarze Trüffel

ZUBEREITUNG

2 Eier mit etwas Schlagsahne verrühren, in Olivenöl herausbraten, salzen, in Stücke reißen und bei Tisch mit gehobelten schwarzen Trüffeln bestreuen.

* * *

Etwas Ockerfarbenes

ZUTATEN FÜR 4 PERSONEN

300 g Pfifferlinge • Butter • Pfeffer, Salz • 1 Bund glatte Petersilie • trockener Weißwein

ZUBEREITUNG

Frische junge Pfifferlinge putzen, im Ganzen in Butter kurz anbraten, mit Pfeffer, Salz, fein geschnittener Petersilie würzen, mit einem Schuss trockenen Weißwein löschen und sofort servieren.

* * *

Etwas Rotes

ZUTATEN FÜR 4 PERSONEN

4 Kirschpaprika • Olivenöl • 10 Knoblauchzehen • Salz • 2 Dosen Thunfisch im eigenen Saft • 1 Stange Lauch • 1 Zitrone • 6–7 Blätter Zitronenmelisse • 2–3 Kapern • Pfeffer

ZUBEREITUNG

Geputzte, von den Samen befreite Kirschpaprika in Olivenöl mit viel Knoblauch (halbierte Zehen) und Salz marinieren (mindestens einen Tag gut bedeckt im Kühlen stehen lassen).

Füllung: Thunfisch mit fein geschnittenem Lauch, Zitronensaft, den klein gehackten Blättern Zitronenmelisse, klein gehackten Kapern und Pfeffer gut vermischen.

Die gut marinierte Paprika mit der Farce füllen und servieren. Dazu passt sehr gut frisches Weißbrot.

* * *

Reh- oder Hirschschlegel

Da Umbriens Wälder wie im Rest Italiens von fanatischen Jägern leergeschossen worden sind, wird Wildbret importiert. Man bekommt in den Restaurants Wildschwein, Reh, Hirsch in vielen Varianten, sollte sich jedoch darüber im Klaren sein, dass das Fleisch aus anderen Ländern stammt.

ZUTATEN FÜR 4 PERSONEN

2 Bund frischer Rosmarin • 3 EL Olivenöl • 3 EL Estragonsenf • Salz, Pfeffer • ca. 1,5 kg Hirsch- oder Rehschlegel inklusive Knochen • 4–5 Zwiebeln • 3–4 Karotten, halbiert

ZUBEREITUNG

Das Rohr vorwärmen. Die Rosmarinnadeln etwas zerkleinern. Eine Marinade aus Rosmarin, Olivenöl, Estragonsenf, Salz und Pfeffer herstellen.

Den ausgelösten Hirsch- oder Rehschlegel mit der Marinade dick auf beiden Seiten bestreichen. Den Braten rollen und binden, auf ein tiefes Blech mit den ganzen Zwiebeln und den Karotten legen. Ins Rohr auf die untere Schiene schieben. Bei nur ca. 60 °C etwa 2 ½ Stunden sehr langsam braten. Umdrehen und eventuell etwas Wasser dazugießen. Nochmals bei 60 °C 3 Stunden weiterbraten lassen. (So entsteht ein besonders köstliches Aroma im Fleisch.) Die ganze Zeit mit Alufolie bedeckt halten, erst in der letzten Stunde abnehmen. Mit einem Schuss trockenen Weißwein löschen.

Im Ganzen servieren und erst am Tisch aufschneiden. Dazu passen hervorragend Polentaschnitten oder Gnocchi. Als Gemüsebeilage kurz gedünstete gewürfelte Auberginen, mit frischem Thymian gewürzt.

Amore – ma non troppo

Ralf Kramp

Matteo lernte Renata in den Ruinen von Pompeji kennen. Nebeneinanderstehend, hatte sie der Anblick der anzüglichen Fresken im Lupanare, dem aufwändig restaurierten Bordell des alten Pompeji gefangengenommen. All die unzüchtigen Darstellungen hatten ihre Blicke magisch angezogen. Matteos Augen waren irgendwann nach rechts gewandert, weil Renata neben ihm ein leises, gurgelndes Geräusch von sich gegeben hatte. Mit offenem Mund und weit geöffneten Augen betrachtete sie die farbigen erotischen Illustrationen und atmete heftig.

Renata war wunderschön. Sie hatte volles Haar, das in der durch einen Lichtschacht hereinfallenden Mittagssonne glänzte wie heißes Pech. Ihre vollen Lippen bebten, ihre wohlgerundete Brust hob und senkte sich in rascher Folge, ihre Finger umklammerten den Gurt ihrer Umhängetasche so fest, dass die Knöchel unter der dunklen Haut aufleuchteten.

Dann wandte sie sich ihm zu und schenkte ihm einen Blick, aus dem die Lust heraussprudelte wie eine ungezügelte, alles mitreißende Woge.

Matteo schluckte mehrmals und ließ den Blick an ihrem makellosen Körper hinunterwandern. Ihr kirschblütenfarbenes Kleidchen umschmeichelte jede Wölbung ihres Körpers. Darunter war nichts, was nicht aus Fleisch und Blut war.

Mit ihnen waren nur drei skandinavische Touristen im Raum, die nun weiterschlenderten. Ihre lärmende Unterhaltung entfernte sich rasch.

Renata nickte vielsagend und deutete mit ihrem energischen Kinn auf die hohle Türöffnung zum angrenzenden Raum des zweistöckigen Gebäudes. »Schnell«, flüsterte sie. »Man darf nicht lange zaudern.«

Zaudern hatte Matteo immer schon sehr gut gekonnt. In seinem Büro in Milano, in dem er zusammen mit dem dicken Giorgio tagein, tagaus dicke Stapel von Abrechnungen kontrollierte, zauderte er von morgens bis abends. Keine Kalkulation, die er nicht gegenrechnete, kein Ergebnis, das er nicht gewissenhaft nachkontrollierte.

Aber dieses Mal zauderte Matteo nicht.

Eine Viertelstunde später taumelte er benommen in den Raum zurück, als der nächste Touristenschwarm hereinströmte, und diesmal war er es, der sich am Gurt seiner Umhängetasche festklammerte. Als er sich umwandte, sah er Renata im schwarzen Rechteck der Tür, die ihr Kleid zurechtzupfte und ihn anstrahlte. Mit einem solchen Hunger und einer solchen Gewalt war sie in dem kleinen halbdunklen Raum über ihn gekommen, dass er sich mit Händen und Füßen kaum hätte erwehren können – wenn er es denn gewollt hätte.

Ihr Blick war voller Dankbarkeit. Ihre Lippen zitterten noch immer wie ein zartes pompejianisches Nachbeben. Dann kam sie an seine Seite und ihn durchflutete goldenes Glück, als er spürte, dass sie nie mehr von ihm weichen würde.

Ihre kleine Wohnung in Capua gab Renata auf der Stelle auf und fuhr mit Matteo heim in die Lombardei, nach Rozzano, einem Vorort von Milano. Ihre Habe wollte sie später abholen oder zurücklassen. Ganz egal, sie wollte mit ihm mitkommen, einfach nur mit ihm mit, notfalls ohne alles.

Während der ganzen Reise im kleinen Fiat lag ihre Hand in seinem Schoß, und an jeder dritten Raststätte musste er Halt machen. Sie wollte seinen Körper auf dem Rastplatz, im Gebüsch und auf der Toilette. Und sie bekam ihn.

Als sie von der Autostrada nach Rozzano hineinfuhren, richtete Matteo sich auf dem Fahrersitz seines Fiats auf und schenkte seinem Heimatort ein Siegerlächeln. Schaut her, was ich mitgebracht habe: die schönste Frau der Welt. Das hungrigste Geschöpf, das je ein Mann hat einfangen können!

Der dicke Giorgio staunte nicht schlecht, als Matteo ihm über den dicken Aktenstapel hinweg, der sich während seiner Abwesenheit angesammelt hatte, die Neuigkeiten erzählte. Matteo war seit über zwanzig Jahren Junggeselle, und bislang hatte kein Verkupplungsversuch Früchte getragen. Matteo schilderte die Tage seines Zusammenseins mit Renata in den schillerndsten Farben und registrierte voller Stolz den Neid in Giorgios Blick. »Sie kann nicht kochen«, raunte er, »aber sie kann zaubern.«

Als er in der Mittagspause die flache Dose öffnete, in der er täglich einen kleinen Happen zur Stärkung mitzunehmen pflegte, kringelte sich dort im kalten Blechbehältnis keck ein weinrotes Unterhöschen, und er hatte Mühe, sich am Nachmittag auf seine Arbeit zu konzentrieren.

Die Heirat fand ungewöhnlich rasch in Sant'angelo statt. Ein paar Verwandte Renatas aus Neapel waren angereist und Matteos alte Mutter und seine Schwester mit ihrem Mann aus Monza. Auch Giorgio war mit seiner gleichfalls ungemein fülligen Frau gekommen und musterte Renata mit unverhohlen lüsternen Blicken.

Womöglich verwirrte der nur spärlich verhüllte Leib des ans Kreuz genagelten Christus Renatas Sinne, denn sie murmelte, als sie gerade vor dem Altar niederknien wollten, ein knappes Wort der Entschuldigung und lief mit wirbelnden weißen Rüschen aus der Kirche hinaus.

Als Matteo, im geliehenen Frack, voller Sorge folgte, presste sie ihn gegen die kühlen Steine der Kirchenmauer und hauchte: »Ich habe kein Höschen an.«

Und Matteo wenige Augenblicke später auch nicht mehr. Während des darauf folgenden Hochzeitszeremoniells glänzten ihre Augen vor übersprudelndem Glück.

Ein Möbelwagen brachte Renatas Habe an einem Mittwoch, und Matteo staunte, weil er noch nie zuvor eine solche Ansammlung erotischer Spielzeuge gesehen hatte. Er musste im Supermarkt ein Zehnerpack Batterien kaufen.

Renata kochte wirklich schlecht. Pasta gelang ihr ab und zu und auch Suppen gerieten ihr von Zeit zu Zeit, aber Matteos geliebte Süßspeisen, an denen sie sich aus lauter Liebe versuchte, sahen allesamt traurig aus und schmeckten fad.

Dafür aber fand Matteo jeden Abend bei seiner Heimkehr eine vor Lust geradezu zerfließende Ehefrau vor, die sich tagtäglich neue Dinge einfallen ließ, um ihn zu verwöhnen.

»Ein Schneebesen ist ein sehr praktisches Gerät«, sagte sie eines Abends gedankenvoll. »Ich kann vielleicht nicht kochen, aber ich kann andere Dinge damit tun.«

Und sie zeigte es ihm.

In den darauffolgenden Tagen und Wochen benutzte sie auch Siebe, Gurkenhobel und Küchenmixer.

Matteo kam aus dem Staunen nicht mehr heraus.

Frau Fanti aus dem Haus gegenüber, die er manchmal auf dem Bahnhof traf, betrachtete ihn in letzter Zeit ungewöhnlich sorgenvoll.

Im Folgenden fand Renata zahlreiche Möglichkeiten, Lebensmittel, die er mochte, als eine Art lebendes Büfett so auf ihrem Körper zu drapieren, dass er über die geschmacklichen Mängel magenknurrend hinwegsah.

Er schleckte klumpiges Risotto aus der Wölbung ihres schlanken Bauchs, er knabberte angebrannte Polenta, die sie auf ihren Brüsten servierte.

Zum Dessert bestrich sie ihn selbst mit Ricottakäse und nahm dann auch etwas zu sich.

Früher war er oft zum Bummeln an den Naviglio Grande gefahren oder hatte die Scala besucht, aber Renatas Liebeshunger füllte jede freie Minute. An den Wochenenden kamen sie häufig überhaupt nicht aus dem Schlafzimmer heraus.

»Du wirst immer dünner«, sagte Giorgio kopfschüttelnd, als er in der Mittagspause ein prachtvolles Stück *torta di mele* aus seiner Aktentasche hervorzauberte und vor Matteos rot geränderten Augen verschlang. »Und du schläfst zu wenig.«

Giorgio hatte recht. Matteo aß zu wenig und schlief zu wenig. Wenn er morgens aus dem Haus ging und den Zug nach Milano nahm, schlief Renata noch. Sie schlief vermutlich bis zum Nachmittag, denn am Abend, als er nach Hause zurückgekehrt war, hatte sie die Kraft, ihn noch an der Garderobe zu überfallen und bis weit nach Mitternacht zu bearbeiten.

Sie hatten sich ein neues Bett kaufen müssen. Das alte, das Matteo nahezu zwanzig Jahre lang als heimelige Bettstatt gedient hatte, hatte Renatas Staccato nachgegeben und war zusammengebrochen. Jetzt hatten sie ein neues Bett mit elektrischen Spielereien und ausreichend vielen Möglichkeiten, Handschellen zu befestigen.

Auch der Haushalt litt, als Renata herausfand, dass man mit Staubsaugern, Lockenstäben und Bügelbrett Dinge anstellen konnte, die die Hersteller dieser Gerätschaften vermutlich nicht für möglich gehalten hätten.

Wenn Matteo der alten Frau Fanti am Bahnhof begegnete, zuckte es in letzter Zeit immer nervös um ihre Mundwinkel.

Eines Abends ging Matteo nicht gleich nach Hause. Er hielt auf dem Weg von der Bahnstation in einer kleinen Trattoria auf der Strada Pavese Cesare und trank ein paar Schnäpse.

Er steuerte auf eine Katastrophe zu, das wurde ihm mit jedem Schluck klarer. Renata liebte ihn heiß und innig, aber sie liebte ihn zu Tode.

Er hatte versucht, mit ihr darüber zu sprechen, aber sie hatte ihm einen Schlüpfer in den Mund gestopft, ihm die Augen verbunden und ihn auf seinem eigenen Trimmrad bis zur Bewusstlosigkeit geritten. Danach ging es erneut in die Küche. Er hätte nie geglaubt, dass man Lustgewinn durch Zuhilfenahme eines Stangenbrots erfahren konnte.

Irgendwann hatte er erkannt, dass die verzwickte Situation, in der er sich befand, natürlich zusätzlich durch seine kaum zu schwächende Potenz begünstigt wurde, und so hatte er die Farmacia aufgesucht und sich ein Mittelchen beschafft, das diesen an und für sich wünschenswerten Zustand allzeit bereiter Männlichkeit zumindest zeitweise beenden würde. Sein Magen aber befand sich in einer dermaßen erbärmlichen Verfassung, dass er sich schon im nächsten Moment auf der Toilette wieder von seinen Tabletten trennen musste.

Matteo trank einen weiteren Schnaps. Er brannte im Magen, aber er blieb drin. Und dann sah er vor dem

Fenster der Trattoria im Licht der Straßenlaternen Renata auf dem Bürgersteig stehen, umhüllt von einem hellen Wintermantel. Als sie sich sicher war, dass er sie entdeckt hatte, begann sie, sich rhythmisch zu bewegen und knöpfte langsam den Mantel auf. Darunter trug sie nichts.

Matteo beeilte sich, zu bezahlen und eilte zu ihr hinaus, bevor sie Aufsehen erregen würde.

Eines Tages schlief Matteo im Büro über einer Kalkulation ein. Giorgio schaffte es kaum, ihn zu wecken, und als er die Augen halbwegs geöffnet hatte, registrierte Giorgio beunruhigt, dass sein Arbeitskollege nur noch ein Häufchen Elend war. Unrasiert, mit den verkrusteten Mundwinkeln eines Verhungernden, mit den schwarz umrandeten Augen eines Verdammten.

Giorgio schob ihm vorsichtig ein paar Oliven von seiner köstlichen Pizza in den Mund. Er glaubte förmlich hören zu können, wie sie langsam Matteos ausgedörrten Hals hinunterkullerten.

»Sie tötet dich«, hauchte Giorgio. »Lass es nicht dazu kommen.«

Als Matteo an diesem Abend nach Hause kam, duftete es köstlich. Renata hatte gebacken. Oder wollte sie eine neue Liebestechnik im Backofen ausprobieren? Er erinnerte sich mit Schaudern an ihr Experiment mit den vier verschieden heißen Herdplatten und dem Toaster.

Was sie auf dem Küchentisch angerichtet hatte, sah aus der Entfernung tatsächlich wie seine heißgeliebte torta di mele aus, die seine Mutter backen konnte wie kein anderer.

Renata thronte im Schneidersitz nackt auf einem Küchenstuhl und hatte sich zwei lustige Kringel aus Apfelschalen an ihre niedlichen kleinen Öhrchen gehängt. Zwei andere baumelten an ihren beiden erregten Brustspitzen. Sie hatte die Hände ausgebreitet wie eine Tempelgöttin.

Ermattet ließ sich Matteo auf den Stuhl gegenüber sinken und starrte auf den Kuchen, den sie jetzt auf seinen Teller löffelte.

Der Kuchen war gänzlich anders als der von seiner Mutter. Ganz und gar anders. Er war viel zu dunkel geraten und glitt ihr schlapp und schlabbrig rechts und links vom Tortenheber.

»Äpfel sind so erotisch, *zuccherino*«, hauchte Renata und biss auf der anderen Seite des Tisches herzhaft in einen Apfel. »Ich habe tausend Ideen, was wir heute mit all den restlichen Äpfeln machen werden.«

Er begann, lustlos zu essen. Es schmeckte fürchterlich. Die Äpfel waren sauer und zu Brei zerkocht, der Teig war klebrig und schmeckte nach Mehl. Er musste immer wieder Kerne ausspucken.

Dann spürte er, wie sie unter dem Tisch nur mit Hilfe ihrer Zehen seinen Gürtel öffnete und seine Hose aufknöpfte. O ja, das konnte sie tatsächlich.

Und in diesem Moment explodierte Matteo. Er sprang auf und taumelte zurück. Seine Gabel sauste durch die Luft, und die misslungene *torta di mele* verteilte sich auf dem Tisch, als er dagegenstieß. Seiner Kehle entrang sich der schrille Schrei eines Wahnsinnigen.

Auch Renata verlor das Gleichgewicht. Sie kippte hintenüber, ruderte mit geradezu obszönen Gesten mit Händen und Füßen durch die Luft, landete rücklings mit gespreizten Beinen auf dem Boden, und Matteo vernahm mit einem Mal ein unappetitliches Röcheln.

Der angebissene Apfel, den sie selbst während des Sturzes noch in der Hand gehalten hatte, kullerte unter den Tisch, sie griff an ihre Kehle, und ihre Brüste zitterten wie frische *panna cotta.*

Ein Stück des Apfels steckte in ihrem Hals fest und nahm ihr unerbittlich den Atem, und sie röchelte und schnaufte, und ihre Beine zuckten durch die Luft.

Renatas wunderschöne Augen quollen hervor und drohten aus den Höhlen zu springen.

Matteo stand neben ihr und beobachtete sie fassungslos. Er hätte helfen können. Er hätte sie aus ihrer hilflosen Lage auf dem umgekippten Küchenstuhl befreien und ihr durch ein paar kräftige Schläge auf den Rücken dazu verhelfen können, dass das Apfelstück aus ihrem Rachen purzelte.

Aber er tat nichts.

Er zwang sich, nichts zu tun, was ihr Leben gerettet hätte.

Er wollte, dass sie starb.

Am Tag nach der Beerdigung bereitete sich Matteo ein köstliches Ricottasoufflé zu, so wie er es früher oft getan hatte. Allmählich kam er wieder zu Kräften, sein Leben nahm langsam wieder Konturen an.

Anlässlich des bedauernswerten Unglücksfalls hatte er viele Worte des Trostes empfangen. Selbst seine Schwester hatte Renata anscheinend bei den wenigen Gelegenheiten, bei denen sie einander gesehen hatten, ins Herz geschlossen.

»Ich hatte gehofft, sie könne dich alten Junggesellen glücklich machen«, hatte sie unter Tränen gesagt.

»Ich auch«, hatte Matteo gemurmelt. »Ich auch.«

Auch die Polizei war voller Mitgefühl gewesen.

Als er sich nun gerade an den Küchentisch gesetzt hatte, um sich ganz und gar der köstlichen Süßspeise zu widmen, klingelte es an der Tür.

Als er öffnete, sah er sich Frau Fanti gegenüber, der betagten Dame aus dem Nachbarhaus, der er manchmal auf dem Bahnhof begegnete.

Sie war alles andere als eine Schönheit. Ihre Haare waren grau und strähnig, ihr Mund grellrot geschminkt, und ihr teigiger Körper steckte in einem über alle Maßen hässlichen Jogginganzug.

»Ich habe auch meinen Mann verloren«, sagte sie mit rauchiger Stimme in getragenem Tonfall. »Vor zwei Jahren. Ich verstehe Ihren Schmerz.« Dann drückte sie ihm eine Flasche billigen Grappa in die Hand. »Seither führe ich das Leben einer Nonne.«

Als sie sich an ihm vorbei in die Wohnung drückte, hauchte sie: »Sehr hübsch, sehr hübsch. Ich sehe ja immer nur in Ihr Schlafzimmer und Ihre Küche. Sehr hübsch.«

Als er ausholte, um zu protestieren, legte sie ihm einen schwieligen Finger auf den Mund. »Pscht, *carino*. Ich weiß, was du alles kannst. Ich habe es wochen- und monatelang mit angesehen. Du hast wahre Wunder mit dem Körper deiner Frau vollbracht und ich bin noch nie einem Mann begegnet, der so ausdauernd ist wie du. Ich selbst bin wie ein verdorrter Brunnen, und wenn es dir gelingen sollte, dass mein Quell von nun an wieder Tag für Tag sprudelt, dann wird nie jemand erfahren, warum deine *cicciolina* an einem harmlosen Äpfelchen sterben musste.«

Und dann begann sie schnurrend mit ihren gelben Zähnen seine Hemdknöpfe zu öffnen.

Torta di mele

ZUTATEN

4 feste Äpfel • Zitronensaft • 2 Eier • 200 g Zucker • 1 Päckchen Vanillezucker • 100 g flüssige Butter • 100 g Mehl • ½ Päckchen Backpulver • Puderzucker zum Bestreuen

ZUBEREITUNG

Backofen auf 180 °C erhitzen.

Äpfel grob raffeln und mit Zitronensaft beträufeln. Eier und Zucker schaumig rühren und Vanillezucker beigeben. Butter, Mehl und Backpulver beimischen, wenn der Teig zu mehlig ist, etwas Milch beigeben. Teigmasse in eine ausgebutterte Springform geben und die geraffelten Äpfel darauf verteilen. Im Backofen auf der untersten Schiene etwa 45 Minuten backen.

Noch heiß mit Puderzucker bestreuen, lauwarm servieren.

Donna senza amuri

Tatjana Kruse

Donna senza amuri è comu rosa senza oduri.
(Eine Frau ohne Liebe ist wie eine Rose ohne Duft.)
SIZILIANISCHES SPRICHWORT

Come va, Conte Gelasi?«

A dream come true. Das sagen die Engländer, wenn man das Paradies auf Erden erlebt. Wie gerade Silke.

Sie saß mit einem echten italienischen Adligen im *giardino secreto*, dem Innenhofgarten des KALHESA am Foro Umberto in Palermo, trank herrlichen *Donnafugata* zu ihrer *Pasta con le sarde* und fühlte sich einfach großartig. Besser konnte es nicht werden.

»*Ciao*, Paolo, *bene, molto bene*«, rief Salvatore, stand auf und umarmte den untersetzten Armanianzugträger. Während die beiden Männer etwas zur Seite traten und auf Sizilianisch plauderten, verschlang Silke mit ihren azurblauen Augen dieses Prachtstück von Mann. Salvatore Gelasi. Groß gewachsen, schulterlange, dunkle Locken mit grauen Einsprengseln, aufgeknöpftes, weißes Hemd, lässige Jeans. Silke nahm noch einen Schluck Wein. Sie kannten sich jetzt seit drei Tagen. Heute oder nie!

Silke hatte keine Urlaubsliebe gewollt. Sie gehörte nicht zu den alleinstehenden Frauen Mitte dreißig, die aus lauter Einsamkeit im Urlaub irgendeinen halbwegs schnuckeligen Einheimischen aufrissen. Aber als sie beide im Palazzo dei Normanni im Gewühl der Touristen aufeinandertrafen, sprang sofort ein Funke über. Es war etwas Besonderes. *Er* war etwas Besonderes. Und mal ganz ehrlich: Auch sie sehnte sich nach Liebe. Sehr sogar.

»Entschuldige«, sagte Salvatore, als er sich wieder setzte, »ein alter Studienfreund. Wo waren wir?«

»Dass die französische Haute Cuisine nichts weiter ist als eine Beerdigung guter Nahrungsmittel unter Bernaise-Sauce«, amüsierte sich Silke und spießte noch eine Sardine auf ihre Gabel. Angeblich wirkten *Pasta con le sarde* wie ein Aphrodisiakum. Silke glaubte, schon etwas zu spüren.

Sie war fasziniert von Salvatores geistreichem Charme. Und seiner Vorliebe für sinnliche Genüsse. Über Essen, das seiner Meinung nach nicht gut war, konnte er sich mehr echauffieren als über die politische Weltlage im Allgemeinen oder den neuesten sizilianischen Korruptionsskandal im Besonderen. Essen war für ihn nicht nur Genuss, sondern auch Religion und empirische Wissenschaft. Gewissermaßen eine Charakterfrage. Mit Essen konnte man ihn beleidigen – »Sehe ich aus wie ein Tourist, der nach Abschluss eines opulenten Mahls einen *cappuccino* trinkt?«

Jemand wie er würde auch einen Frauenkörper mit Hochachtung und Einfühlsamkeit behandeln. Silke befeuchtete sich die Lippen. Sinnlich, wie sie hoffte.

Salvatore lächelte.

Sein Liebesspiel war das eines Könners. Zweifellos durch häufiges Üben zur absoluten Perfektion gebracht. Casanova, Porfirio Rubirosa, Boris Becker – verneigt euch vor dem Meister. Silke ließ es beinahe atemlos mit sich geschehen und immer, wenn sie glaubte, eine größere Verzückung könne es unmöglich geben, wurde sie eines Besseren belehrt.

Salvatore, hauchte sie innerlich, als alles vorbei war. *Salvatore.*

Es war natürlich nicht alles perfekt verlaufen. Ihre Ohrringe hatten sich in einem Büschel seines dichten Brusthaares verfangen und dieses dann schmerzvoll entwurzelt. Und irgendwann in den frühen Morgenstunden, bereits während ihrer vierten Runde, meinte Silke zu hören, wie er »Ursula« murmelte, aber das orgasmische Rauschen in ihren Ohren war so stark, dass sie sich durchaus getäuscht haben mochte.

Als er schließlich erschöpft neben sie sank, brandete bereits der Morgenverkehr Palermos auf, draußen vor den Fenstern seines neoklassizistischen Palazzo mit arabischen Fundamenten mitten in der Altstadt. Die Kerzen, die in der Nacht eine romantische Atmosphäre verbreitet hatten, erloschen allmählich.

»Silke«, sagte er, richtete sich auf den Ellbogen auf und küsste sie zärtlich auf die Stirn.

»Salvatore«, hauchte Silke, die hoffte, dass ihre Wimperntusche nicht allzu verschmiert war.

»Es ist mir ein wenig peinlich«, begann Salvatore und strich sich eine Locke aus dem markanten Gesicht, das an einen Senator des alten Roms erinnerte, »aber ich muss dich um etwas bitten. Paolo – du erinnerst dich an Paolo? Er kam gestern Abend an unseren Tisch – Paolo hat noch eine Forderung an mich offen. Ich hatte das völlig vergessen. Und heute ist Sonntag, da haben die Banken geschlossen. Es ist eine Frage der Ehre. Du kannst mir nicht zufällig etwas Geld leihen?«

Silke lächelte gerührt. Er vertraute ihr, bezog sie in eine höchst private Finanzangelegenheit ein. »Aber natürlich, Liebling. Wie viel brauchst du?« Sie beugte sich zu ihrer Handtasche hinunter.

»Fünfzigtausend«, sagte Salvatore.

Er sah ihr Gesicht.

»Euro?«, stotterte sie.

»Zehntausend als Anzahlung wären auch schon eine Hilfe.«

Silke wusste nicht, ob sie auflachen sollte. Hielt er sie für reich? Sie, eine TUI-Pauschaltouristin? »Äh«, sagte sie. Daran war nur eBay schuld. Für so gut wie kein Geld hatte sie sich gebrauchte *Dolce & Gabbana*-Fummel und *Louis-Vuitton*-Taschen ersteigert. Ja, rein optisch gab sie mehr her als die Zahnarzthelferin eines Kieferchirurgen, die sie war. »Äh«, wiederholte sie, »ich kann dir hundert Euro leihen. Oder auch fünfhundert.« Wenn sie die nächsten Monate von Luft und Liebe lebte.

Sie sah ängstlich zu ihm hinüber. Würde er sie jetzt aus dem Bett werfen?

Aber nein, er küsste sie auf die Schulter, sagte »Ist schon gut, *cara mia*«, rollte sich auf die andere Seite und schlief ein.

Als Silke später an diesem Morgen aufwachte, war Salvatore im Badezimmer. Durch die nur angelehnte Tür lauschte sie seinem Körperpflegeritual: das forsche Abziehen der Kappe eines Deo-Rollers, das rhythmische Schaben von Zahnseide zwischen Backenzähnen, das erstickte Gurgeln mit Mundwasser, das zischelnde Sprühen eines Eau-de-Cologne-Flakons.

Genau das vermisste sie: einen Mann an ihrer Seite. Vertraute Geräusche. Sex. Sie wagte nicht zu hoffen, dass sich all das nun ändern konnte. War es wahre Liebe? Oder war sie nur eine Kerbe in seiner Erfolgsstatistik? Sie inspizierte die Bettpfosten. Keine Kerben.

Salvatore betrat das Schlafzimmer. Sein warmes Lächeln sprach Bände. Für ihn war die Liebe kein bloßes Wort, sondern ein Kaleidoskop herrlicher Gefühle, ein buntes Theater, eine Herausforderung.

»Ich sollte jetzt duschen«, sagte Silke.

»Das wäre Verschwendung. Wer will schon duschen, wenn er stattdessen Liebe machen kann«, schmalzte Salvatore.

Silke seufzte wohlig auf. Hoffnung keimte.

Er rief nicht an.

Weder am Abend noch am nächsten Morgen. Er schickte ihr auch keine SMS und auf der Fensterbank vor ihrem Hotelzimmer saß auch keine Taube, der ein Liebesbrief ums Beinchen geschnürt worden war.

Bei dieser Gelegenheit merkte Silke, dass sie keine Telefonnummer von ihm besaß. Am Mittag des nächsten Tages tigerte sie ins KALHESA, bestellte wieder *Pasta con le sarde* und wartete. Als sie den Kellner nach Conte Gelasi fragte, zuckte der nur mit den Schultern. Ein solcher Conte war hier nicht bekannt. Dabei hatte Salvatore doch gesagt, es sei sein Stammlokal.

Silke hatte Mühe, den Palazzo wiederzufinden, in dem sie zum ersten Mal seit vier Jahren Sex gehabt hatte. Weder auf der Hin- noch auf der Rückfahrt in

Salvatores Ferrari hatte sie auf den Weg geachtet. Ihre Verzweiflung wuchs mit jeder Sekunde. Emotionaler Entzug – plötzlich meinte sie überall Salvatores Eau de Cologne zu riechen, erkannte in jedem männlichen Langhaarträger ihren Conte.

Palermos Altstadt war zum Glück überschaubar, schon am nächsten Tag wurde sie fündig. In seiner ganzen verblassenden Pracht ragte der Palazzo vor ihr auf. Mangels Klingel klopfte sie an die reich beschnitzte Eingangstür.

Vergeblich.

»Da können Sie lange klopfen.« Eine junge Italienerin in einem geblümten Kleid trat mit Eimer und Schrubber aus dem Nebengebäude. Sie sprach deutsch. Silke sah offenbar sehr teutonisch aus.

»Ich will zum Conte Gelasi«, sagte sie.

Die junge Frau lächelte sie mitleidig an. »Tja, da sind Sie nicht die Einzige. Aber offenbar haben Sie nicht genug Knete für den Herrn, sonst hätte er Sie nicht abserviert.«

»Wie bitte?« Silke war plötzlich sehr kühl.

»Der Typ ist ein Heiratsschwindler. Oder die moderne Entsprechung davon: Er verspricht nicht die Ehe, aber die wahre Liebe. Ist aber alles Schwindel. Und wer nicht genug Geld hat, wird von der Liste gestrichen. Verhungert am ausgestreckten Arm. *Capisce?*« Die junge Italienerin stellte Eimer und Schrubber auf den Boden, wischte sich die Hände am Blümchenkleid ab und trat auf Silke zu. »Ich bin hier die Putzfrau, ich weiß Bescheid. Der Palazzo steht seit dem Tod des echten Conte leer. Erbstreitigkeiten unter seinen diversen Nachkommen. Salvatore bedient sich des Ambientes für seine Aufreißernummer. Ist Ihnen gar nicht aufgefallen, dass es weder Wasser noch Strom gibt?«

Doch, jetzt im Nachhinein schon. Nur Kerzen und keine Duscherlaubnis.

Silke ballte trotzig die Fäuste. »Das kann nicht stimmen. Salvatore ist reich. Er trägt teure Klamotten. Fährt einen Ferrari. Hat mich zum Essen ins feinste Restaurant Palermos eingeladen …«

»Alles vom Geld reicher Touristinnen«, meinte die Italienerin nüchtern.

Silke konnte es einfach nicht glauben. »Paolo!«, fiel es ihr plötzlich wieder ein. »Salvatore kann kein Betrüger sein. Wir haben einen alten Studienfreund von ihm getroffen, der ihn mit Namen begrüßt hat!« Sie sah die Italienerin triumphierend an.

»So ein kleiner Untersetzter in einem Armanianzug?« Die Putzfrau griente. »Dem Typ zahlt er 150 Euro pro ›Wiedererkennung‹. Der wohnt neben meiner jüngeren Schwester und ist arbeitsloser Lkw-Fahrer.«

Silke schluckte schwer.

»Soll ich ihn mir für Sie vorknöpfen?«, fragte die Italienerin leutselig.

»Und dann?« Silkes Mundwinkel wanderten in Richtung Kinn.

»Weiß nicht. Ich könnte ihm mit dem Schrubber einen Milzriss verpassen.«

Silke verdrehte die Augen.

»Hier«, die Putzfrau kritzelte mit einem Filzstift ein paar Zahlen auf ein Papiertaschentuch und reichte es Silke, »Sie sollten sich von so einem nicht den Urlaub vermiesen lassen. Rufen Sie mich an, wenn Sie jemand zum Reden brauchen.«

»Danke, gern«, meinte Silke höflich. Das würde sie tun. Bestimmt. Sobald Bergziegen Breakdance tanzten.

Silke war erst traurig. Dann fuchsteufelswild. So wütend, wie es nur in der Liebe enttäuschte Frauen sein können. Sie wünschte Salvatore die Pest an den Hals. Besser noch ein Magengeschwür. Ein brennendes, blutendes Magengeschwür so groß wie eine Pizza in Partygröße.

Sie stand im Innenhof des Palazzo – die in einem Torbogen versteckte Eisenpforte war unverschlossen gewesen – und vergoss lautlose Tränen.

Wie hatte sie nur glauben können, dass ein echter Mittelmeergraf sich für sie, eine nicht mehr ganz taufrische Zahnarzthelferin, interessieren könnte? Nun gut, sie hatte blaue Augen, blonde Haare und Körbchengröße D, aber dennoch hatte sie sich die ganze Zeit nur etwas vormachen lassen. Salvatore, dieses Schwein!

Und wenn man vom Teufel spricht …

Er hatte wohl gedacht, sie sei wieder abgezogen. Mit einer Plastiktüte, aus der zwei Kerzenhalter ragten, trat er aus einer Seitentür.

»Verscherbelst du nach und nach das Mobiliar, um zu Geld zu kommen, wenn es die Touristinnen gerade nicht bringen?«, zischte sie.

Salvatore schreckte nur kurz zusammen. »*Cara mia,* warum bist du so böse? Aber hatten wir nicht eine wunderbare Zeit? Nur das zählt.«

Silke spürte, wie sie nachgab.

»Jetzt muss ich allerdings weiter. Im Grandhotel Vittorio Emanuele ist Bettenwechsel. Vielleicht ergibt sich eine Gelegenheit.« Er lächelte sie an, setzte ihr Verständnis einfach voraus, beugte sich vor, um sie auf die korallenroten Lippen zu küssen, und sah nur ganz kurz überrascht aus, als sie in einer nahtlosrasanten Bewegung einen der Kerzenhalter aus seiner Tüte zog und ihm mit Wucht an die Schläfe schlug. Er röchelte. Dann sackte er zusammen.

Tot.

»Das nennt man Mord und ich bin ziemlich sicher, dass das gegen irgendein Gesetz verstößt.«

Silke hatte die Blümchenputzfrau angerufen und keine sechzig Sekunden später stand diese schon neben ihr im Innenhof und schaute auf den toten Heiratsschwindler hinunter. »Den Blutfleck wisch ich raus, das ist kein Problem«, sagte sie. »Aber die Leiche müssen wir irgendwie entsorgen.«

Silke zitterte. »Ich weiß nicht, was über mich gekommen ist«, flüsterte sie.

»Ja, ja, schon gut. Es war nur eine Frage der Zeit, bis eines seiner Opfer sich an ihm rächte. Salvatore ist jetzt bestimmt glücklich: Er starb in den Sielen, gewissermaßen. Von einer leidenschaftlichen Geliebten gemeuchelt. Besser, als profan von einem Bus überfahren zu werden.«

Die beiden Frauen betrachteten den reglosen Männerkörper. »Hübsch war er ja schon«, räumte die Italienerin ein. »Wirklich schade, dass er jetzt in irgendeinem Erdloch kompostiert wird.« Sie seufzte.

Und da fielen Silke die Kapuziner-Katakomben ein.

Palermos berühmte Mumien in den Katakomben des Kapuzinerklosters. Vornehme Palermitaner, die einander vor zwei-, dreihundert Jahren in den Gängen des knochentrockenen Gewölbes ein makabres Stelldichein gaben. Klerus und Adel zahlten viel Geld, um nach ihrem Tod in verstaubten Wandnischen oder vermorschten Särgen mumifiziert und mit leeren Augenhöhlen und skelettierten Fingern den Lebenden als Warnung zu dienen, wie vergänglich das Leben ist.

Seit einer lauen Septembernacht gehörte Salvatore Gelasi zu ihnen. Ganz Palermo war mit Autos, Motorrädern und Mopeds zur Grotte der heiligen

Rosalia auf den Monte Pellegrino gepilgert, wo vor dem juwelenglitzernden Glassarg der Schutzheiligen Palermos ein ausgelassenes Volksfest stattfand. Die Mönche gingen mit, um dem Ganzen ein spirituelles Gegengewicht zu verleihen. Die Katakomben waren geschlossen. Aber nicht zugesperrt. Der alte Pförtnermönch, der Wache schob, war taub, las in seinem Brevier und hörte nicht, wie Gina und Silke mit ihrer Sackkarre den entkleideten, toten Salvatore in den Keller schafften. Wo er hoffentlich lange und glücklich in einem der hintersten, kaum besuchten Gänge der Katakomben zwischen zwei mumifizierten Zwillingsschwestern aus dem 18. Jahrhundert ruhen würde.

Anschließend lud Silke Gina zum Essen ein. Sie fand, das sei sie ihr schuldig. Ins KALHESA. Zu *Pasta con le sarde*.

Gina aß mit gesundem Appetit. »Du isst gar nichts?«, fragte sie. Silke schüttelte den Kopf. Man bringt ja nicht jeden Tag sein Betthupferl um.

»Kann ich den Rest von deinem Teller haben?« Es war eine rhetorische Frage – Gina schaufelte bereits Fenchel und Sardinen und Maccheroni von Silkes Teller auf ihren eigenen. »Natürlich müssen wir jetzt über Geld reden.«

Silke schluckte. Ja klar, Erpressung. Hatte sie etwa geglaubt, aus reiner Frauensolidarität würde eine junge Italienerin bei der Entsorgung eines Ermordeten helfen?

»Sieh mich an«, sagte Gina. Silke tat es. »Ich sehe furchtbar aus.« Nun ja, dachte Silke, Ginas größter Pluspunkt war ihre Jugend. Wirklich schön war sie mit ihrem Mondgesicht, den schlaffen Oberarmen und der teigigen Haut nicht zu nennen.

»Du dagegen bist eine Schönheit.«

Silke widersprach nicht.

»Siehst du den Kerl da drüben?« Gina zeigte mit der vollen Gabel auf einen typischen Italiener mit Dreitagebart und viel Goldschmuck, der Silke offenbar nicht nur mit den Augen bereits ausgezogen hatte, sondern in seiner Fantasie auch Dinge mit ihr trieb, die als sexuelle Belästigung geahndet werden sollten.

»Der will dich«, konstatierte Gina das Offensichtliche.

»Ja und?« Silke begriff nicht ganz.

»Na, du bist heiß. Du könntest mühelos in Salvatores Fußstapfen treten!«

Ein junger, wohlerzogener Schweizer wurde Silkes erstes Opfer. Er war so fade wie ein Glas Leitungswasser und noch dazu Professor für Moraltheologie, aber er hatte Geld wie Heu und war ausgehungert nach etwas Zuwendung. Er überschüttete Silke mit Geschenken und Bargeld. Es war viel einfacher, als sie gedacht hatte.

Silke hielt sich an das bewährte Konzept von Salvatore: »zufällige« Begegnung an einem unverfänglichen Ort, aphrodisierende *Pasta con le sarde* in einem Nobelrestaurant und romantische Nächte im verlassenen Palazzo. Es funktionierte phantastisch.

Das einzige kleine Problem war Paolo.

Er tauchte schon bald auf der Suche nach seinem Arbeitslosengeldaufbesserer Salvatore im Palazzo auf.

Es war ein wenig mühsam, sich erneut unbemerkt in die Katakomben zu schleichen. Und noch mühsamer, den toten Paolo neben Salvatore in dem Sarg mit den Zwillingsschwestern unterzubringen. Aber es gibt keine Kraft im Universum, die dem vereinten Willen zweier Frauen trotzen könnte.

Silke kündigte von Palermo aus ihren Job in Deutschland und erleichterte von da an reiche Touristen. Schon knappe zwei Jahre später konnte sie der Erbengemeinschaft den maroden Palazzo abkaufen. Mit Gina als treuer Seele an ihrer Seite war es im Palazzo immer tadellos sauber. Und jedes Jahr am Festtag der heiligen Rosalia auf dem Monte Pellegrino gedachten Silke und Gina ihrer Inspirationsquelle, dem verblichenen Salvatore, und stießen auf sein Andenken mit einem schönen Glas Rotwein an.

Alla salute!

Pasta con le sarde

ZUTATEN FÜR 4 PERSONEN

400 g frische Sardellen/Sardinen • etwas Mehl • 150 g wilder Fenchel • 400 g Makkaroni • 3 EL Olivenöl ½ Zwiebel • je 1 EL Rosinen und Pinienkerne • Salz und Pfeffer, Safran • 4 salzig eingelegte Sardinen

ZUBEREITUNG

Backofen auf 180 °C vorheizen.

Die Sardellen entgräten, anschließend in Mehl wälzen und in einer Pfanne frittieren. Danach abtropfen lassen und nach Geschmack salzen. (Bereits eingelegte Sardellen nicht noch einmal salzen.)

Den Fenchel in Salzwasser kochen, abtropfen lassen und klein hacken. In einem weiteren Topf die Makkaroni bissfest kochen.

In eine Pfanne Öl, klein gehackte Zwiebel, Rosinen und Pinienkerne, Fenchel und frittierte Sardellen geben. Nach Geschmack salzen und pfeffern und ein wenig Safran hinzufügen. Mit einer Tasse Wasser aufgießen.

Als Nächstes zwei Drittel der Sauce mit den Makkaroni in einer feuerfesten Form mischen, die eingelegten Sardinen vorsichtig auf die oberste Schicht geben und diese erneut mit ein wenig Sauce übergießen. Danach 10 Minuten im Backofen überbacken.

Pollo Genovese

Ulla Lessmann

Man sollte doch hier endlich so eine Art »Deutschen Club« gründen, was meinst du? Ich ergreife vielleicht mal die Initiative, sonst tut das ja keiner.

Nein, nein, nicht gegen die Einheimischen! Neulich sagte Luise »Eingeborene«, das fand ich lustig, wenn auch etwas übertrieben, ich meine, wir sind ja nicht im Dschungel. Also, nicht gegen die Einheimischen, ich finde, Einheimische klingt eigentlich gut, Ureinwohner wäre auch wieder so dschungelmäßig.

Nein, ich mache mir gar keine Gedanken über die richtige Bezeichnung, reg dich doch nicht auf, ich fand das nur lustig, wir unterhielten uns neulich in der einen Bar darüber, wie wir Deutschen die Italiener nennen sollen. Also, jedenfalls würde sich so ein Club nicht gegen die Einheimischen richten.

Das wäre das Letzte, wo man doch nun mal etwas mehr miteinander ins Gespräch kommt, nach so vielen Jahren.

Warum ich das glaube?

Na, ich jedenfalls komme jetzt ab und zu ins Gespräch. Schließlich kann niemand erwarten, dass man perfekt Italienisch spricht, wenn man hier ein Haus kauft, die können auch kein Deutsch! Der italienische Mensch mit seinem Eiscafé bei uns in Köln, kann der etwa Deutsch?

Siehste! Ich gebe mir wirklich Mühe, was man nun wirklich nicht von allen sagen kann, Luise kann mal gerade »grazie« und »prego«, stell dir vor. Neulich auf dem Wochenmarkt traf ich diese Blondine von der unteren Gasse, diese unangenehme magere Blondine, du weißt schon, die mit dem BMW und dem komischen Mann, die konnte nicht mal ein Huhn kaufen! Ich meine, sie konnte es kaufen, weil sie drauf zeigte und auf dem Preisschild steht nun »Pollo« und das hat die noch nicht mal ausgesprochen!

Wieso laut? Ich bin nicht laut, ich finde das nur unmöglich, wie manche Leute sich benehmen. Bloß weil sie den besten Meeresblick haben, glauben sie, sie brauchen nicht mal das Wort »Pollo« zu kennen.

Da gibt's nichts zu lachen, finde ich. Reich mir doch mal bitte die Tomaten rüber, danke.

Wenn so viele Deutsche hier im Dorf Häuser haben, könnte man doch eigentlich erwarten, dass die

Italiener einem etwas entgegenkommen. Man ist doch im Grunde eine Bereicherung. Zu Hause bei uns sagen sie uns immer, die Ausländer sind eine Bereicherung für uns! Kulturell und sprachlich und überhaupt. Aber wenn wir im Ausland sind, müssen wir uns immer zurückhalten. Schließlich und endlich könnten wir für die Italiener auch eine Bereicherung sein. Deshalb finde ich, wir gründen mal einen »Deutschen Club«. Der Name ist ganz egal, eben einen Club, in dem man sich austauscht.

Wie, worüber?

Über das Leben hier! Wo man die billigsten Fliesen kriegt und den billigsten Wein und das beste Öl, das gibt's ja leider nicht billig, und wer am wenigsten fürs Putzen nimmt und fürs Anstreichen und Mauern und so weiter und wie wir uns mit den Italienern auseinandersetzen und wie wir sie bereichern können. Vielleicht kann man Luise und der mageren Blondine auch mal ein paar Worte Italienisch beibringen. Leider gibt es im Moment ziemlich viele Engländer hier, komisch. Was ausgerechnet die Engländer plötzlich alle hier in Ligurien wollen! Und Holländer! Immerhin wenig Belgier.

Wieso?

Nein, ich habe nichts gegen Belgier, warum sollte ich etwas gegen Belgier haben? Aber müssen die nun auch noch nach Ligurien kommen? Ich finde, es gibt eine ganz besondere, traditionelle Verbundenheit zwischen Deutschen und Italienern, die Italiener sind doch als Erste zu uns nach Deutschland gekommen und jetzt kommen wir eben zu ihnen.

Was meinst du mit Goethe und Mozart?

Na, hör mal, das ist doch was anderes, das waren deutsche Künstler und Genies, die sind natürlich nach Italien gegangen, weil sie sich inspirieren lassen wollten. Die Italiener sind nicht nach Deutschland gekommen, um sich inspirieren zu lassen, sondern um zu arbeiten.

Na und? Wieso sagst du »na und«?

Ich habe doch nichts dagegen, durchlässige Grenzen und so weiter, die sollen auch ihr Auskommen haben. Jetzt ist mir der Zusammenhang verlorengegangen, das ist auch so was Italienisches, immer drum herum reden und am Thema vorbei, und jetzt lasse ich mich davon anstecken. Das ist das Unangenehme, man fühlt sich als Bereicherung, nimmt aber auch nach und nach viele unangenehme Eigenschaften an, wenn man nicht aufpasst.

Nein, das sage ich nicht, dass das alle machen mit dem Drumherumreden und ja, ja, ich habe das auch manchmal schon gemacht, bevor wir das Haus hier gekauft haben, aber es hat sich unter dem italienischen Einfluss sehr verstärkt.

Sei doch nicht so empfindlich. Reg dich doch nicht gleich auf, sie haben uns die Pizza nach Deutschland gebracht, das weiß ich, obwohl ich Pizza nicht mehr sehen kann, das ist auch so eine Eigenschaft bei den Italienern, dass sie es immer übertreiben müssen, eine Pizzeria neben der anderen! Hier bei sich halten sie sich zurück, aber bei uns konnten sie kein Ende finden.

Womit anfangen?

Ach so, ja sicher, ich bin doch schon dabei. So, die Tomaten sind überbrüht, bring mich doch nicht raus, ich häute sie doch gerade! Das geht ganz fix, guck mal, das macht dir keine italienische Hausfrau schneller, Kerne weg, so.

Eigentlich ärgere ich mich, dass ich »Pollo Genovese« mache. Dieses Messer müssen wir auch mal schleifen lassen. So, die Keulen sind ab. Ich hätte doch etwas Deutsches kochen sollen, das ist doch keine Bereicherung und es wirkt irgendwie so anpasserisch, was meinst du? Es hätte ja nicht Sauerkraut sein müssen, es isst niemand Sauerkraut in Deutschland, aber die Italiener essen wirklich dauernd Nudeln und Pizza, komisch. Für uns stimmen die Vorurteile gar nicht, für die Italiener stimmen sie.

Nein, nein, nicht alle! Ich weiß das, fang nicht schon wieder an! Ich liebe Italien, ich liebe die Italiener, wer liebt sie mehr als ich?

Wo sind die Sardellen? Hast du die Sardellen gesehen?

Nun bleib doch mal hier, wo willst du denn hin?

Meinst du, ich sollte ein paar Sardellen mehr nehmen, damit die Gäste auch merken, dass welche dran sind? Das ist ja der Clou, die Sardellen zum Huhn, ziemlich raffiniert, das muss man sagen. Die italienische Küche ist ja die beste der Welt, wusstest du das? Ja?

Diese Vielfalt! Und diese Phantasie! Regionale Vielfalt, sagt man jetzt. Ob die das selber wissen?

Na, manchmal weiß man doch nichts über sich selber. Bis die Ausländer kommen und das zu schätzen wissen! Vielfältiger ist die italienische Küche als die französische Küche auf jeden Fall, die französische hat das alles von der italienischen Küche gelernt. Das habe ich übrigens neulich erst unserem Bürgermeister erklärt, wirklich gut habe ich ihm das erklärt. Er war richtig beeindruckt.

Woher ich das weiß?

Er hat immer genickt und sich gefreut, du weißt doch, der Italiener ist fröhlich, deshalb sind wir Deutschen doch eine Bereicherung für sie mit unserem etwas ernsteren deutschen Charakter, das ergänzt sich eigentlich gut.

Ich sage doch gar nicht »seriös«! Das sagst jetzt du, dass ich das denke, das stimmt gar nicht, von »seriös« war keine Rede. Du musst aber zugeben, dass sie sogar sonntags bauen und Lärm machen und dass die Engländer nicht an sie vermieten, weil sie angeblich zu laut sind. Doch, doch. Ich persönlich finde Engländer mindestens genauso laut, da muss ich die Italiener wirklich in Schutz nehmen, außer mit dem Bauen am Sonntag.

Gib mir mal bitte den Knoblauch rüber, grazie. Nun bleib doch mal hier!

Ach, da sind die Sardellen. Das ist ja französischer Knoblauch, na, das wird keiner merken. In Deutschland gibt es viel mehr Brotsorten, das wird von den Italienern nicht anerkannt, dass die vielen Brotsorten in Deutschland einmalig in der Welt sind. Ich hätte eigentlich viele verschiedene Brotsorten mitbringen sollen, da hätte ich unsere Gäste mehr bereichern können als mit ihrem eigenen Essen.

Sicher kann ich selbstkritisch sein, das brauchst du gar nicht so ironisch zu sagen. Ich sage doch schon die ganze Zeit, dass das eigentlich eine Fehlentscheidung war, unserem Bürgermeister und seiner Familie ausgerechnet »Pollo Genovese« vorzusetzen, das ihnen wahrscheinlich aus den Ohren rauskommt, weil sie es ständig essen. Aber ich wollte ihnen doch zeigen, dass wir ihre Küche zu schätzen wissen und dass wir uns auskennen mit ihren Gebräuchen und sie nicht mit unserer eigenen Küche belästigen! Und vielleicht schmeckt mein Pollo sowieso irgendwie deutsch. Oder international, wegen dem französischen Knoblauch.

Warte mal, ich muss die Tomaten kleiner stellen, bleib doch mal hier!

Es könnte eigentlich besonders interessant werden. Was die sagen, wenn sie ihr eigenes Gericht vorgesetzt bekommen und sogar richtig ausgesprochen, »Pollo Genovese« und nicht »Huhn auf Genueser Art«. Stell dir vor, diese Nürnbergerin, die immer so braun ist, die sagt »Huhn auf Genueser Art«. Schrecklich, diese Leute, die sich nicht um die Kultur der Eingeborenen kümmern.

Ja, ist ja gut, »Einheimischen« wollte ich sagen, sei doch nicht so empfindlich! Ich meine das positiv.

Ich koche das Pollo durch meine deutschen Augen gesehen, sozusagen, von mir mit deutscher Kultur bereichert.

Ich bin gar nicht albern, sag das nicht. Ich meine das ganz ernst, man muss sich einbringen, Mensch! Vielleicht nehme ich grüne Oliven statt schwarze? Guck mal, hier ist ein Glas mit griechischen grünen Oliven, die gab es neulich in Köln, die habe ich mitgebracht, zur Sicherheit.

Na, manchmal hat man doch Lust auf was anderes als immer nur auf diese schwarzen Oliven von hier.

Was meinst du? Ich nehme mehr Sardellen als sonst, französischen Knoblauch und griechische Oliven, die Tomaten sind aber von hier und das Huhn ist übrigens aus dem Piemont. Das muss man ihnen lassen, von Hühnern verstehen sie dort etwas. Saftige Wiesen und so und Käse und Kühe. Hoffentlich merken die das hier in ihren Bergen und ihren Olivenhainen, dass ich darauf geachtet habe, gute Qualität aus ihrem eigenen Land zu kaufen, auch wenn es eine andere Provinz ist, aber das ist ja eben diese Vielfalt.

Ja, weiß ich, das hatten wir schon, die Italiener sagen auch immer alles dreimal.

Nein, ich will dich gar nicht ärgern, das war lustig gemeint. Lass die Finger aus dem Olivenglas!

Die schmecken nach Benzin?

Gib mal her. Quatsch, die schmecken griechisch, das wird die Gäste sehr überraschen, dass ich das Gericht mit grünen statt mit schwarzen Oliven mache und dass die aus Griechenland sind, das sagen wir natürlich nicht. Versprochen?

Na, immerhin, bist ein Schatz.

Hör mal, in dem »Deutschen Club« oder wie der dann heißt, da könnte man sich austauschen über die Bereicherung der italienischen Rezepte durch uns. Ich könnte erzählen, dass »Pollo Genovese« mit griechischen grünen Oliven und ganz vielen Sardellen …

Wo sind die eigentlich her? Tunesien? Hm. Die habe ich aber im Supermarkt in Ventimiglia gekauft, also wirklich, diese Italiener, unglaublich, Sardellen aus Tunesien, das stand nicht dran, das sehe ich jetzt erst hier auf dem Glas.

Ja, ja, steht drauf, habe ich aber nicht gesehen.

Na, ist egal, das wird doch spannend, hör mal! Mach mal das Glas auf. Bitte.

Danke. Grazie. Ich übe schon mal. »Buona sera. Benvenuto! Ecco, il Pollo!« Wie findest du das?

Bleib doch mal hier, du kannst doch den Tisch decken.

Den Weißwein habe ich schon im Kühlschrank. Aber das ist ja Quatsch, der kommt ins Essen. Hihihi, ich bin ganz aufgeregt wegen dieser Idee mit dem Club. Ich hacke erst mal die Petersilie klein, das dauert immer so lange, aber da werden die sich wundern, wie fein wir das machen.

Wer wir?

Na wir, die Deutschen. Die Italiener, die schmeißen doch die Kräuter immer so rein. Schneid mal die Sardellen klein oder nein, lass mal, du sollst den Tisch decken, nun warte doch mal!

Die kennen das nur mit schwarzen Oliven und plötzlich komme ich und nehme grüne Oliven, das muss doch viel Gesprächsstoff geben nachher. Ehrlich gesagt, weiß ich nicht, worüber wir eigentlich mit denen reden sollen, um das eigentliche Thema herum, man kann ja nicht mit der Tür ins Haus fallen, das mag der Italiener gar nicht, wenn man offen und direkt alles gleich sagt, das muss so mehr um die Ecke herum gehen.

Wie, der Kölner? Also wirklich, heute hast du aber Vorurteile! Der Rheinländer und »um die Ecke«, der ist doch ganz offen!

Lass mich mal überlegen, was es für Themen geben könnte außer dem Dachausbau. Dass hier immer die Sonne scheint, wissen die selber und ihre Landschaft kennen sie auch in- und auswendig und mehr fällt mir gar nicht ein, über das man reden könnte, weil man doch sehr verschieden ist. Ich meine, die leben immer hier und sind davon geprägt. Vom Meer und von den Olivenbäumen und den Blumen, wusstest du, dass das hier »Blumenriviera« heißt?

Ja? Schon immer? Komisch, mir ist das neulich erst aufgefallen, nach sieben Jahren, guck mal an, das ist ja das Schöne, das einem immer noch was Neues auffällt, sonst wäre es doch auch auf die Dauer langweilig.

Wie ich das meine?

Na, wie der Mensch eben geprägt ist von seiner Landschaft, Herrgott noch mal, wir sind doch auch geprägt von der deutschen Großstadtkultur, von der Urbanität, so nennt man das jetzt. Ich habe aber keine Ahnung, wie das auf Italienisch heißt. Und überhaupt sind wir von der deutschen Kultur geprägt und die sind geprägt von der Sonne und den Bergen und dem Meer und ihren Oliven und ihrem Wein und ihrem einfachen Leben. Da kann man doch jetzt keine hohen Ansprüche an die Gesprächskultur stellen und ich versuche doch nur, einen Gesprächsstoff zu finden. Leider ist Italien kein Entwicklungsland mehr, das war doch früher anders, als man noch was beitragen konnte. Aber nun könnten wir mit ihnen vielleicht über meine Variationen des »Pollo Genovese« reden, was meinst du?

Na gut, Schulterzucken ist auch eine Form der Kommunikation, aber ein bisschen besser gelaunt musst du nachher schon sein, sonst bleibt das alles an mir hängen, das Lächeln und Plaudern und so weiter!

Guck mal diesen Sonnenuntergang, einmalig! Guck mal bloß das Licht! Lila, rosa, orange und pink, göttlich! Ob die das überhaupt zu würdigen wissen? Ich meine, wenn man irgendwo immer lebt, sieht man das irgendwann gar nicht mehr. Ich werde das nachher mal sagen, dieses Licht, la luce, la sole, ist einmalig, buona, dann merken sie erst mal wieder, wie toll und wunderbar sie es hier haben.

Nicht so klein schneiden die Sardellen! Und dann mit diesem großen Messer! Wenn überhaupt, nimmt man das kleine. Aber ich hab doch gesagt, du sollst lieber den Tisch decken, gib mal her.

Nein, nimm das weiße Tischtuch, es ist doch wichtig, dass die sehen, wir essen mit Tischdecken, hier kriegst du selten Tischdecken und Silber. Das heißt ja auch »Osteria« oder »Trattoria«, das weiß ich sehr wohl, dass man dort keine Tischdecken erwarten soll. Ich meine das doch nicht böse, nun mach schon.

Ja, die guten Gläser, was denkst du denn? Nachher sind sie beleidigt und wir werden ermordet, weil das gegen die Ehre ist, wenn sie schlecht behandelt werden. Hihi.

Ja, ich weiß, dass das mit der Ehre die Islamisten sind, Mensch, du bist aber heute völlig humorlos. Guck doch nicht so, das weiß doch aber auch jeder, dass die Mafia überall ist.

Das war ein Scherz, du meine Güte, nun krieg dich wieder ein.

Korruption bei uns?

Das ist aber was ganz anderes, also entschuldige mal, bei uns passiert das in den Banken und in den Rathäusern und nicht mit Mord. Aber das ist kein Thema, das ich mit denen besprechen würde. Das ist mir zu riskant, auch wenn das nur der Bürgermeister und die Blumenbauern sind. Außerdem kann ich da keine Worte außer »Mafia« und das ist nun mal italienisch, es gibt ja nicht mal einen deutschen Ausdruck dafür. Fünf plus wir sind sieben. Eigentlich blöde, wir könnten vielleicht noch die Nachbarin einladen?

Zu spät?

Ist doch egal, ganz spontan, man sagt doch, der Italiener ist spontan und fröhlich, darüber wundert die sich doch nicht, die soll sich doch freuen, dass sie bei uns eingeladen wird, nach sieben Jahren, und dann gleich mit dem Bürgermeister und zu diesem köstlichen Essen und mit weißem Tischtuch! Also, weißt du, das ist eine wirklich gute Idee, die mir da gekommen ist. Sie hat doch auch noch einen Balkon mit Meeresblick und du weißt, dass Gretel und Herbert auch gerne ein Haus kaufen wollen, und unverbauter Meeresblick ist nicht mehr zu bekommen.

Ja, ich weiß, dass die noch lebt, ist ja nur so eine Idee. Man könnte einfach mal so darüber plaudern, ob sie schon mal überlegt hat, zu den Kindern runter nach Bordighera zu ziehen, weil die Beine auch nicht mehr so mitmachen …

Unterbrich mich doch nicht! Ist ja schon gut, laden wir sie eben nicht ein, ich dachte nur, sieben ist eine blöde Zahl.

Ich könnte auch einfach mal Kapern drantun. Das haut die um, was meinst du?

Ich meine, wir müssen uns ja nicht stur an alles halten, nur um nicht aufzufallen, wir fallen sowieso auf. Obwohl die Italienerinnen jetzt alle blond sind, hast du das gesehen?

Klar, nicht alle. Heute legst du jedes Wort, das ich sage, auf die Goldwaage. Und sie haben mit die niedrigste Geburtenrate, habe ich gelesen. Das stimmt niemals, die zweite Tochter vom Metzger ist schon wieder schwanger, das dritte. Das sitzt da drin, das Katholische, was glaubst du denn? Auf dem Dorf. Diese Statistiken stimmen einfach nicht. Ich sag ja gar nichts, reg dich doch nicht auf, du bist heute so empfindlich, du meine Güte. Ich sag ja nur, hier ist auch nicht alles nur toll, nur wegen des Sonnenuntergangs.

Guck mal, guck mal, dieses Licht! Cézanne, ich sage nur Cézanne. Gibt es eigentlich italienische Maler? Ich meine, warum haben die ihr Licht nicht selber gemalt? Eher machen die es in Musik und Fußball, viele Komponisten gibt's und ein paar Schriftsteller.

Sag mal, Rosmarin auf jeden Fall? Ich muss mich mal konzentrieren. Die Tomaten schmecken hier einfach besser, das ist wahr. Die aus Hamburg mit den drei Terrassen, was ich übertrieben finde, die vermietet nie an Italiener, das weiß jeder. Sie sagt nicht, warum, aber an Engländer. Ja, ich weiß, dass ich das schon mal gesagt habe, fällt mir nur gerade ein wegen der Tomaten, die können sie wirklich. Reich mir mal den Rosmarin, per favore, das riecht auch anders als zu Hause, grazie.

Den habe ich aus dem Garten von diesem einen kleinen Alten.

Giovanni? Wenn du es sagst, die heißen alle Giovanni oder Mario. Das kann ich mir nicht merken, wirklich nicht, das kann mir keiner übelnehmen, wenn die alle gleich heißen.

Nein, das sage ich nicht, dass sie alle gleich aussehen! Also hör mal, ich bin doch nicht rassistisch, das geht zu weit. Das würde ich nie sagen. Ich habe nur gesagt, die heißen alle gleich. Das gibt es bei uns natürlich auch, dass bestimmte Jahrgänge gleich heißen.

Was trinken wir denn? Warte mal, so, jetzt noch Pfeffer, den Sugo, oder heißt das »das« Sugo? Und die Sardellen und Oliven rein, das sieht ganz hübsch aus mit den grünen Oliven, rot die Tomaten, weiß das Huhn und der Knoblauch und grün die Oliven, das ist doch eine Reverenz an die italienische Fahne. Oder?

Gar nicht albern, ich finde das hübsch.

Habe ich was vergessen? Knoblauch. Weißwein. Backofen an. Prima, jetzt deck mal den Tisch, ich trinke schon mal was. Was trinken wir denn? Ich habe französischen und chilenischen Wein, den italienischen habe ich jetzt am Pollo dran.

Nun schimpf doch nicht gleich!

Ja, das ist blöde, dass wir keinen italienischen mehr haben, der ist jetzt an der Sauce. Ich kann mir das einfach nicht merken, was die hier anbauen, die sind nicht so berühmt, diese Weine von hier, das hat man nicht so im Kopf, also habe ich mal die französischen mitgebracht und den chilenischen aus dem Supermarkt, das passt doch prima und die merken das nicht, das sind Blumenbauern.

Jetzt bist du schon wieder sauer, man darf wirklich nichts sagen heute!

So, ich mache mal den Tisch fertig. Das sieht nicht gut aus mit sieben. Hör mal, geh doch mal die Nachbarin fragen. Das wäre so günstig wegen Gretel! Wenn man ihr was Gutes vorsetzt und nett mit ihr redet. Das kannst du doch!

Nun warte doch mal! Wir müssen noch besprechen, wie du das dem Bürgermeister mit dem Aufstocken beibringst.

Sicher machst du das. Ich koche schön und bediene und bin nett und du redest mit ihm wegen des Ausbaus, dass er den Denkmalschutz mal eine Weile vergisst. Dafür laden wir ihn zu diesem guten Essen ein. Bleib hier, habe ich gesagt! Wir müssen das noch genau planen, wie das Gespräch laufen soll!

Wieso verwandt?

Mario!

Das hast du mir noch nie gesagt, dass diese Nachbarin deine Cousine ist. Hast du doch?

Wer soll sich denn in diesen riesigen italienischen Familien auskennen! Ich habe das nicht behalten. Du mit deinen Cousinen. Und ihr redet immer so schnell, damit ich nichts verstehe. Und immer so indirekt. Du willst das nur nicht wahrhaben. Also, mit dem Bürgermeister …

Was machst du denn da? Fuchtel doch nicht mit dem Messer so rum.

Mario! Tu das weg, damit macht man keine Witze.

Mario! Tu das Messer weg, verdammt noch mal!

Mario, der Backofen!

Mario? Mario!!

Das weiße Tischtuch … Nein!!

So viel Blut.

Mario?

Ich hab das nicht so gemeint, das mit deinen Cousinen …

Pollo Genovese

ZUTATEN (FÜR 4 PERSONEN)

2–3 Knoblauchknollen • etwas Olivenöl • gut 1 kg enthäutete, entkernte Fleischtomaten (auch aus der Dose möglich) • 1 Glas Sardellenfilets • 1 Bund glatte Petersilie • 1 kräftiges Hähnchen oder 4 Hähnchenkeulen • 2 Handvoll schwarze Oliven (möglichst Taggiasca) • 1–2 Zweige Rosmarin • 250 ml Weißwein (möglichst Vermentino) • Salz, Pfeffer

ZUBEREITUNG

Zwei bis drei Knoblauchzehen in Olivenöl anziehen lassen, die Tomaten dazugeben, kräftig salzen und ca. 1 Stunde köcheln lassen.

Zwischenzeitlich die Sardellen abspülen, fein hacken und mit der fein geschnittenen Petersilie vermischen. In den letzten 10 Minuten zum Tomatensugo geben.

Backofen auf 200–220 °C vorheizen.

Das ganze Hähnchen zerteilen (Keulen und zwei Brustteile nehmen, die Flügel und den Rücken anderweitig verwenden), in eine großzügig geölte Kasserolle geben und gut pfeffern. (Der Tomatensugo ist salzig genug.)

Den fertigen Sugo so auf das Huhn geben, dass es bedeckt ist. Oliven, eine Handvoll Knoblauchzehen und die Rosmarinzweige darauf verteilen.

Im Backofen ca. 45 Minuten (je nach Backofen)

garen, in der letzten Viertelstunde den Weißwein angießen.

Rosmarinzweige entfernen, die Kasserolle auf den Tisch stellen, die Hähnchenteile oder Keulen verteilen, von der Sauce nimmt sich jeder selber.

Dazu: kräftiges Brot mit kross gebackener Kruste, als Wein einen ligurischen Vermentino.

Der Vollstrecker

Susanne Mischke

Ich gehe im Kreis herum durch die Stadt, wann immer ich Zeit finde: Via Po – Piazza Castello – Via Roma. Piazza San Carlo – Via Carlo Alberto – Via Lagrange. Piazza Carignano – Piazza Carlo Alberto – Via Po. Ich bemerke die Zeichen. Manchmal reicht eine fahrige Bewegung, eine hastig vor das Gesicht gezogene Sonnenbrille, ein Löffel, der hektisch in einer Tasse Cappuccino rührt, sodass die Milch über den Rand schwappt. Ich erkenne sie an der Art, wie sie durch die Bogengänge der Via Roma huschen, den Blick starr nach vorn gerichtet, wie sie ab und zu ohne ersichtlichen Anlass mitten im Gehen anhalten, zurückweichen hinter eine Säule, oder plötzlich ganz und gar interessiert die Auslage eines Schaufensters betrachten. Sie sind Jäger und Getriebene zugleich. So wie die Frau dort drüben, im schwarzen Kleid: Sie steht im Schatten der Arkaden, für die diese Stadt berühmt ist, und starrt auf die Fensterscheibe des Café Fiorio in der Via Po.

Ich weiß, was in ihr vorgeht. Wochenlang bin ich Emilia durch die Stadt gefolgt; sah sie durch die Fenster der Boutiquen, verfolgte sie bei ihren *fè la spèisa,* ihren Einkäufen: Kleider, Tücher, Dessous – für *ihn*. Ich sah sie Händchen haltend über die Piazza Castello schlendern, bummelte nur scheinbar müßig über den Wochenmarkt und durch die antiken Gassen des Flohmarkts Balôn, wo sie für ihn einen Glücksbringer kaufte. Als ob er den noch gebraucht hätte. Ich schlich ihnen nach durch die prächtigen Säle des Palazzo Reale und durch das Ägyptische Museum. Mit *ihm* betrachtete sie die barocke Stadt, in der sie seit dreißig Jahren lebte, besuchte die Orte, von denen man sich Schönheit verspricht – und eine gewisse Anonymität zwischen den Touristen. So etwas macht eine Frau nur, wenn sie verliebt ist: das Vertraute mit neuen Augen betrachten.

»Ich sehe, Sie quälen sich«, sage ich zu der jungen Frau im engen schwarzen Kleid.

»Was wollen Sie?«, fragt sie mir ihren vollen, blutrot geschminkten Lippen.

»Ich kann Ihnen helfen.«

»Ich brauche keine Hilfe«, sagt sie abweisend und noch immer ohne den Blick von der Fassade des Cafés zu wenden.

Ich kenne diesen Blick. In der Galleria Subalpina spähte ich durch die Scheibe des Café Baratti & Milano, sah, wie er sie küsste und ihr ein Gianduiotto in den Mund steckte. Dabei behauptete sie immer, von Nougat bekäme sie Zahnschmerzen.

Ich will nicht länger daran denken.

»Ich weiß, was Sie fühlen«, sage ich.

»Ach ja?«

»Sie wünschen sich, er wäre tot.«

»Nein. Ich wünsche mir, *sie* wäre tot.«

Endlich sieht sie mich an, nimmt sogar die Sonnenbrille von den geröteten Augen.

»Viermal in der Woche treffen sie sich. Viermal!« Sie kämpft mit den Tränen. »Er hat kaum Zeit für mich. Er kauft ihr Blumen. Jede Woche einen teuren Blumenstrauß.«

»Er braucht eine Warnung«, schlage ich vor.

Sie schüttelt den Kopf und zündet sich eine Zigarette an. Raucht in kurzen, hektischen Zügen. »Es wird erst aufhören, wenn sie tot ist«, sagt sie.

Auch solche Gedanken sind mir vertraut, seit ich zusehen musste, wie Emilia mit *ihm* durch die Mole Antonelliana emporschwebte. Meine Emilia an *seiner* Brust. Das Filmmuseum, einst Synagoge, heute Wahrzeichen der Stadt und eines der höchsten Mauerwerke der Welt, war ihnen gerade hoch genug. Dabei konnte sie nicht einmal vom Balkon im dritten Stock unserer Wohnung auf die Via Bava hinunterschauen, ohne dass ihr schwindelig wurde. Ich versprach dem Teufel – denn der ist in Turin zu Hause – auf der Stelle meine Seele, wenn er den

Aufzug in die Tiefe stürzen lassen würde. Er wollte sie nicht.

»Lassen Sie mich Ihnen behilflich sein«, sage ich.

»Was wollen Sie dafür?«

»Nichts.«

Das ist ihr zu wenig, ich sehe es an ihrem Blick. »Wenn Sie einer von diese okkulten Spinnern sind, dann verpissen Sie sich.«

Ihr Misstrauen ist berechtigt. Man muss wissen, dass in und um Turin schätzungsweise an die fünfzigtausend Sektierer und Teufelsanbeter leben, und noch mehr von diesen bedauernswerten Irren kommen das ganze Jahr über als Gäste in die Stadt. Sogar die Stadtverwaltung paktiert inzwischen mit der Hölle: Es gibt mystische Stadtführungen. *Magic Tours.* Nach Einbruch der Dunkelheit schleust man die Besucher durch die Gassen und Hinterhöfe des historischen Zentrums, wo sie an den Fassaden der Paläste »magische« Figuren und Verzierungen aus allen Stilepochen entdecken. Natürlich ist die eine oder andere versteinerte Fratze dabei, die den Touristen im Fackelschein wohlige Schauder über den Rücken jagt. Dieser Mummenschanz tobt sich ausgerechnet in der Stadt aus, der es vergönnt ist, die berühmteste Reliquie der christlichen Welt, das Turiner Grabtuch, zu beherbergen! Aber wo viel Licht ist, ist auch viel Schatten. Manchmal folge ich so einer *Magic Tour* heimlich und erprobe in einem günstigen Moment die Wirkung einer neuen Kreation. Aber davon später. Nur eins noch: Die Turiner »Magier« sind allesamt Schwindler. Fünfzigtausend Lire habe ich damals in meiner Verblendung und Verzweiflung für einen Liebeszauber ausgegeben, den eine schmierige Alte mit schwarz umrahmten Augen anbot und der selbstverständlich nicht wirkte. Und noch einmal so viel investierte ich in einen Schadenszauber an meinem Rivalen, durchgeführt von einem grauhaarigen Buchhalter, der sich Schamane nannte. Eine Maßnahme, die ebenfalls wirkungslos verpuffte.

»Es geht mir um Anstand«, erkläre ich. Ja, das ist es. Anstand. Treue. Verlässlichkeit. So hat mich meine Mamma erzogen. Und ich Schaf glaubte lange Zeit, alle Frauen wären so wie Mamma. Auch Emilia. Besonders Emilia. Die beiden haben sich nie verstanden.

Nachdem Emilia fort war, bin ich wieder zu Mamma gezogen. Ich weiß, ich weiß ... Die Welt lacht über uns, man nennt uns Muttersöhnchen, weil über ein Drittel der Italiener mit über dreißig Jahren noch immer zu Hause wohnt. Schuld daran sind die hohen Mieten, der Katholizismus und die Kochkünste der italienischen Frauen der Müttergeneration. Dies gilt ganz besonders in Turin, der Hauptstadt des guten Geschmacks. In der Tat macht niemand so köstliche Agnolotti mit Fleischfüllung wie meine Mamma. Und erst ihr Piemontesischer Weinschmorbraten und ihr Vitello Tonnato ...

Das falsche Paar kommt aus dem Café. Er hält galant ihren Arm. Sie trägt einen mondänen Hut, der ihr Gesicht beschattet. Sie scheint älter zu sein als er. Doppelt schmerzlich für die schöne junge Dame, deren Gesichtszüge beim Anblick der beiden versteinern. Sie zertritt die halb gerauchte Zigarette und dreht, ohne es zu bemerken, nervös an ihrem Ehering. Es muss etwas geschehen. Gewisse Dinge kann man nicht durchgehen lassen.

Ich entschuldige mich rasch bei der jungen Frau. Es gilt, einiges zu recherchieren: Wohnung, Gewohnheiten, tägliche Wege. Schon werden aus Betrügern Gejagte. Die Beschattung fällt mir leicht. Ich habe Übung darin, und ich bin ein Durchschnittstyp: mittelgroß, mittelalt, das Haar mittelbraun. Nicht schön, nicht hässlich, absolut unauffällig. Kaum jemand behält mein Gesicht im Gedächtnis, es ist zu beliebig.

Meine Arbeit unterstützt mein Wirken. Ich bin Restaurator im Museo della Marionetta – dem Puppenmuseum. Es beherbergt über zehntausend Marionetten, Puppen und Masken, dazu Bühnenbilder und Szenenzubehör aus aller Welt. Natürlich habe ich noch nie ein Museumsstück zweckentfremdet. Niemals würde ich mich am Kulturgut meiner Stadt vergreifen. Diese Raritäten dienen mir lediglich als Vorlage. Zum Beispiel die fast lebensgroße Marionette eines Pestkranken: Wächsern schimmert das polierte Holz, schwarzschorfig klaffen die Abszesse auf den ausgezehrten Wangen. Mit einer hervorragend gelungenen Kopie des Pestopfers wurden schon zwei flatterhafte Ehemänner auf den Pfad der Tugend zurückgeführt. Auch eine Teilnehmerin einer dieser obskuren Stadtführungen hatte eine Begegnung mit dem Aussätzigen, gleich hinter der Kirche Gran Madre de Dio. Es war ein Herbstabend, schon etwas neblig, die Frau erschreckte sich zu Tode. Das kommt vor. Nicht oft, aber gelegentlich. Apropos Tod. Der ist im Museum allgegenwärtig. Ebenso der Teufel. Zwei eindrucksvolle Tod- und Teufel-Masken fertigte ich an, welche stets zuverlässig ihre Dienste geleistet haben. Wer widersetzt sich schon, wenn einem der Teufel ins Gewissen redet?

Ein besonderes Stück ist die Maske eines spanischen Inquisitors aus dem sechzehnten Jahrhundert. Das Beeindruckende ist, dass man auf den ersten Blick nichts Übertriebenes an ihr entdeckt. Keine Hörner, glühenden Augen, Fangzähne oder dergleichen Firlefanz. Man könnte sich durchaus vorstellen, dass es einen Menschen gibt, der so wie die Maske aussieht. Es ist sogar wahrscheinlich, dass es diesen Menschen gab, und man mag nicht an die denken, die ihm in die Hände fielen. Die fahlen Gesichtszüge zeugen von absoluter Kälte, Grausamkeit und Bosheit, der Blick aus den toten Augen lässt einem das Blut in den Adern gefrieren. Erst recht, wenn einem die Gestalt unerwartet und bei entsprechender Beleuchtung gegenübertritt …

Zur Kapelle des Heiligen Tuches gelangt man

vom Dom aus. Das Innere der Kapelle ist zum Zeichen der Trauer ganz mit schwarzem Marmor verkleidet. Ebenfalls aus schwarzem Marmor sind die beiden barocken Treppenaufgänge.

Eilte Emilia über diese Stufen zum Rendezvous, oder wollte sie in der Kapelle ihre Sünden bereuen? Ich habe es nie erfahren. Denn ehe der »Inquisitor« sie auffordern konnte, ihr verwerfliches Tun zu beenden, begann sie zu schreien, ergriff die Flucht und stürzte mit ihren hohen Absätzen die Marmorstufen hinunter. Wie Sonnenstrahlen lag ihr blondes Haar auf dem schwarzen Stein. Das Blut, das zäh darunter hervorsickerte, konnte man kaum erkennen. Ich schlug ein Kreuz über meiner Brust und entfernte mich vom Ort des »tragischen Unglücks«, wie es Tage später in der Zeitung hieß.

Damals, vor zehn Jahren, habe ich den Inquisitor das erste und letzte Mal eingesetzt. Aber heute scheint er mir genau der Richtige für den abtrünnigen jungen Mann. Es ist zwar nur natürlich, dass die Frau im schwarzen Kleid den Tod der Geliebten ihres Gatten herbeisehnt, aber die Erfahrung hat gezeigt, dass es meistens besser ist, das Übel an der Wurzel zu packen. Der Ehepartner ist es, der eine Warnung benötigt. Wenn das nichts fruchtet, kann man über weitere Schritte nachdenken.

Es ist ein Abend im November, Nebel schwebt über dem Wasser des Po, und der junge Mann, der längs der Murazzi – der mächtigen Uferbefestigung aus napoleonischen Zeiten – entlanggeht, hat den Kopf gebeugt und die Hände tief in den Taschen seiner Jacke vergraben. Es sind kaum Passanten unterwegs. Nur im Sommer flanieren hier die jungen Leute in Scharen auf und ab und brüllen in ihre *cellulari*. Jetzt ist alles still.

Er sieht mich nicht an, als ich auf ihn zugehe, erst als ich mit hohler Stimme seinen Namen rufe: »Ascanio!«, bleibt er stehen.

Er hebt den Kopf, seine Augen weiten sich. »Wer sind Sie?«

»Du kommst von der anderen Frau.«

»Ich? Nein! Was wollen Sie von mir?«

Widerstand also. Ich muss andere Saiten aufziehen. Ich mache einen Schritt in seine Richtung. Aus meinem wehenden Mantel fährt eine knöcherne Hand und zeigt auf ihn. Die andere hält eine Fackel, die sich nun, wie von Zauberhand, mit einem Fauchen selbst entzündet. Ein alter Trick, den mir ein Jahrmarktszauberer irgendwann beigebracht hat. Meine Bemühungen zeigen Wirkung. Mein Gegenüber schlottert vor Angst.

»Diese Frau, die du viermal in der Woche triffst – das wird aufhören. Es verletzt deine Ehefrau, das dulde ich nicht. Komm zur Besinnung, sofort!« Ich spreche langsam, bestimmt und ein bisschen heiser. Zur Untermalung der Szene steigt genau im richtigen Moment eine Nebelschwade vom Fluss über die Mauer und hüllt uns ein.

»Meine Mamma? Ich soll meine Mamma nicht mehr treffen?«, ruft Ascanio entsetzt. »Das kann niemand von mir verlangen.« Er kommt auf mich zu, kneift die Augen zusammen. »Wer sind Sie überhaupt?«

Ich werfe die Fackel nach ihm und dann renne ich und renne und renne. Er folgt mir nicht. Erst auf der Piazza Castello, vor der Kirche San Lorenzo, mache ich Halt, ringe nach Luft und reiße mir die Maske vom Kopf. Bei allen Teufeln! Da wäre mir doch beinahe ein schwerer Fehler unterlaufen.

Zitternd vor Kälte und Schrecken erreiche ich die Wohnung. Mamma ist noch auf und bereitet mir einen Bicerin, eine Mischung aus Schokolade, Milch und Kaffee. Ich drücke ihr einen Kuss auf die Wange und setze mich zu ihr vor den Fernseher.

Was hat dieses unselige Weibsbild im schwarzen Kleid von mir verlangt? Den Tod der Mamma! Den Tod der Mutter eines gewissenhaften Sohnes. Eines Sohnes, der sich in durchaus angemessenem Rahmen um seine Mamma kümmert. Was für eine infame Hexe!

So etwas werde ich auf gar keinen Fall durchgehen lassen.

Vitello Tonnato

ZUTATEN (FÜR 4–6 PERSONEN)

600 g Kalbsnuss • 1 Stange Staudensellerie • 1 Karotte • 1 Zwiebel • 3/4 l Weißwein • 1 Lorbeerblatt • 2 Gewürznelken • 1 TL Salz

SALSA TONNATO

1 Dose Thunfisch ohne Öl (150 g) • 3 eingelegte Sardellenfilets • 2 Eigelb • 200 ml Olivenöl • 3 EL Kapern • 2 unbehandelte Zitronen • 2 EL Weißweinessig • Salz, Pfeffer aus der Mühle

ZUBEREITUNG

Kalbsnuss in einen Topf oder Gefrierbeutel legen. Weißwein angießen. Sellerie in grobe Stücke, Karotten in grobe Scheiben schneiden und Zwiebeln schälen, grob hacken. Zusammen mit dem Lorbeerblatt und den Gewürznelken in die Marinade geben. 24 Stunden durchziehen lassen. Während dieser Zeit das Fleisch einige Male wenden.

Fleisch in einen Topf geben. So viel Wasser angießen, dass das Fleisch gerade bedeckt ist. Zum Kochen bringen und Salz beigeben. Bei geringer Hitze im offenen Topf knapp eine Stunde gar ziehen lassen, sodann im Sud abkühlen lassen.

Im Mixer gut abgetropften Thunfisch, abgewaschene, getrocknete und kleingeschnittene Sardellen, Eigelb, 2 EL Kapern mit dem Saft von ½ Zitrone und Weinessig fein pürieren, einige EL von der Kalbsbrühe und etwa 200 ml Olivenöl nach und nach in dünnem Strahl einfließen lassen. Mit Salz und Pfeffer würzen. Die Sauce soll glatt, cremig und nicht zu fest sein. Eventuell mit Kalbsbrühe verdünnen, bis die richtige Konsistenz entsteht. Kalbfleisch in möglichst dünne Scheiben aufschneiden, auf einer Platte anrichten. Gleichmäßig mit der Thunfischsauce bestreichen, mit Klarsichtfolie abdecken, kaltstellen und 3–4 Stunden ziehen lassen.

Vor dem Servieren 1½ Zitronen in dünne Scheiben schneiden, das Kalbfleisch damit garnieren. 1 EL Kapern darüber streuen. Gut gekühlt servieren, dazu passt Weißbrot.

Venezianische Romanze

Nina Schindler

Gunter wollte nie nach Venedig.
Ganz im Gegensatz zu mir.

Ich wollte unbedingt nach Venedig reisen, seitdem ich als Fünfzehnjährige den Film »Liebesgrüße aus Moskau« gesehen hatte, wo James Bond ein waghalsiges Motorbootrennen durch den Canal Grande und seine Seitenkanäle vor der Kulisse der unglaublich dekorativen Palazzi natürlich gewinnt und anschließend in einem Luxushotel den Sieg über den Feind stilvoll mit Champagner und einer Blondine feiert. Ich sah mich in meinen Tagträumen am Arm eines bildschönen Conte als seine Contessa durch die Paläste schreiten oder tanzen, sah mich im Glanz von Kronleuchtern von kostbarem Porzellan speisen und aus Kristallkelchen trinken – ich war mir ganz sicher: Wenn ich es richtig anstellte, würde mein Traum wahr werden.

Ich wollte also unbedingt nach Venedig und ich bekomme immer, was ich will – wenn auch manchmal mit einer leichten Verzögerung. Zunächst einmal brauchte ich den richtigen Reisegefährten mit entsprechend gefüllter Brieftasche und deshalb hatte Gunter – damals noch mein Chef – keine Chance, als ich meine Netze nach ihm auswarf. Mitte fünfzig, graumeliert, immer noch sportgestählt und gut betucht schien er mir sehr geeignet für den Posten als Gondelbegleiter, und es dauerte auch nur wenige Monate, bis er mir einen Antrag machte. Natürlich hatte ich als Zielort unserer Flitterwochen Venedig bestimmt, doch dann lief in der Firma etwas schief. Wir mussten bleiben, weil er unabkömmlich war. Das blieb er auch weiterhin, und ich musste zu Hause in Gunters Riesenvilla Repräsentationspflichten erfüllen, die einen Single-Urlaub nicht zuließen.

Ich knirschte mit den Zähnen und haderte mit dem Schicksal, doch obwohl ich zu allen Geburtstagen und Weihnachtsfesten den versprochenen Urlaub in Venedig erneut in Aussicht gestellt bekam, geriet immer wieder etwas dazwischen und wir mussten zu Hause bleiben. Stattdessen überhäufte Gunter mich mit Schmuck, doch auch die funkelndsten Juwelen und die schimmerndsten Perlen konnten mich nicht darüber hinwegtrösten, dass ich immer wieder meinen Traum von einer Reise nach Venedig aufschieben musste.

Nach fünf Jahren venedigloser Ehe hatte ich die Nase voll von diesem Workaholic-Ehemann und schmiedete schon Ausbruchspläne, als plötzlich das Schicksal eingriff: Gunter erlitt einen Herzinfarkt und musste in Rente gehen. Sein Sohn und seine Exfrau bemächtigten sich der Firma, doch das war mir egal, denn mein Gatte hatte uns finanziell bestens versorgt. Nun hätte einem ausgedehnten Urlaub in Venedig nichts mehr im Wege gestanden, doch anstelle des hyperaktiven Mannes saß jetzt ein Tattergreis im Lehnstuhl, der partout keinen Fuß mehr vor die Tür setzen wollte. Allein lassen durfte ich ihn auch nicht, da er auf ständige Betreuung angewiesen war.

Was blieb mir anderes übrig, als ihm eine Überdosis seines Medikaments zu verabreichen, wohl wissend, dass niemand mir dergleichen würde nachweisen können … Gunter war nämlich noch durchaus fähig, seine Pillen selbst einzunehmen. Als er nach einem kurzen Koma in die ewigen Import-Export-Jagdgründe einzog und sein Sohn dreiste Anschuldigungen gegen mich erhob, konnte ich die Fragen der untersuchenden Kriminalbeamten unter Tränenströmen zufriedenstellend beantworten. Der Hauptkriminalkommissar war voller Verständnis für meine tragische Situation als junge Witwe. Dezent reichte er mir eine Packung Papiertaschentücher, während er mir immer wieder versicherte, dass diese Fragen reine Routine bei solchen Vorfällen seien: Er könne die Akte nun schließen.

Nach der Mindesttrauerfrist erklärte ich allen Bekannten, ich müsse mich von dem Schrecken erholen, und reiste Ende Januar nach Venedig, genau richtig zum Karneval. Ich nahm mir eine Suite im Danieli ganz nah dem Markusplatz und durchstreifte tagelang selig die Stadt meiner Träume. Bald auch schon nicht mehr allein, denn quasi aus dem Nichts war Alberto aufgetaucht, ein blendend aussehender Latin Lover, der genau wusste, wo es die günstigste Gondel, den spritzigsten Prosecco gab und vor allem: Wie man an die begehrten Einladungen zu den wichtigsten Karnevalsbällen kam. Er schien alle Blaublütigen und jede wichtige Familie Venedigs zu kennen, wo immer wir auftauchten, standen wir im Mittelpunkt des Geschehens. Ich vermeinte zu schweben, kaufte die prächtigsten Ballkleider und Masken und tanzte mit Alberto durch die Nächte.

Mein Traum war Wirklichkeit geworden und Venedig war noch viel geheimnisvoller, prächtiger und beeindruckender, als ich vermutet hatte. Tagsüber bummelten wir durch die winzigen Gässchen, überquerten zierliche Brücken und erlebten die Stadt abwechselnd bei Sonnenschein, Nebel oder Regen, und immer übte sie ihren Märchenzauber auf mich aus: Ich fühlte mich wie eine Prinzessin, die endlich in ihr Schloss heimgekehrt war und sich an all der Schönheit um sie herum gar nicht satt sehen konnte – auch wenn manche Palazzomauer bröckelte oder schimmelte, tat das der magischen Wirkung keinen Abbruch. Alberto schien alles über jeden einzelnen Backstein, jeden Brunnen und jede streunende Katze zu wissen. Er war ein höchst kenntnisreicher Führer durch den Irrgarten der Gässchen und Sträßchen. Fragen nach seinem sonstigen Leben wehrte er in gebrochenem Deutsch lachend ab, ich hakte auch nicht nach, denn mir war klar, dass er als Gigolo kaum etwas Ehrenhaftes von sich hätte erzählen können. Doch als Kenner des venezianischen Luxuslebens war er für mich der beste Führer durch die Lagunenstadt, den ich mir wünschen konnte. Wenn wir in den schönsten Restaurants der Stadt speisten – im Cipriani, im Corte sconte oder in der Hostaria da Franz –, erklärte er mir den Unterschied zwischen Jakobs- und Kammmuscheln (erstere sind größer) und beschrieb mir, wodurch Nudelteig die verschiedenen Farben erhält – obwohl er zugegebenermaßen noch nie selbst welche zubereitet hatte. In seiner Gesellschaft schmeckte mir sogar die Leber alla Veneziana, die ich seit Kindertagen verabscheut hatte, er lehrte mich Hummer, Langusten und Gambas zu essen, ohne dass ich mir meine schönen Kleider bekleckerte, und Pinot Grigio von Chardonnay zu unterscheiden.

Der Karneval strebte seinem Höhepunkt zu: Maskierte Menschenmassen drängelten sich durch die Straßen und auf den Plätzen, wildfremde Männer tranken mir zu und versuchten einen Kuss zu erhaschen, nachts auf den Bällen tanzte ich mir im

Licht hunderttausender Lüsterkerzen die Füße wund. So sehr fühlte ich mich in meinem Element, dass ich immer häufiger meinte, bekannte Gestalten und Masken zu sehen und vertraute Stimmen zu hören. Besonders ein mit Dreispitz, Halbmaske und Cape kostümierter Unbekannter schien immer wieder neben, hinter oder vor mir aufzutauchen, dabei flüsterte, hauchte und schwor er mir seine Verehrung. In meinen Träumen sah ich in ihm den von mir so heiß ersehnten Conte, der mich zu seiner Contessa machte und mir den schönsten Palazzo Venedigs als zukünftiges Heim darbot. Ich flirtete mit ihm und allen anderen vermeintlichen Grafen hinter ihren Masken. Das ging so weit, dass Alberto regelrecht eifersüchtig wurde – was ich ungemein genoss. Aus der Zufallsbekanntschaft mit meinem Latin Lover war eine regelrechte Liaison geworden, und ich war nicht abgeneigt, Alberto in meiner nächsten Zukunft ein Plätzchen einzuräumen. Ich war endlich in Venedig, war in Alberto verliebt: Alles war vollkommen.

Diese Pläne zerschlugen sich jedoch schlagartig, als ich nach einem ausgelassenen Bummel durch den venezianischen Graupelregen in meiner Suite ein Bad nehmen wollte und vor dem Eintauchen merkte, dass ich meine neu erstandene Rosenseife noch nicht ausgepackt hatte. Ich öffnete die Tür und sah Alberto vor dem offenen Safe stehen, wie er meinen Schmuck mit Kennermiene begutachtete. Das rauschende Badewasser hatte mein Hereinkommen übertönt, deshalb schrak er heftig zusammen, als ich ihn plötzlich anschrie.

Er ließ das Collier und die Ringe fallen, kam einen hastigen Schritt auf mich zu und flehte: »Piano! Piano! Ich erklären!«

Ich schwieg. Er atmete schon erleichtert auf, als ich einen blitzschnellen Schritt zur Seite machte, nach der Champagnerflasche griff und sie ihm gegen die Schläfe schmetterte. Mit einem ächzenden Laut sank er in sich zusammen und lag vor mir auf dem teuren Orientteppich, glücklicherweise ohne ihn mit Blut zu beschmutzen. Ich tastete nach seinem Puls: nichts. Ich sah ihm in die erstaunt geöffneten Augen: Sie blickten starr. Ich hielt die Flasche vor seinen zum Schrei aufgerissenen Mund: kein Beschlagen, nichts. Er war tot. Zu dumm.

Splitterfasernackt stand ich mit der Champagnerflasche da und sah auf das Häufchen Alberto hinab, dem man den Latin Lover aus dieser Perspektive kaum noch ansah. Dann schaltete sich mein Verstand wieder ein. Das Hotelpersonal kannte Alberto als meinen Begleiter, ich konnte ihn also nicht als einen Eindringling hinstellen, dessen ich mich hatte erwehren müssen. Ihn als Dieb zu denunzieren schien ebenfalls wenig sinnvoll, denn ich konnte ihm die böse Tat nicht mehr nachweisen. Ich breitete seinen Mantel über den entseelten Besitzer, legte mich erst einmal in die Wanne und dachte nach.

Rosenduft hüllte mich ein und regte meine Phantasie an. Vor meine Suite floss der Canal Grande, doch das Schlafzimmer ging auf einen kleinen Seitenkanal hinaus. Ich würde Alberto im frühen Morgengrauen aus dem Fenster stürzen und den Fischen überlassen. Wenn mich niemand sah, konnte auch niemand darauf kommen, dass Alberto – wenn man ihn endlich fand – aus meinem Fenster ins Wasser gefallen war, und ich würde keine unangenehmen Fragen beantworten müssen. Ich stieg aus der Wanne und schob Alberto vorsichtig unter das Sofa, damit die Zimmermädchen ihn nicht zu Gesicht bekamen, wenn sie nachher das Bett aufdeckten.

Dann kleidete ich mich in meine prächtigste Robe, das Duplikat eines Ballkleids von Marie Antoinette, stürzte mich draußen ins Gewühl, eilte zum Palazzo Falier und mischte mich unter die feiernde Menschenmenge. Ich tanzte, trank, prostete den Fremden zu, die mir ihr Glas entgegenstreckten, und hatte Alberto schon fast vergessen, als ich um drei Uhr morgens wieder ins Hotel zurückkam. Nur mit Mühe hatte ich die Begleitung eines schlanken Dominos abwehren können, dessen Augen hinter der Halbmaske verwegen blitzten. Es war mir schwergefallen, doch ich musste vor weiteren Techtelmechteln erst die peinliche Angelegenheit mit Alberto erledigen.

Ich wartete noch zwei Stunden, bis auch die letzten Feiernden sich verliefen, das Hotelpersonal seine

Arbeit aber noch nicht wieder aufgenommen hatte. Dann zwängte ich den inzwischen schon etwas unbeweglichen Alberto im Dunkeln in seinen Mantel, zerrte ihn zum Fenster, wuchtete den schweren Männerkörper unter Aufbietung all meiner Kräfte hoch, hievte ihn schwer atmend über das Fensterbrett und ließ ihn in den Seitenkanal fallen. Fast lautlos versank er in den dunklen Fluten, und ich wunderte mich nachträglich, dass ich dieses Gewicht einmal so ohne Beschwerden hatte auf mir ertragen können. Die sorgsam abgewischte Flasche plumpste mit einem dezenten *Plopp* hinterher.

Eine Viertelstunde blieb ich am Fenster stehen, um die dunklen Fensteröffnungen im Hause gegenüber zu beobachten – doch nichts regte sich, keine aufgeregte Stimme protestierte oder forderte eine Erklärung. Zufrieden und erschöpft ob der ungewohnten Anstrengungen ging ich zu Bett und schlief sofort ein.

Ich hätte sicherlich noch länger geschlafen, doch um zehn wurde ich unsanft durch Telefonklingeln geweckt. Man teilte mir mit, jemand von der Polizia wünsche mich zu sprechen.

Ich bat die Herren herauf und zog mich rasch an. Ein Chanelkostüm und die dreireihige Perlenkette sollten mich als respektable Witwe ausweisen.

»Prego!«, rief ich, als es klopfte.

Zwei Herren traten ein, der größere von beiden kam auf mich zu. Er entschuldigte sich halb auf

Deutsch, halb auf Italienisch wegen der Störung, aber es gehe um einen Toten. Dann hielt er mir ein Foto hin. Es zeigte einen Alberto aus der Zeit vor unserer Bekanntschaft, aber er war zweifelsfrei zu erkennen: die blitzenden Zähne, das charmante Lächeln, die tadellose Haltung.

Ich gab zu, den Herrn zu kennen, und forderte eine Erklärung. Man teilte mir mit, dass er seinen Eltern meine Hotelsuite als derzeitige Adresse angegeben hatte. Leider seien in den frühen Morgenstunden die sterblichen Überreste besagten Sohnes aus einem Kanal gefischt worden und die Familie verlange eine Erklärung.

Ich beteuerte, den Toten seit dem vergangenen Nachmittag nicht mehr gesehen zu haben und deshalb allein auf einen Ball gegangen zu sein. Bedauerlicherweise könnte ich also über seinen Verbleib am gestrigen Tag nichts mehr sagen.

Die Herren von der Polizia entschuldigten sich noch einmal für die Störung und erhoben sich. Ich geleitete sie zur Tür und war froh, dass damit die ganze leidige Angelegenheit geklärt war.

»È tragico«, murmelte der kleinere der beiden im Hinausgehen. »Veramente tragico. Große Tragik, schlimm.«

»Si«, sagte ich und nickte bedauernd. »Ja, so jung und schon tot.«

Er hob die Achseln und sah mich aus verhangenen dunklen Augen an. »Nicht nur wegen jung. Èra il figlio di Principe Dareno. Sie verstehen? Capisce? Er sehr alter Adel. Molto vecchio. Viel Geld. Einziger Erbe. Famiglia finita.« Er lächelte traurig. »Grande Palazzo. Mamma mia, so armer junger Conte. Poveretto.«

Eiernudeln

Pasta all'uovo

ZUTATEN

200 g Mehl • 2 Eier

ZUBEREITUNG

Mehl in eine Schüssel geben, Mulde hinein drücken, Eier hineinschlagen und leicht mit einer Gabel verquirlen. Nach und nach das Mehl hinein rühren. Wenn alles gut vermischt ist, den Teig auf die leicht bemehlte Arbeitsfläche legen und kneten. Wenn man den sauberen Finger in den Teig bohrt und nichts daran kleben bleibt, stimmt die Mischung, andernfalls (wenn zu nass) etwas Mehl dazugeben oder (wenn zu trocken) noch mal mit nassen Händen kneten. Unter der umgedrehten Schüssel eine Stunde ruhen lassen.

Dann Teig von Hand ausrollen oder portionsweise in der Nudelmaschine bis zur gewünschten Stärke durchdrehen.

Schwarze Pasta: Ein Ei durch 70 ml Sepiatinte ersetzen und in das Mehl einarbeiten.

Grüne Pasta: Ein Ei durch 75 g gekochten und pürierten Spinat ersetzen.

Rote Pasta: Ein Ei durch 70 g gekochte und pürierte rote Bete ersetzen.

Gelbe Pasta: Eine Prise Safranfäden in 1 TL Wasser einweichen und in den Grundteig einarbeiten.

* * *

Sorpresa di mare

Meeresfrüchte in Tomatensauce

ZUTATEN

2 Tintenfischtuben • 2-mal ½ l Weißwein • 1-mal ¼ l Weißweinessig • 400 g Venusmuscheln (vongole) • 500 g Miesmuscheln (cozze) • 4 große Fleischtomaten • 4 Gambas • Salz, Pfeffer • ½ Bund Petersilie • 500 g Spaghetti

ZUBEREITUNG

Die gereinigten Tintenfischtuben in ½ l Weißwein und dem Weißweinessig köcheln lassen, wenn sie weich sind, in Ringe schneiden.

Die gewaschenen Venusmuscheln und Miesmuscheln in ¼ l Weißwein kurz aufkochen lassen, bis sich die Muscheln öffnen, dann das Fleisch herauslösen (geschlossene Muscheln wegwerfen!). Den Sud durch ein Mulltuch abgießen (wegen des noch verbliebenen Sands) und auf kleiner Flamme einkochen. Wenn er etwa auf ein Drittel reduziert ist, die überbrühten, geschälten und in Achtel geschnittenen Tomaten hineingeben, nach 5 Minuten auch die geschälten Gambas. (Diese nicht mehr extra kochen!) Wenn die Gambas rosa und gar sind, die herausgelösten Muscheln und Tintenfischringe dazugeben, mit Salz und Pfeffer abschmecken und die klein gehackte Petersilie darüber streuen.

Die al dente gekochten Nudeln in die Sauce geben und alles heiß servieren.

Ischia – Traum und Trauma

Niklaus Schmid

Der erste Törn

Wie ein Schatten glitt das Boot über das tiefblaue Wasser. Während Wolfram Klesse hin und wieder den Kurs korrigierte oder das Hauptsegel dichter holte, ließ er seinen Blick entlang der felsigen Küste von Ischia schweifen. Die letzte Ortschaft lag zwei Meilen hinter ihm, die Häuser, die sich als weiße Flecken vor dem goldbraunen Hintergrund abhoben, wurden spärlicher. Hinter ihm lagen nun auch die Strände mit den Sonnenschirmen, den Windsurfern und dem Kindergeschrei. Eine sanfte Brise umwehte ihn, er spürte Salzgeschmack auf den Lippen.

Zum ersten Mal, seit er den Hafen von Neapel verlassen hatte, konnte Klesse den Törn richtig genießen. Da war keine Stimme, die ihn auf Sehenswürdigkeiten aufmerksam machte, die Texte aus einem Kunstreiseführer zitierte, die ihn mit Zahlen über historische Schlachten und Altertümer anödete. Bis auf das Rauschen der Bugwelle entlang der Bordwand, einem gelegentlichen Möwenschrei und dem leichten Knattern des Focksegels war es herrlich still an Bord der Nina – denn Marga, Klesses Frau, lag in ihrer Koje und war die leiseste und sanftmütigste Ehefrau, die sich ein Mann nur wünschen konnte.

Marga schlief. Schon seit Stunden. Und sie würde noch lange schlafen.

Klesse pfiff ein Liedchen. Obwohl Pfeifen an Bord eigentlich tabu war, weil es angeblich die Windgeister herbeirief. Doch solche Bedenken störten Klesse im Augenblick wenig. Denn in diesem Moment öffnete sich auf der Steuerbordseite eine fast kreisrunde, von steilen Klippen umgebene Bucht.

»Ideal!«, entfuhr es Klesse. »Hier wird es passieren.«

Er löste die Sperre an der Windentrommel. Raschelnd fiel das Hauptsegel aufs Deck. Die ketschgetakelte Nina lief nur noch unter Fock und Besansegel.

Nachdem der Skipper die Selbststeuerungsanlage eingestellt hatte, stieg er den Niedergang hinunter. Er spähte in die Kabine. Da lag sie. Margas Miene war streng. Sie hatte kurzes, schwarzes Haar, das mit grauen Strähnen durchzogen war, ihre Lippen waren schmal und gerade. Der Mund einer enttäuschten Lehrerin, dachte Klesse.

Er ging in die kleine Schiffsküche, wo die Zutaten für das Abendessen bereitlagen: Tomaten, eine Avocado und eine Portion Garnelen, dazu sollte es Rigatoni geben. Zuerst kochte Klesse die Nudeln, dann bereitete er die Garnelen vor. Er löste die Krustentiere aus ihrer Schale und beträufelte sie, nachdem er mit einem spitzen Küchenmesser den dunklen Darm entfernt hatte, mit Limettensaft. Für ein, zwei Sekunden kam er sich komisch vor, dass er so methodisch vorging. Andererseits, man wusste nie, wie eine Sache ausging. Da war es besser, wenn man sich genau an die Anleitungen aus dem Kochbuch hielt:

Olivenöl in einer Pfanne erhitzen und die Garnelen darin anbraten. Ahornsirup und Essig dazugeben und alles gut schwenken …

Na ja, auf das Schwenken konnte er wohl verzichten.

Während er die Avocado halbierte und ihr Fruchtfleisch würfelte, übte er schon mal die Sätze, die er einem dieser Provinzcarabinieri sagen würde: Signore, meine Frau war von der langen Seereise müde, also habe ich mich um das Abendessen gekümmert. Irgendwann merkte ich, dass sich der Anker gelöst hatte. Da bin ich an Deck gegangen und habe ihn neu gesetzt. Als ich in die Kombüse zurückkam, sah ich den Qualm. Wie bitte, woran ich als Erstes …? Nun, an meine Frau! Ihr galt mein erster Gedanke. Denn, wie schon erwähnt, Marga lag schlafend in der Koje, sie musste ich retten. Für die Löschversuche war es dann zu spät. Wie es überhaupt passieren konnte, dass so plötzlich …? Nun, Signore, es stimmt, die See war ruhig, doch eine auslaufende Welle muss das Schiff in eine extreme Schräglage versetzt haben. Und dadurch …

Klesses Gedanken wurden unterbrochen. Er schnupperte. Aus der Bodenluke drang Gasgeruch. Darauf hatte er gewartet. Das Propangasgemisch war in den Kielraum gesickert. Unter Umständen konnte es dort lange Zeit lagern, so lange, bis eines Tages ein Funke – so etwas kam immer mal vor, wie der Skipper aus Berichten in Jachtzeitschriften wusste. Deshalb gab es sogenannte Gasschnüffler; moderne Jachten waren damit ausgerüstet, die Nina nicht. Es war ein unangenehmer süßlicher Geruch, der kurz darauf jedoch von dem appetitanregenden Duft des heißen Olivenöls überlagert wurde.

Als Klesse die Garnelen in die Pfanne legte und diese augenblicklich ihr Aroma entfalteten, begann sein Magen zu knurren. Im Gegensatz zu Marga, die sich am liebsten von Salat ernährte, aß Klesse gern und viel, normalerweise, heute gab es anderes zu tun.

Er ging an Deck, eine leichte Brise umfing ihn. Sein Blick fiel auf die verrosteten Wanten, die morschen Segel und das rissige Holz. Die Mahagoniaufbauten mussten dringend lackiert, die Fugen des

Teakdecks abgedichtet werden. Aufwändige Reparaturen waren nötig. Doch um diese Arbeiten selbst auszuführen, fehlte ihm die Zeit, um sie von anderen machen zu lassen, das Geld. Von Weitem machte die Segeljacht noch einen recht schönen Eindruck. Aber aus der Nähe betrachtet erkannte man, dass die Nina ein altes Mädchen war.

Was Klesse wirklich brauchte, war ein neues Schiff, und zwar eines aus pflegeleichtem Kunststoff. Eine solche Jacht würde er schon für vierzigtausend bekommen, also für das Geld, das die Nina wert war. Doch dieser Wert, das wusste er, bestand nur auf dem Papier der Versicherungspolice. Das höchste Angebot, das er bisher erhalten hatte, war nicht einmal die Hälfte. So war nun mal der Markt. Wer ein Boot suchte, zahlte viel, wer es verkaufen wollte, erhielt nur einen unverschämt niedrigen Preis.

Gekauft hatte Klesse das Schiff von dem Geld, das er mit Bauernmöbeln aus dem Gebiet der ehemaligen DDR verdient hatte. Doch die Zeit für abgebeizte Weichholzschränke war vorbei. Wer wollte das Gelumpe noch? Niemand! Sein kleines Antiquitätengeschäft hielt Klesse nur noch offen, um seiner Frau nicht in die Quere zu kommen, wenn sie nach Schulschluss ins Haus kam. »Essen schon vorbereitet, Wolfram? Hast doch sonst nichts zu tun.«

Es gab Männer, die sich damit abfanden. Klesse nicht, er wollte sich nicht bevormunden lassen. Und schon gar nicht auf seinem Schiff. Deshalb hatte er damals auch ganz bewusst in Italien und nicht etwa am Niederrhein nach einem Segelboot gesucht. Nachdem er die Nina übers Internet im Golf von Neapel gefunden und anschließend während eines Urlaubs mit einem Freund restauriert hatte, brachte er sie auch nicht, wie es andere aus seinem Bekanntenkreis gemacht hatten, nach Holland, sondern ließ sie in einer Marina nahe Neapel. Die Nina wurde seine Fluchtburg.

So war das über Jahre. Bis Marga vor einigen Wochen damit herausrückte, dass sie die Sommerferien ebenfalls auf dem Boot verbringen wolle. Mit dem freien Leben an Bord und den Abenden in einer neapolitanischen Trattoria, das war Klesse auf der Stelle klar gewesen, würde es fortan vorbei sein. Da halfen keine Argumente, dass das Leben auf dem engen Raum einer Segeljacht recht beschwerlich, bei Stürmen sogar gefährlich sein könne. Marga ließ sich von ihrer Idee, mit ihm einen Törn zu machen, nicht abbringen. Und auch beim Reiseziel setzte sie sich durch. Nicht Sorrent, nicht Salermo, Orte, die Klesse vorgeschlagen hatte, sondern Ischia sollte es sein. Warum? »Darum!«, hatte sie ungehalten erwidert und dann doch noch hinzugefügt: »Weil ich dort schon mal vor vielen Jahren mit einer Studienkollegin gewesen bin.« Ende der Diskussion.

Also, Ischia. Dann eben hier.

Klesse löste sich von seinen Gedanken. Mit zusammengekniffenen Augen schaute er in Richtung

Land. Er schätzte den Abstand auf eine knappe Meile.

»Gerade richtig«, murmelte er, holte die Fock ein und setzte den Anker. Wieder unter Deck, öffnete er das Schapp mit den persönlichen Dingen. Reisepass, Scheckkarten, Bootsführerschein – er ließ alles in dem Fach liegen. Eine Weile dachte er daran, wenigstens etwas Bargeld einzustecken. »Besser nicht«, ermahnte er sich.

Die Garnelen waren inzwischen an der Unterseite goldbraun, teilweise auch schon schwarz angebraten. Mit dem Bootshaken, den er vom Kajütenaufbau gelöst hatte, brachte Klesse den Gaskocher in eine derart starke Pendelbewegung, dass schließlich das siedende Öl über den Rand der Pfanne schwappte. Es zischte, qualmte und roch nach verbrannten Garnelen. Doch erst als Klesse mit einer Seekarte eine Verbindung zwischen dem Öl und der Gasflamme hergestellt hatte, begann es in der Kombüse zu brennen.

Die Flamme fraß sich in das Kochbuch, sprang von der Anrichte an die Vorhänge und von dort zu den Sitzpolstern.

Und wenn ich Marga einfach schlafen ließe? Es war nur so ein Gedanke, der aufblitzte und den Klesse aber sofort wieder unterdrückte. »Feuer! Feuer!«, schrie er, riss die Schlafende aus der Koje und trug sie, während sie strampelte und um sich schlug, zum Deck hoch.

»Was … was soll …?«

Wortlos stieß Klesse seine Frau über Bord, dann sprang er hinterher. Als er auftauchte, planschte Marga unkontrolliert neben ihm. »Bist du verrückt!«, schrie sie ihn an, verstummte aber, als sie die brennende Jacht erblickte. Durch das Öffnen der Kabinentür hatten die Flammen neue Nahrung gekriegt. Sie züngelten bereits durch die Bullaugen der Kajüte.

»Keine Gefahr – jetzt nicht mehr!«, keuchte Klesse beruhigend.

»Ich hab Wasser geschluckt. Ich kann nicht.«

Er deutete auf die Küste. »Du schaffst es, ich helfe dir.«

Nach etwa zehn Minuten hörten sie eine Explosion. »Die Gasflasche«, erklärte er. »Vielleicht sind jetzt die Fischer aufmerksam geworden.«

»Hier wohnen keine Fischer. Die Häuser an der Küste gehören Fremden, die sich hier niedergelassen haben.« Wie immer wusste Marga alles besser. Selbst in dieser Situation.

Sie erreichten die Küste, atemlos blieben sie liegen. Der Strand war nur ein schmaler, aus vulkanischen Gesteinsbrocken bestehender Streifen, dahinter ging es steil hoch. Ein paar Häuser hoben sich gegen den Himmel ab. Auf angeschwemmten Ästen, die den gebleichten Knochen von Ungeheuern glichen, saßen Seevögel; Menschen waren nicht zu sehen.

»Wie ist das überhaupt passiert?«, wollte Marga nach einer Weile wissen.

»Das heiße Öl«, antwortete er. »Ich war gerade an Deck, der Anker hatte sich gelöst, als eine ungewöhnlich hohe Welle heranrollte. Das Öl muss übergeschwappt sein und sich an der Gasflamme entzündet haben. Das Feuer griff rasend schnell um sich. Mein erster Impuls war, über Bord zu springen. Doch dann bin ich zu dir …«

»Du hast also dein Leben riskiert, um mich herauszuholen«, stellte sie fest. »Danke!«

Klesse blickte zur Seite. Doch die steile Falte über der Nase und ihren nachdenklichen Mund konnte er sich sehr genau vorstellen, als sie hinzufügte: »Seltsam nur, dass ich so fest geschlafen habe.«

Er zuckte die Achseln. »Ruh dich aus, ich hole Hilfe.«

»Nein, nicht eine Minute bleibe ich hier allein.«

»Dann komm.« Er fand, dass ihr verstörtes Gesicht und die angeklatschte Unterwäsche die Situation verdeutlichen würden. Hand in Hand stolperten sie auf das erste Haus zu.

Der Besitzer, ein Deutscher, hieß Paul Dormann, war kahlköpfig und wohl an die zwanzig Jahre älter als Klesse. Dormann hatte einen schwarzgrauen Vollbart und wasserblaue Augen. Er stellte keine Fragen, schien nicht mal sonderlich überrascht zu sein. Er bot seinen Besuchern eine heiße Dusche, etwas zu essen und zu trinken, Kleidung sowie ein Nachtlager an.

»Das ist furchtbar nett«, sagte Klesse. »Haben Sie

ein Telefon? Ich muss die Polizei benachrichtigen, es ist wegen der Versicherung.«

Das habe Zeit bis zum Morgen, entgegnete Dormann. »Kein Telefon, kein Handy, kein Fernsehen.« Er bewegte sich zum Fenster, wo ein Fernglas hing, drehte sich um und fragte: »Der Fall ist doch völlig klar, oder?«

Klesse nickte.

In der Nacht schlief er schlecht. Immer wieder ging er in Gedanken die Sätze durch, die er bei der Polizei zu Protokoll geben wollte.

Es lief alles glatt am anderen Morgen auf der Polizeiwache. Nicht zuletzt deswegen, weil Dormann sich als Dolmetscher betätigte.

Der Polizist, der das Protokoll anfertigte, kannte Dormann. *Si, si,* betonte er, der *tedesco*, der sich vor vielen Jahren auf Ischia niedergelassen hatte, sei ein *amico*. Und Klesse erfuhr, dass Dormann, der sich durch Schwimmen und Tauchen in Form hielt, der vormittags las oder malte und die Nachmittage damit verbrachte, sein Italienisch zu verbessern, dass dieser Ausländer auf der Insel sehr beliebt war.

Wenn Signore Dormann den Hergang so bestätige, sagte der Polizist am Schluss, dann habe alles seine Richtigkeit. *»Bene e arrivederci!«*

»Wie können wir das wiedergutmachen?«, fragte Klesse zum Abschied.

»Ach«, wehrte Dormann ab. »Landsleute müssen sich doch helfen, oder?«

Marga bedankte sich für die Hilfe und die Gastfreundschaft mit einem Kuss auf Dormanns Wange. Richtig nett sah sie aus in seinem langen Herrenhemd. Die Männer schüttelten sich die Hände. Verdammt harter Händedruck für einen Kerl in seinem Alter, dachte Klesse.

Er und Marga zogen in ein von Dormann empfohlenes Hotel. Während sie darauf warteten, dass die Geldüberweisung und die provisorischen Papiere eintrafen, erkundeten sie die Insel. Sie besichtigten die Festung Aragonese und die Gruften, in denen die Nonnen, wie Marga wusste, einst Stunden über den Tod meditiert hatten, während nebenan in gemauerten Sesseln die verstorbenen Ordensschwestern in hockender Stellung langsam verwesten. Schauergeschichten. Klesse interessierte sich mehr für den einheimischen Wein und für die lokalen Küchenrezepte, in denen die speziell gezüchteten Grubenkaninchen eine Rolle spielten. Ob Thermalbäder oder Touristen, Marga kannte alle Zahlen. Sie wusste, dass die Insel rund fünfundvierzig Quadratkilometer groß und der Monte Epomeo 790 Meter hoch war. Sie hätte ihr Wissen noch gern eine Weile zur Schau gestellt, doch Klesse zog es nach Hause. Schließlich musste ja noch etwas geregelt werden.

Die Versicherung war misstrauisch, zahlte aber letztlich doch. Von dem Geld kaufte sich Klesse eine neue Segeljacht, deren Rumpf aus glasfaserverstärktem Kunststoff bestand, die pflegeleichter und etwas kleiner als die alte Nina war. Da die Versicherung vom offiziellen Wert der abgebrannten Holzjacht ausgegangen war, blieb von der Schadenssumme sogar noch ein beträchtlicher Rest übrig. Und der würde, so freute sich Klesse, für einen ausgedehnten Urlaubstörn mit dem neuen Boot reichen.

Der zweite Törn

Knapp ein Jahr war seit dem Brand vergangen. Wenn Klesse hin und wieder auf den Vorfall zu sprechen kam, winkte Marga ab.

Klesse wähnte schon die gute alte Zeit gekommen, tagsüber mit Freunden an Bord, abends Besuche in Schlemmerrestaurants und anderen Lokalen.

»Ich muss das neue Boot ausprobieren«, sagte er eines Abends ganz nebenbei. »Ein kleiner Törn nach Capri.«

»Capri?« Marga rümpfte die Nase. »Capri, das ist Fünfzigerjahre.« Das war so ihre Art. Strenge Erziehung war Vierzigerjahre, dass die Kleinkinder mit Spinat nach ihren Eltern warfen, war frühe Siebziger, und Ehemänner, die allein auf eine Vergnügungstour gingen, das war für sie das Allerletzte. Sie sagte: »Ich komme mit.«

»Aber?« Klesse war verdutzt. »Aber ich dachte,

nach dem, was auf der Nina geschehen ist, würdest du deinen Fuß nie wieder auf eine Bootsplanke setzen.«

»So war es, doch ich habe mich beraten lassen, von einem Psychologen.« Marga sagte, dass der Unfall bei ihr ein Trauma hinterlassen habe.

Trauma? Früher sprachen die Leute von einem Abenteuer, wenn sie eine gefährliche Sache überstanden hatten, entweder prahlten sie anschließend damit oder sie ließen fortan die Finger von ähnlich riskanten Dingen.

»Aber ich dachte …?«, versuchte es Klesse noch einmal, unterbrach sich aber sogleich, als er sah, dass Marga keinen Widerspruch zuließ.

»Wolfram Klesse, setzen. Sechs!«, drückte ihr Gesicht aus und dann legte sie los. Sie referierte über posttraumatische Belastungsstörungen und dass die Erinnerungen sie nicht mehr losließen und dass sie in manchen Nächten an der Schlafzimmerwand die brennende Jacht sehen würde und dass sie, sollte es ihr nicht gelingen, das Trauma zu überwinden, dass sie dann, wohl oder übel, den Schuldienst aufgeben müsse.

Marga den ganzen Tag zu Hause, nicht auszudenken! Klesse sog hörbar die Luft ein. »Und wie …?«

»Um ein Trauma zu bewältigen, muss man genau an den Ort zurückkehren, an dem es zu der seelischen Erschütterung gekommen ist.«

Klesse war drauf und dran, mit der Faust auf den Tisch zu schlagen, dann hätte sie ihre Erschütterung, wiederholte dann aber nur seine angefangene Frage: »Und wie? Ich meine, was genau soll das heißen?«

»Das heißt, ganz präzise, unser Törn geht nach Ischia.«

Unser Törn, na schön, dachte Klesse. Vielleicht überrascht uns ja im Golf von Neapel ein Sommergewitter, vielleicht kommt eine große Welle, wenn Marga auf dem Vorschiff steht und das Segel setzt. Abwarten. Die See, so heißt es doch, birgt viele Gefahren.

Pock! Pock! Ein Tier wollte herein. Ein Seeungeheuer. Klesse schreckte in seiner Koje hoch. Es war dämmerig um ihn herum. Er versuchte sich zu erinnern, was ihn geweckt hatte. Ach ja, ein klopfendes Geräusch am Kiel. Doch jetzt war es wieder still. Er fühlte sich benommen, er hatte zu tief geschlafen. Der lange Tag auf dem Wasser, die viele Sonne und dann noch das Streitgespräch mit Marga, die unbedingt in dieser Bucht nahe der Unglücksstelle ankern wollte. Es wurde wirklich Zeit, dass er sich von ihr trennte.

Aber wie? Elegant musste es sein. Und wo? Am besten weit draußen, wo es keine Zeugen gab. Ein Plan musste her. Wasserdicht musste der sein. Wasserdicht? Komisch! Klesse wischte sich über die schweißnasse Stirn, er konnte sich nicht konzentrieren. Irgendetwas schien mit seinem Kopf nicht zu stimmen. Er hörte schon wieder Geräusche. Diesmal war es ein Gurgeln und ein Schaben, das von der Ankerkette stammte. Kein Zweifel, die Jacht trieb.

Mit einem Satz sprang er aus der Koje, hin zu Tür. Sie ließ sich nicht öffnen. Erst jetzt bemerkte er, dass er bis zu den Knöcheln im Wasser stand. Das Schiff hatte ein Leck. Er musste raus, sofort. Ein tapsendes Geräusch über ihm. Klesse blickte nach oben. Durch das Plexiglas der Oberluke sah er Margas Gesicht, streng und voller Verachtung. Sie hielt etwas in der Hand, winkte damit. Es war ein Schlüssel, der Schlüssel zur Kabinentür. Lehrerin Marga wollte ihm Angst machen: Wolfram Klesse, Strafarbeit. Setzen!

Setzen, wie lange? So lange wie die Nonnen in den Gruften? Als Klesse wie ein kleiner Junge die Hände hob und seine Lippen das Wort »bitte« formten, warf sie den Schlüssel hinter sich. Entschlossen und mit einem Lächeln, so wie man ein Hufeisen hinter sich wirft, damit es Glück bringt. Glück für wen? Was wurde hier gespielt?

Neben Margas Schultern erschien ein kantiger Kopf mit Vollbart. Dormann! Um seinen Hals baumelte eine Tauchermaske. Hatte sich der Kerl am Anker zu schaffen gemacht und vorher womöglich den Bootsrumpf beschädigt? Das war kein Spiel mehr! Nein, hier ging es nicht um die Bewältigung eines Traumas. Alles nur Psychogequatsche. Klesse war in eine Falle getappt.

Oberluke und Seitenfenster waren zu eng, um sich durchzuzwängen. Klesse begann gegen die Tür zu hämmern, er warf sich mit der Schulter dagegen. Doch die Tür war sehr stabil. Das Wasser umspülte bereits seine Waden. Er stieg auf die Koje, schraubte das Seitenfenster auf. Durch einen Spalt konnte er nun sehen, wie Marga und Dormann in ein Schlauchboot stiegen, das mit Taucherflaschen beladen war.

Ein Außenborder wurde angeworfen. Das Geräusch entfernte sich. Kein Zweifel, die beiden wollten ihn tatsächlich auf der sinkenden, langsam zur Bucht hinaustreibenden Jacht zurücklassen. Die Lebensversicherung auf Gegenseitigkeit, durchfuhr es Klesse. Verdammt, sie war ihm zuvorgekommen!

In Panik riss er das Seitenfenster vollends auf. Gischt schlug ihm ins Gesicht. »Hilfe! Hilfe!«, schrie er dem Schlauchboot nach.

Wolfram Klesse schrie und schrie, bis sein Schreien fast nur noch ein Jaulen war.

Rigatoni mit Garnelen und Kirschtomaten

ZUTATEN (FÜR 2 PERSONEN)

150 g Rigatoni • 10 rohe Riesengarnelen ohne Kopf à 30 g • Saft von 1 Limette • 250 g Kirschtomaten • 1 EL Olivenöl • 2 EL Ahornsirup • 1 EL Balsamico • ½ Bund Oregano • frisch gemahlener Pfeffer, Salz • 1 Avocado

ZUBEREITUNG

Rigatoni in reichlich Salzwasser bissfest kochen und in einem Sieb abtropfen lassen.

Garnelen bis auf das Schwanzende aus den Schalen lösen, am Rücken entlang einschneiden und den dunklen Darm entfernen. Garnelen abspülen, trocken tupfen und etwas Limettensaft darüber träufeln.

Kirschtomaten abspülen, trocken tupfen und halbieren.

Olivenöl in einer Pfanne erhitzen und die Garnelen darin anbraten und salzen. Ahornsirup und Balsamico dazugeben und alles kurz schwenken. Oregano abspülen, trocken schütteln und die Blätter abzupfen.

Nudeln, Kirschtomaten und Oregano zu den Garnelen in die Pfanne geben und erhitzen. Mit Salz und Pfeffer abschmecken.

Die Avocado halbieren und entkernen, das Fruchtfleisch aus der Schale nehmen, den restlichen Limettensaft und etwas Salz darüber geben. Avocadostücke vorsichtig unter die Nudeln mischen und servieren.

Legittima difesa

Ingrid Schmitz

Marie! Wie siehst *du* denn aus?«, begrüßte mich Silvie und nahm mich in den Arm.

Ich schrie auf. Meine Blutergüsse schmerzten höllisch unter der langärmeligen Bluse. »Gibst du mir ein Glas Wasser mit Strohhalm?«, fragte ich heiser und marschierte mit meinem Rucksack an ihr vorbei, endlich wieder über den hochflorigen Teppichboden unserer WG.

Während Silvie in die Küche verschwand, schleppte ich mich und mein Gepäck ins Zimmer und setzte mich vorsichtig auf die Couch.

Im Eiltempo kam meine beste Freundin mit zwei Gläsern und einer Wasserflasche zurück. »So wie du aussiehst, muss ich froh sein, dich überhaupt wiederzusehen. Ich weiß schon, warum ich nicht in die Toskana will.«

Ich hustete, es schnürte mir die Luft ab. Ich wollte

sagen: »Ja, wir müssten tatsächlich mein geschenktes Leben feiern«, stattdessen blieb ich stumm. Jedes ausgesprochene Wort schmerzte.

Silvie stellte alles auf den Tisch. »Ist dir das italienische Essen nicht bekommen?« Sie betrachtete mein leicht geschwollenes Gesicht. »Nun sag schon. Was ist passiert?«

Ich beugte mich mit vorsichtig zusammengebissenen Zähnen nach vorne und griff zum Glas mit Halm, sog gierig daran. Das kalte Wasser linderte für einen kurzen Moment den Schmerz im Unterkiefer.

»Hast du einen Eisbeutel? Dann erzähl ich es.«

»Der Flug Köln – Pisa war wunderbar. Die Zeit verging schnell. Am Flughafen stand der Leihwagen.«

Mit dem Eisbeutel auf der Wange ging es. Ich durfte mich an längere Sätze wagen und war froh, endlich mit Silvie über das Erlebte reden zu können.

»Meine Güte, müsst ihr gefeiert haben.« Silvie wippte vor Aufregung mit den Beinen. In ihren Augen spiegelten sich ihre Gedanken wider, die drängten: »… weiter … und dann …?«

Ich kühlte mit dem Beutel die Stirn, es stach – probierte es am Oberarm. Erst jetzt bemerkte Silvie, wie dreckig es mir wirklich ging. Sie erschrak. »Du musst zum Arzt!«

»War ich schon – in Italien – habe gesagt, ich sei gestürzt. Stimmt ja auch in etwa.« Ich griff zum

Glas, schluckte schwer und setzte es ab. »Ich muss alles von Anfang an erzählen, sonst verstehst du es nicht.«

Silvie schaute gekränkt.

Ich verbesserte mich schnell: »… niemand versteht es sonst.« Obwohl ich mehr Sauerstoff hätte brauchen können, atmete ich wegen meiner geprellten Rippen flach und fuhr fort: »Es hatte lange gedauert, bis ich den Ort *Castelnuovo di Valdi Cecina* gefunden hatte. Die alte Mühle war wirklich so, wie du sie beschrieben hast, auch das Gästehaus, das ›Albergo‹ war ein Traum. Ich habe mich gleich bei der Ankunft wohl gefühlt.«

Silvie sah mich ungläubig an.

Ihr Blick hielt mich nicht davon ab, weiterzureden. Keine Sekunde länger wollte ich verschweigen, was passiert war. »Mit deiner quirligen Tante Nina verstand ich mich auf Anhieb. Sie war hinreißend bemüht, zeigte mir alles und wies mich in die Besonderheiten des Gästehauses ein. Leider, so sagte sie, müsse sie gleich los, einen kurzfristigen Termin in Bologna wahrnehmen, käme aber spätestens am nächsten Abend wieder. Das machte mir schon ein wenig Angst, alleine in den Weiten der Toskana zu bleiben. Sie tröstete mich, meinte, Pasquale, der Sohn ihrer Freundin, käme heute Abend hierher und würde morgen mit mir ein paar schöne Ausflüge machen. Wir könnten uns Siena, Massa Marittima und Populonia, die ehemalige Piratenstadt, ansehen.

Außerdem kenne Pasquale die besten und preiswertesten Restaurants in der Umgebung. So kämen wir, was das Essen anginge, heute und morgen über die Runden, denn im Palazzo sei der Herd leider noch nicht angeschlossen.

Ich freute mich über das Angebot und war gespannt auf diesen Pasquale.«

»Ah ja, Pasquale. Ich kenne ihn nur aus Tante Ninas Erzählungen. Der hilft Onkel Hans schon mal mit dem Freischneider aus, oder bei der Weinernte. Er wohnt oben im Ort.«

Silvie sprang auf und lief ins Schlafzimmer. Sie kam mit einem großen Kopfkissen wieder und stopfte es mir vorsichtig hinter den Rücken. »Leg die Beine hoch, du siehst blass aus.«

Ich gehorchte. »Weißt du, ich hätte direkt am ersten Tag wieder nach Hause oder sonst wohin fahren sollen, aber so …«, ich trocknete zwei Tränen, die gegen meinen Willen herausgekullert waren, »… aber so lernte ich Pasquale kennen. Ich hatte noch nie Glück mit bildschönen Männern.«

Silvies Augen wurden immer größer. »Na ja, Pasquale bildschön …? Ist halt Ansichtssache.« Sie sog die Luft ein. »Hat er dich etwa … ich meine, hat er dich so zugerichtet …?«

Ich schüttelte zaghaft den Kopf, dann wechselte ich den Beutel auf eine Stelle, die nicht taub vom Eis war. Ich erzählte weiter: »Ich wollte gerade zum Gästehaus gehen, da kam er mir auf dem Weg entgegen. Er war anfangs sehr schüchtern und hatte sich noch nicht einmal richtig vorgestellt oder mir die Hand gegeben. Ich erzählte von deiner Tante und dass ich mich freue, dass er mir bis zu ihrer Wiederkehr die Orte und Restaurants zeigen möchte. Er fragte, wann sie denn wiederkäme. Leider hätte er keine Gelegenheit gehabt, sich von ihr zu verabschieden und danach zu fragen – rechtfertigte er sich – er wisse nur, dass Hans längere Zeit auf Geschäftsreise sei. Ich klärte ihn auf. Wir verstanden uns gut, lachten viel und saßen auf der Terrasse an der Mühle. Im Laufe der Zeit tranken wir ein Glas Wein nach dem anderen und dann, mitten in der Unterhaltung nahm er sein Handy und lud ein befreundetes Pärchen zu uns ein, ohne mich zu fragen, ob es mir recht sei.«

Silvie lehnte sich zurück.

»Das passte mir gar nicht. Der Mann stellte sich wenig später als Frederico vor und war sehr angeberisch und aufbrausend. Italienisches Temperament nennt man das wohl, oder betrunken. Er stritt sich vom ersten Moment an mit seiner Loretta, schon ihren Namen sprach er hart aus. Obwohl sie geschworen hatten, beim Deutsch zu bleiben, verfielen sie immer wieder in ihre Muttersprache. Sie machten auf mich den Eindruck, als säßen sie auf heißen Kohlen und hätten überhaupt keine Lust auf einen gemütlichen Abend. Dabei hätte es so schön sein können. Die Luft war lau und kaum dämmerte es, da wuselte und wieselte es um uns herum. Fledermäuse flatterten in unregelmäßigen Bahnen umher, Schwärme von Glühwürmchen stoben auseinander. Aber dann …«

»Fressen Fledermäuse Glühwürmchen?«

»Schwer zu sagen, ob danach ein paar fehlten.«

»Gibt's da auch Zikaden?«

»Möchtest du einen tierkundlichen Bericht oder hören, was ich erlebt habe?« Ich war ungerecht, ich hatte ja mit den Fledermäusen angefangen.

Silvie war untröstlich. »Entschuldige, natürlich interessierst du mich mehr. Das mit den Zikaden kannst du ja später erzählen.«

»… aber dann stritten Frederico, Loretta und Pasquale über das Abendessen. Frederico wollte Pizza, Loretta Pasta und Pasquale Pollo. Zuerst dachte ich, es sei Tintenfisch, aber er belehrte mich, sagte, es sei Hähnchen und dass wir Deutschen doch Hähnchen über alles liebten. Er wollte mich damit auf seine Seite ziehen. Als ich den Kopf schüttelte, sah ich zum ersten Mal tiefe Zornesfalten und blitzende Augen, die sein schönes Gesicht entstellten.« Während ich es erzählte, sträubten sich an meinen Armen die feinen Härchen. An der Schwellung tat es sogar weh. Schnell legte ich den Eisbeutel darauf, in dem es schon gluckerte. Trotzdem wollte ich ihn nicht abgeben, so hatte ich etwas, womit ich mich beschäftigen konnte.

»Habt ihr etwa selbst gekocht?«, fragte Silvie.

Ich nickte.

»Bei Tante und Onkel in der Küche?« Silvie schlug die Hand vors Gesicht. »O weh. Die sind doch sehr eigen, was das angeht. War das kunstschmiedeeiserne Gitter nicht davor?«

»Nicht mehr, Frederico hatte es aufgebrochen, Pasquale und ich haben es zu spät gesehen. Wir waren draußen bei Loretta, die vor Hunger lautstark protestierte. *Mir* war es unangenehm, was Frederico da trieb. Noch unangenehmer aber war, was dann folgte. Pasquale sah auf einmal den Ingwer in der Obstschale und fand Gefallen an der Idee, sein Lieblingsgericht Pollo con Ingwer zuzubereiten. Die beiden Männer einigten sich schließlich darauf und mit Pesto, Pasta und Salat dazu war auch Loretta einverstanden. Sie forderten mich auf zu helfen, aber ich wollte keine mühsam herangeschleppten Vorräte deiner Tante und deines Onkels aufbrauchen oder etwa durcheinanderbringen oder womöglich eine wertvolle, handgearbeitete Schüssel herunterfallen lassen. Wir waren ja alle nicht mehr ganz nüchtern. Frederico schien das egal zu sein. Er verstreute hier etwas und da etwas, kleckste auf den Boden und fiel zwischendurch über die teure Schokolade aus der Schweiz her, die im Kühlschrank lag. Loretta, das kleine Silikonwunder, beobachtete nur das Treiben in der Küche, riss ihm den letzten Riegel aus der Hand, zog eine Flasche Montalcino aus dem Regal und stolzierte durch die Räume der Mühle, was ich sehr dreist fand. Irgendwann saß sie Gott sei Dank wieder draußen.«

Das Erzählen tat mir gut. Zum einen, weil ich mir so alles von der Seele reden konnte, obwohl das Schlimmste noch nicht gesagt war, zum anderen, weil durch die Kieferbewegungen alles beweglicher wurde.

»Während Frederico den Tomatensalat und das Pesto für die Pasta zubereitete, stellte Pasquale fest, dass sich weder im Kühlschrank noch in der Gefriertruhe Huhn oder Hähnchen befanden. Zu voreilig hatte er den Ingwer und den Knoblauch feingehackt, mit Olivenöl, Sojasauce und den Gewürzen vermengt. Da stand er nun mit der Schüssel, in der die Marinade glänzte und war bereit, die Hühnchenteile darin einzulegen, die nicht da waren.«

Silvie schluckte, sie wischte sich die Mundwinkel sauber. Mir hingegen schlug das alles auf den Magen.

»Pasquale ging mit einem Kochmesser nach draußen. Als wir Loretta aufschreien hörten, wussten Frederico und ich, wo er steckte und was er gemacht hatte. Wir liefen zum Hühnerauslauf, aber da war es schon zu spät.

›Es war Notwehr‹, stammelte Pasquale und brach mit dem blutigen Messer in der Hand zusammen.«

»Notwehr? Was sind denn das für Hühner?«, fragte Silvie erschrocken.

»Das verstanden wir zuerst auch nicht. Es war kein Huhn, Silvie, es war ein Mann in Jeans und Hemd.

Sein dunkler Bart war ungepflegt und die wenigen Haare wirr, aber das alles spielte nun keine Rolle mehr. *Er* spielte keine Rolle mehr, denn so wie er da lag, mit dem starren Gesichtsausdruck und dem Messer in der Brust, würde er keinen Finger mehr krümmen.«

»Aber um Himmels willen! Wer war der Mann, und wieso war es Notwehr?«

»Habe ich mich auch gefragt. Neben dem Toten lag keine Waffe, nur zwei Flaschen Pinot Grigio …«

»Soo schlecht ist der nicht, dass man …«

Ich schlug mir mit der Hand vor den Kopf, schrie auf und legte den warmen Beutel darauf. Silvie nahm ihn mir ab und lief damit zum Eisfach. Unter normalen Umständen konnte ich Leute nicht ausstehen, die nicht richtig zuhörten und meine Erzählungen mit ihrem Gerenne – irgendwohin – unterbrachen. Aber sie wollte mir nur helfen, und dies war kein normaler Umstand, dies war der reine Horror.

Silvie schrie aus der Küche: »Und dann …?«

Ich wartete, bis sie wieder bei mir war: »Pasquale rappelte sich auf, sagte, der Mann habe versucht, ihm die Flasche auf den Schädel zu schlagen, als er dem Hähnchen eins geben wollte. Kaum hatte Pasquale das herausgebracht und sich noch einmal zu dem Mann hinuntergebeugt, wurde er ziemlich hektisch. Da war es ihm anscheinend bewusst geworden, dass Tote nicht mehr aufstehen. Pasquale wich zurück und lief zum Haus. Auch bei Loretta und Frederico löste sich die unsichtbare Sperre. Auch sie ließen alles stehen und liegen und rannten los, fuhren aber wenig später mit dem Wagen in einer Staubwolke auf dem Hohlweg davon.«

»Hilfe! Und du warst mit dem Mörder alleine!«, entfuhr es Silvie.

»Was sollte ich machen? Die Mühle liegt in einem einsamen Tal, weit und breit nur Einöde. Keine unmittelbaren Nachbarn, keine Polizeistreife, nichts … sicher, ich hätte vielleicht die Polizei anrufen können, aber hätte ich bis zu ihrer Ankunft überlebt, wenn ich dabei von ihm erwischt worden wäre? So versuchte ich an seine Vernunft zu appellieren. Redete ihm ein, er brauche dringend einen Arzt und die Polizei. Von beidem wollte er nichts wissen. Er nahm das Messer …«

Silvie hielt sich die Hände vor die Augen, sprach durch ihre gespreizten Finger: »… und stach zu?«

»Nein, er warf es in hohem Bogen weg, irgendwohin, wo es niemand finden sollte. Danach ging alles sehr schnell. Er zwang mich, die Küche aufzuräumen und das Essen zu beseitigen. Er blieb die ganze Zeit daneben stehen, damit ich keine Dummheiten machte und rauchte eine nach der anderen. Die Kippen steckte er sorgfältig ein. Dann hing er das schmiedeeiserne Gitter wieder in die Angeln und lehnte es an das demolierte Schloss. Wo er es angefasst hatte, wischte er mit dem Geschirrtuch drüber.

Danach ging's zum Hühnerstall, dort die Spuren verwischen.«

»Die Ordnung hätten die mal vorher einhalten sollen. Ja ... und ... und was hat er mit dem Toten gemacht? Ihn geschminkt und in den Gartenstuhl gesetzt?«

»Fast – ihm einen Müllbeutel übergestülpt, abgebunden und in meinen Leihwagen gesetzt. Der tote Unbekannte saß mit mir hinten, weil ich ihn festhalten musste. Pasquale ist gefahren. Weißt du, was es heißt, mit einem Betrunkenen am Steuer und einem Toten im Arm Serpentinen zu fahren?«

»Das vertrage ich noch nicht mal solo, und schon gar nicht, wenn ich hinten sitzen muss. Nein, wie furchtbar!«

Ich schob die Blusenärmel hoch und zeigte meine blutunterlaufenen Oberarme. »Nach zirka einer Stunde Fahrt durch die Berge und ebenso langem Bangen, wann wir mit Karacho den nächsten Abgrund hinunterstürzen würden, fuhr er rechts ran und stieg aus. Er zerrte den Toten aus dem Auto, entfernte den Müllbeutel, damit die Tiere nicht daran verenden würden, und ließ die Leiche an einer lichten Stelle den Abhang hinunterrollen.«

»Hat euch denn niemand gesehen?«

»Es war mittlerweile dunkel. Wir waren mitten im Gebirge, umgeben vom dichten Wald. Niemand da. An die Wildschweine und Dachse, die Allesfresser sind, wollte ich lieber nicht denken.«

»Und dann? Hat er dich ausgesetzt?«

»Dachte ich auch zuerst, dass er das wollte. Aber dann schrie er mich an, ich solle endlich einsteigen, wir müssten weiter. Wir fuhren nach Siena, wo das Nachtleben im vollen Gange war. Er verschwand im Getümmel des Campo.«

»Wo gehst du hin?«, rief Silvie mir hinterher.

Ich tapste auf wackligen Beinen in die Küche zum Gefrierfach und nahm den Eisbeutel wieder heraus, brachte zusätzlich eine Flasche Sekt mit.

»Gibt's was zum Feiern? Haben sie Pasquale gefasst?«

»Leider nicht. Die *Carabinieri* konnten mit meiner Beschreibung vom Täter nichts anfangen, weil fast alle Italiener dunkelhaarig, braunäugig und gut aussehend seien, sagten sie. Zudem wusste ich nicht, wo genau im Wald er die Leiche den Abhang hinunter geworfen hatte. Sie machten einen genervten Eindruck, glaubten, mir wäre der Grappa nicht bekommen. Ich verließ die *guardia* und fuhr mit meinem Auto zurück nach Castelnuovo.«

»Warum das denn? Hätte ich nicht gemacht.«

»Was blieb mir denn anderes übrig? Ich hatte kein Geld, kein Adressbuch mit der Handynummer deiner Tante bei mir und brauchte meine Ausweise und die Scheckkarten. Meine Kleider wollte ich auch nicht zurücklassen. Wie auch immer. Es war unheimlich, mitten in der Nacht an den Ort des Geschehens zurückzukehren. Die Mühle war hell erleuchtet, aber sie hätte verlassen sein müssen. Stattdessen standen zwei Autos auf dem Parkplatz am unteren Weg. Der Kombi gehörte deiner Tante und den Kleinwagen kannte ich nicht.«

»Der war sicher von Pasquale.«

»Eben nicht. Pasquale musste zu Fuß gekommen sein, oder mit dem Fahrrad. Ich weiß es nicht. Ich weiß nur, dass der Wagen von Loretta und Frederico der einzige auf dem Parkplatz vor der Mühle gewesen war.«

»Deshalb musstest du den Toten und Pasquale auch fahren und den einen im Wald und den anderen in Siena absetzen.«

Wo nahm sie nur plötzlich die Scharfsinnigkeit her? Das machte mir Mut, ihr auch den Rest des Geschehens begreiflich zu machen.

»Deine Tante kam händeringend auf mich zu. Sie schickte Stoßgebete gen Himmel, sie sei so froh, dass ich zur Zeit des Einbruchs nicht hier war. Die fremde Frau fragte aufgeregt, wo ihr Sohn Pasquale sei. Sie hätte versucht ihn zu erreichen. Ich wusste nicht, wie ich beginnen sollte. Da legte deine Tante los. Sie schimpfte, sagte, als wenn sie es geahnt hätte, habe sie das Angebot der Übernachtung in Bologna nicht angenommen. Nie hätte sie gedacht, dass die Einbrecher mal nach Castelnuovo kommen und schon gar nicht bis zur Mühle. Sie habe sofort ihre Freundin angerufen, als sie das mit dem Gitter gesehen habe, und zusammen mit ihr in den Zimmern nachgesehen. Schmuck und andere Dinge fehlten, aber alles nur von ideellem Wert. Die Freundin wurde immer nervöser, fragte nochmals, wo ihr Sohn sei. Da konnte ich nicht mehr an mich halten und erzählte, was sich zugetragen hatte …

›Madonna mia‹, schrie sie in einer Tour. ›Das war nicht mein Sohn! Mein Sohn macht so etwas nicht!‹ Sie sprang auf, riss mich vom Stuhl und ging mir an die Gurgel.«

Ich machte eine Erzählpause zum Luftholen, dann griff ich mir an den Hals. Jetzt, da ich mich daran erinnerte, fiel mir das Schlucken noch schwerer.

Silvie knallte mit dem Sektkorken, was sich eher wie ein Schuss anhörte und zum ersten Mal nichts Feierliches hatte. Sie goss ein und reichte mir ein Glas. Alkohol war keine Lösung. Sekunden später stieg er in meinen Kopf und spendete dort eine nicht gewollte Hitze, brachte ihn zum Glühen.

»Wir hatten Mühe, Pasquales Mutter zu beruhigen. Ich bat sie inständig, ihren Sohn anzurufen und ihn davon zu überzeugen, dass es besser sei, sich der Polizei zu stellen. Wenn es wirklich Notwehr … Hier unterbrach sie mich und rief: ›Ce sei o ce fai? Pazzia pura! Il mio figlio non piace pollo!‹ Mein Italienisch ist ja nicht sonderlich gut, aber die Sätze verstand ich und ich werde sie auch nie in meinem Leben vergessen. Sie kramte ein Foto aus ihrer Börse und fuchtelte damit vor meiner Nase. Während ich mir das Bild ansah und mir schlecht wurde, übersetzte deine

Tante: Sie hat gesagt: ›Sitzt du auf deinen Ohren, oder willst du mich nicht verstehen. Mein Sohn mag kein Hähnchen.‹«

Silvie war erschüttert: »Wie kann man kein Hähnchen mögen? Gerade mit Ingwer. Gibst du mir mal das Rezept für die Marinade?«

Pollo con Ingwer

ZUTATEN

ca. 3 cm Ingwer • 2–3 Knoblauchzehen • etwas Olivenöl • Sojasauce • Salz und Pfeffer • 1 Hähnchen

ZUBEREITUNG

Den Ingwer und den Knoblauch schälen und fein hacken. Das Olivenöl und die Sojasauce hinzugeben. Alles gut vermischen und die Marinade mit Salz und Pfeffer abschmecken.

Das Hähnchen in mehrere Teile zerlegen und die Hähnchenstücke mit der Marinade bestreichen. Anschließend die Hähnchenstücke in der Pfanne braten oder in einem Bräter im Ofen knusprig bräunen.

Dieses Gericht eignet sich auch gut zur Vorbereitung, so zieht die Marinade umso besser ein.

* * *

Pasta mit Pesto

ZUTATEN

1 Handvoll Walnüsse • 250 g Rucola • 2 Knoblauchzehen • etwas Olivenöl • Salz, Pfeffer • 500 g Spaghetti

ZUBEREITUNG

Die Walnüsse in der Teflonpfanne rösten. Zusammen mit Rucola Knoblauch und Olivenöl im Mixer verrühren und mit Salz und Pfeffer abschmecken. Die Spaghetti al dente kochen und mit dem Pesto vermischen.

Ligurischer Sommer

Barbara Wendelken

Lebenslänglich. Das sind bei uns fünfundzwanzig Jahre. Bei guter Führung auch weniger, aber darauf erhebe ich keinen Anspruch. Fünfundzwanzig Jahre Hölle, ich habe es nicht besser verdient. Seit fünfundzwanzig Jahren nehme ich alles klaglos hin. Luigis Faulheit, seine Weibergeschichten, seine dummen Sprüche, sogar seine Schweißfüße und die stinkenden Socken, die er jeden Abend unter das Bett wirft.

Nur drei Wochen im Jahr habe ich meine Ruhe und das ist jedes Mal der Himmel auf Erden für mich. Dann fährt Luigi nämlich nach Ligurien, in seine Heimat. Ville San Pietro heißt sein Dorf. Ich war nur einmal dort, vor fünfundzwanzig Jahren, in jenem Sommer, als wir uns kennenlernten. Seither habe ich dieses verfluchte Stück Erde nicht mehr betreten. Und dabei wird es bleiben. Bis zu meinem Tod.

Luigi versteht das. Auch seine Mamma und seine Schwestern Maria und Giulia begreifen, dass ich ihr Dorf nicht mehr besuchen kann. Wer weiß, vielleicht sind sie sogar froh, mich nicht mehr sehen zu müssen. Grit, die Deutsche, la tedesca, schon meinen Namen fanden sie damals seltsam. Carla dagegen ging ihnen leicht von den Lippen.

Liebe – was ist das überhaupt? Ich kann mich nicht erinnern. Nur ganz selten, wenn es nach trockenem Gras riecht, wenn es so heiß ist, dass die Luft knistert, entsinne ich mich vage an dieses Gefühl. Liebe ist die Schwester des Wahnsinns, sie macht blind, gewissenlos, gierig, sie weckt die hässlichsten Seiten, die tief in uns schlummern. Ich weiß es. Und ich bereue das, was ich aus Liebe getan habe, seit fünfundzwanzig Jahren an jedem Tag.

Carla war meine beste Freundin. Blond und strahlend schön, ein Mädchen, das jeder auf Anhieb mochte. Aber sie war auch stark und verlässlich, man konnte sich anlehnen, sich hinter ihr verstecken. Ohne Carla hätte ich die Schulzeit nicht überstanden. Den Spott der anderen: *Grit stinkt nach Sprit.*

Meinen Eltern gehörte eine Tankstelle. Das wussten alle. Dass der Blaumann meines Vaters tatsächlich nach Benzin roch, dass unser Flur danach stank, sogar unsere ganze Wohnung, wussten sie wohl nicht. Woher denn auch, ich habe diesen Geruch gehasst, mich so dafür geschämt, dass ich nie jemanden mit nach Hause brachte. Schon vor dem blöden Spruch habe ich die Tankstelle nur betreten, wenn ich unbedingt musste. Meine Mutter fand das schrecklich von mir. *Schämst du dich etwa für uns? Wir leben von Benzin,* hat sie immer gesagt. *Dein Essen, deine Kleider, alles wird davon bezahlt.* Mein Vater ließ sich nie etwas anmerken. Im Nachhinein hoffe ich, dass er meinen Ekel nie bemerkt hat.

Als die anderen anfingen, mir *Grit stinkt nach Sprit* nachzurufen, war ich gerade neun. Ein blasses, unsicheres Mädchen mit dünnen Haaren und Sommersprossen. Ich traute mich kaum noch in die Schule. Ständig schnupperte ich an meinen Sachen und meinte, Benzin zu riechen. Beinahe täglich wechselte ich meine Pullis und ich wusch mich wie besessen, bis die Haut sich rötete und sogar pellte. Die Vorstellung, nach Tankstelle zu riechen, beherrschte mein ganzes Leben. Ich wurde richtig krank davon. Waschzwang würde man das heute wohl nennen. Damals gab es kein Wort für mein Verhalten. Meine Mutter war ständig wütend auf mich. Ich sehe sie noch vor mir, wie sie Pullover und Blusen auf mein Bett wirft und schreit: *Die sind doch gar nicht schmutzig! Meinst du, ich habe noch nicht genug zu tun?* Dass ich meine Haut durch das ständige Abseifen zerstörte, fiel ihr nicht auf.

In der fünften Klasse änderte sich alles. Carla wurde meine Freundin. Carla, die hübsche Blonde, die jeder gern hatte. Als Paul mal wieder *Grit stinkt nach Sprit* rief, sagte sie: *Hör doch auf mit dem Mist. Oder sollen wir Paul stinkt aus'm Maul rufen?* Das war das Ende. Einfach so. Nie wieder hat einer diesen hässlichen Spruch benutzt. Carlas Freundschaft war wie ein Schutzschild. Meine Dankbarkeit kannte keine Grenzen. Ich brachte Carla Kaugummis mit, Schokoriegel, Nappos, eben alles, was es bei uns zu kaufen gab. Dafür überwand ich sogar meine Abneigung gegen die Tankstelle. Wenn Carla kein Taschengeld mehr hatte, schenkte ich ihr meins.

Auch nach der Schule blieben wir Freundinnen. Ich machte auf Wunsch meines Vaters eine Ausbildung als Buchhalterin. Für ihn stand fest, dass ich die Tankstelle übernehmen würde. Als Buchhalterin sollte ich die Bücher führen und mein späterer Mann sollte für Tankstelle und Werkstatt zuständig sein. *Dann habt ihr euer gutes Auskommen, tanken müssen die Leute immer,* hat er gesagt. Widersprochen habe ich nicht, obwohl meine Zukunftspläne völlig anders aussahen. Ich wollte im Büro bleiben. In meinen Träumen trug ich modische Kleider und duftete dezent nach Chanel N° 5. Dabei wusste ich nicht mal, wie das Parfüm riecht. Doch allein schon der Name klang für mich viel versprechend. Mein Mann sollte Beamter sein oder Bankangestellter. Auf jeden Fall einer, der auch wochentags weiße Hemden und Anzüge trug. Seltsam, was man sich in dem Alter so zusammenspinnt.

Carla lernte in der Bäckerei Lachmund. Erst mal, wie sie immer betonte. Später wollte sie eine eigene Boutique eröffnen. Wie oft saßen wir abends zusammen und stellten uns vor, was in unserem Leben noch passieren sollte.

Am Wochenende gingen wir aus. Keine von uns hatte einen festen Freund. Ich, weil sich niemand für mich interessierte, und Carla, weil sie frei sein wollte. An Bewerbern mangelte es ihr gewiss nicht. Aber Carla wollte raus aus dem Dorf, weit weg in eine große Stadt, nach Berlin, nach München oder gleich ins Ausland. Jedes Mal, wenn sie davon sprach, zog sich mein Magen zusammen. Ein Leben ohne Carla konnte ich mir kaum vorstellen.

Als ich meine Führerscheinprüfung bestand, schenkten meine Eltern mir ein Auto. Ein Käfercabriolet. Hellblau. Der Wagen war schon zwölf Jahre alt, aber technisch einwandfrei. Dafür hatte mein Vater gesorgt. Damals wünschten sich alle jungen Leute ein Cabrio. Ich war unglaublich stolz. Endlich hatte ich auch mal was zu bieten. Carla und ich kauften uns große Sonnenbrillen und fuhren stundenlang mit runtergeklapptem Verdeck durch die Gegend. Wir fühlten uns wie zwei Filmstars.

Nach der Lehre beschlossen wir, uns einen richtig tollen Urlaub zu gönnen. Einen, an den wir uns immer erinnern würden. Carla wollte unbedingt in den Süden, nach Italien oder Spanien. Mir hätten auch zwei Wochen Dänemark gefallen. Wie immer setzte

Carla sich durch. Aber das fand ich in Ordnung. Ohne Carla hätte ich mich sowieso nirgends hin getraut.

Wochenlang brüteten wir über dem Autoatlas. Carla wollte die Riviera sehen, Nizza, Cannes, Monaco natürlich und San Remo. Schließlich waren es die Besitzer des Eiscafés in der Lerchenstraße, die uns Ville San Pietro empfahlen. Die Küste dort nennt man Blumenriviera. Ich glaube, es war der Name, der uns überzeugte. Signora Valetti besorgte uns ein preiswertes Doppelzimmer bei ihrer Tante. *Dort sind die Mädchen gut aufgehoben,* versprach sie meiner Mutter, die überhaupt nicht mit unserer Reise einverstanden war. *Ihr zwei allein in Italien? Da habe ich keine ruhige Minute.*

Mein Vater sagte: *Lass sie doch. Man ist nur einmal jung.* Er checkte den Wagen von oben bis unten durch. Welche Teile er ausgetauscht hat, weiß ich nicht mehr. Aber der Käfer machte meinem Vater alle Ehre, er lief und lief und lief.

Auf der Fahrt schliefen wir im Auto. Es war eng, unbequem und viel zu heiß, aber mit neunzehn ist einem so etwas egal.

Ich will nicht beschreiben, was wir unterwegs alles gesehen haben. Es tut mir weh, daran zu denken. Nach drei ereignisreichen Tagen kamen wir jedenfalls in Ville San Pietro an. Das winzige Dorf lag in den Bergen, genauer gesagt am Montemaro, 500 Meter über dem Meeresspiegel. Im Grunde bestand es aus einer Straße, einer kleinen Kapelle und ein paar ineinander verschachtelten Häusern. Abends saßen die Frauen auf Küchenstühlen vor der Haustür, tratschten und strickten. Es war ein seltsames Gefühl, unter ihren Blicken spazieren zu gehen. Ich kann nicht sagen, dass wir uns wohl fühlten.

Carla und ich waren die einzigen Fremden im Dorf. Wenn wir aus unserem Zimmer schauten, bot sich uns ein überwältigender Blick ins weite Marotal, aber mit neunzehn interessiert man sich nicht für die Schönheiten der Natur. Wir wollten baden, braun werden und vor allem wollten wir Leute in unserem Alter treffen. Doch zum Meer mussten wir uns eine halbe Stunde durch enge Serpentinen runter bis nach Imperia quälen, eine schreckliche Fahrt, mir wurde jedes Mal übel. Tausendmal sah ich uns mit dem Wagen abstürzen. Und am Ende entsprach nicht einmal das Mittelmeer unseren Erwartungen. Es gab keinen Sandstrand, nur Steine, barfuß laufen war praktisch nicht möglich. Das hatte Signora Valetti uns nicht erzählt.

Am dritten Tag trafen wir Luigi. Er wohnte schräg gegenüber von unserem Feriendomizil. Was soll ich groß sagen, er war jung, sah umwerfend aus, braun gebrannt, muskulös, schwarze Locken, brennende Augen. Und er sprach ein wenig Deutsch, weil er unbedingt in Deutschland arbeiten wollte. Luigi rettete unseren Urlaub. Mit großer Begeisterung zeigte er uns seine Heimat. Die Berge, den Fluss mit der kleinen Badestelle, die Wildblumenwiesen, die Weingärten und die Terrassen, auf denen die Olivenbäume wuchsen. Sie trugen kleine Oliven mit dicken Steinen, die nur für die Herstellung von Olivenöl taugten. Im Keller seines Elternhauses führte er die alte Ölmühle vor, mit der die Oliven gepresst wurden. Damals wussten wir nicht mal, dass es Olivenöl gab. Von daheim kannten wir nur Mazola und Sonnenblumenöl, und ich muss sagen, dass der herbe Geschmack uns keineswegs überzeugte.

Aber dann bot Luigis Mamma uns Brot an. Foccacia. Es schmeckte köstlich und das vor allem, weil es aus dem Öl gebacken war, für das Luigi auf den Oliventerrassen seiner Familie so schwer schuften musste.

Abends saßen wir an dem kleinen Brunnen, der mitten im Dorf lag. Wir pflückten Feigen von den Bäumen, die wild am Straßenrand wuchsen. Nie mehr im Leben habe ich so etwas Köstliches gegessen. Mit Hilfe unseres Langenscheidt-Wörterbuches machte ich Luigi klar, dass meinen Eltern eine Tankstelle, una stazione di servizio gehörte. Mit Werkstatt, das wollte er unbedingt wissen. Ich radebrechte in allerschlechtestem Italienisch, dass ich keine Geschwister hätte, no fratelli e sorelle.

Carla erzählte mit Händen und Füßen, dass sie am liebsten im Süden leben würde. An der Riviera. Bella Italia, seufzte sie. Das Wort Boutique kannte Luigi nicht.

Nachts, wenn wir in dem stickigen Zimmer lagen, schwärmten wir uns gegenseitig von Luigi vor. *Er hat Feuer in den Augen,* sagte Carla. Und dass sie ihr ganzes Leben von so einem Mann geträumt hätte. *Hast du gesehen, wie er mich immer ansieht? Der ist genauso verknallt wie ich. Wundere dich nicht, wenn ich eines Nachts nicht heimkomme.*

Dass ich ebenfalls mein Herz an Luigi verloren hatte, fiel ihr nicht auf. Oder sie merkte es, hielt es aber für völlig abwegig, dass diese Liebe auf Gegenseitigkeit beruhen könnte.

Dennoch war ich diejenige, die er küsste. Nicht heimlich, sondern vor ihren Augen. Wir waren spazieren gegangen. Von der Dorfstraße führte ein schmaler Weg den Berg runter. Luigi hatte uns vor Giftschlangen gewarnt, Vipern, die es hier massenhaft geben sollte. Wir trugen also luftige Sommerkleider und dazu feste, geschnürte Schuhe.

Inmitten von duftenden Blumen breitete Luigi eine Decke für uns aus. Sie war hellbraun mit einem winzigen rosa Muster, das weiß ich noch. Bevor wir uns setzen durften, schlug er mit einem Stock auf den Boden, um die Schlangen zu vertreiben. Carla und ich grinsten uns hinter seinem Rücken an. Wir glaubten nicht so recht an diese Vipern. Vielmehr kam es uns vor, als ob Luigi sich als unerschrockener Held aufspielen wollte. Aber das war uns egal. Alles, was er sagte und tat, ließ uns wohlig erschauern.

Luigi hatte das Olivenbrot dabei, nach dem wir in diesen Tagen geradezu süchtig waren, und eine Flasche billigen Rotwein. Wir hockten uns auf die Decke und jede von uns versuchte, so nah wie möglich bei Luigi zu sitzen.

Später lagen wir nebeneinander und schauten in den blauen Himmel, ich links, Carla rechts und Luigi in der Mitte. Er redete von Deutschland. Von den schnellen Autos, den Autobahnen, und irgendwann beugte er sich zu mir rüber und küsste mich. Auf dem Rückweg hielt er meine Hand.

An diesem Abend zerbrach meine Freundschaft mit Carla. *Glaub bloß nicht, dass Luigi in dich verliebt ist. Der ist scharf auf eure Tanke. Du weißt ja, Grit stinkt nach Sprit.* Sie grinste hämisch. *Mich hat er auch schon geküsst. Und noch viel mehr, wenn du es genau wissen willst.*

Ich konnte nicht antworten. Es gab einfach keine Worte für das, was ich fühlte. Nie, nie hätte ich gedacht, dass Carla so mit mir reden könnte. Carla, meine beste Freundin. Ich drehte ihr den Rücken zu und verbiss mir mühsam die Tränen.

Am nächsten Morgen entschuldigte sie sich wortreich. Sie hätte es nicht so gemeint. Und wenn Luigi in mich verliebt sei, würde sie halt verzichten. Aber ich sah in ihren Augen, dass sie log. Vielleicht hatte sie einfach Angst, dass ich sie nicht mit zurück nach Deutschland nehmen würde.

Zwei Wochen vergingen. Luigi wich nicht von

meiner Seite. Ganz besonders gefiel es ihm, mit meinem Cabrio durch die Gegend zu fahren. Ich hasste die engen, steilen Straßen und überließ Luigi nur zu gern das Steuer. Er fuhr schnell und ziemlich waghalsig, manchmal blieb mir die Luft weg, wenn er allzu rasant die Kurven schnitt. Aber ich war so verliebt, dass ich ihm alles nachsah.

Wir besuchten Borgomaro, Pantasina und Dolcedo, wir fuhren nach Porto Maurizio und schauten von dort oben auf das leuchtend blaue Mittelmeer herab. Immer zu dritt. Manchmal war es mir, als würden Luigi und Carla heimliche Blicke wechseln. Doch ich war mir nicht sicher. Einmal wachte ich nachts auf, und Carla lag nicht in ihrem Bett. Erst gegen Morgen huschte sie leise ins Zimmer. Aus Angst vor der Antwort stellte ich keine Fragen, sondern tat so, als ob ich schlief.

Am nächsten Tag herrschte große Aufregung im Dorf. Schon früh am Morgen schmückte Signora Marchetti, unsere Vermieterin, die kleine Dorfkapelle mit Blumen. Später erschienen schwarz gekleidete Frauen zum Beten. Sie weinten und schluchzten so laut, dass wir kaum wagten, unser Zimmer zu verlassen. *Da ist jemand gestorben,* flüsterte Carla.

Abends erzählte Luigi, dass in einem der Nachbardörfer, ich glaube es war Ville San Sebastiano, ein kleines Mädchen von einer Viper gebissen worden war. Die Mutter hatte das Kind in einer halsbrecherischen Fahrt runter nach Imperia gebracht, wo die

Kleine in letzter Minute durch das Gegengift gerettet werden konnte. Allerdings hatte man ihr ein Bein abnehmen müssen. Luigi umarmte mich stürmisch. *Pass auf dich auf, cara mia!*

Wenn Luigi nicht dabei war, sprachen Carla und ich kaum ein Wort. Wir fanden einfach nicht mehr zueinander. Luigi stand zwischen uns. Oder war es der alte, hässliche Spruch: *Grit stinkt nach Sprit?*

Eines Tages schlug Carla vor, dass wir beide allein in den Bergen spazieren gehen sollten. *Ich würde mich so gern wieder mit dir vertragen. So kann es doch nicht bleiben, Grit.* Sie besorgte zwei Flaschen Rotwein und eine Decke.

Kommt nicht zu spät zurück, warnte uns Luigi, der auf Befehl seines Vaters in die Oliventerrassen musste. Im letzten Moment drückte er mir einen knorrigen Stecken aus Olivenholz in die Hand. *Denk an die Vipern. Sei vorsichtig. Carissima mia.* Er küsste mich so heftig, dass es mir schon peinlich war.

Was denn, hast du etwa Angst um deine Herzallerliebste? Ich werde sie schon beschützen. Carla lachte, aber es klang böse.

Es war ein seltsamer Nachmittag. Wortlos marschierten wir bergabwärts, wir verließen den Weg und liefen querfeldein, ich voran und Carla hinterher. Ständig schlug ich mit dem Stock auf den Boden, so wie ich es bei Luigi gesehen hatte. Gleichzeitig kam ich mir dabei lächerlich vor.

Die Hitze war beinahe unerträglich. Irgendwann

blieb ich stehen und fragte: *Hier?* Als Carla nickte, breitete ich die Decke aus.

Wir tranken Rotwein. Carla viel, ich wenig. Gesprochen wurde kaum. Irgendwann sagte Carla: *Grit, Luigi ist nichts für dich. Der meint es nicht ehrlich.*

Ich antwortete ziemlich laut, dass ich selbst für mich sorgen könnte.

Wenn du meinst. Ich bin mir da nicht so sicher. Carla zuckte mit den Schultern, lehnte sich zurück und schaute in den Himmel. *Glaubst du eigentlich, dass es diese Vipern wirklich gibt,* fragte sie unvermittelt.

Ich nickte. *Bestimmt. Denk an die Kleine aus Ville San Sebastiano.*

Okay, dann lass uns um Luigi kämpfen. Wir rennen barfuß durch die Wiese. Von hier bis zur Straße und zurück. Wer gebissen wird, hat verloren. Sie funkelte mich an. *Was ist, traust du dich?* Sie war betrunken und kicherte albern.

Du spinnst. Mehr fiel mir nicht ein.

Vielleicht hast du recht. Ich bin verrückt. Carla ließ sich auf den Rücken fallen. *Zu viel Rotwein. Vergiss es. Das ist er nicht wert.*

Auch ich hatte mehr als sonst getrunken und fühlte mich schläfrig. Ich erinnere mich, dass ich eine unterschwellige Angst verspürte. Vor allem, als Carla sagte: *Ich könnte dir einfach deine Schuhe wegnehmen. Dann wärst du hier verloren.*

Wir sind dann eingeschlafen. Als ich erwachte, hörte ich Carla neben mir schnarchen. Mein erster

Blick galt meinen Füßen. Meine Schuhe waren noch da. Ich fühlte grenzenlose Erleichterung.

Eine Weile schaute ich Carla an. Sie war eine Schönheit. Geradezu unwiderstehlich. Ich war längst nicht so hübsch. Trotzdem konnte ich Luigi haben, das wusste ich. Der Grund war die von mir so gehasste Tankstelle. Welch eine Ironie des Schicksals. Aber das war mir egal. Ich liebte ihn so wahnsinnig, dass ich nicht nach dem Wie und Warum fragte. Er sollte, er musste einfach mir gehören. Und wenn ich dafür bis zum Ende meiner Tage auf der Tankstelle arbeiten musste. Ich war zu jedem Opfer bereit. Doch was war mit Carla? Würde ich ihn zeitlebens mit ihr teilen müssen? Ich stellte mir vor, wie Luigi sich abends aus dem Haus schlich, um sich mit Carla zu treffen.

Heute kann ich es manchmal selbst nicht glauben, aber meine Finger lösten die Schnürsenkel und zogen ihre Schuhe vorsichtig aus. Carla rührte sich nicht. Sogar ihre Füße sahen hübsch aus, klein und zierlich mit perfekt geformten Nägeln.

Ich gewährte ihr eine Galgenfrist von fünf Minuten. Wenn sie von selbst aufwachte, beschloss ich, würden wir den Heimweg gemeinsam antreten. Die Zeit verstrich, und Carla schlief weiter. Ich redete mir ein, nicht ich, sondern das Schicksal hätte die Entscheidung getroffen, steckte die Schuhe in meine Tasche und schlich mich davon. Die Rotweinflaschen und Luigis Stock nahm ich mit.

Die Sonne ging bereits unter. Da meine Armbanduhr auf dem Nachttisch in unserem Zimmer lag, konnte ich die Zeit nur schätzen. Es musste etwa neun Uhr sein. Kein Mensch aus Ville San Pietro traute sich um diese Zeit ohne kniehohe Stiefel in die Berge. Im Hochsommer werden die Vipern erst gegen Abend aktiv, hatte man uns gesagt. Unterwegs huschte etwas Dunkles über meinen Weg. Ich schrie auf, schlug mit dem Stock um mich und rannte weiter.

In unserem Zimmer legte ich mich auf das Bett. Ich versuchte zu lesen. Doch immer sah ich Carla vor mir. Carla, die verzweifelt durch das hohe Gras stolperte. Einmal meinte ich sogar, sie um Hilfe schreien zu hören, und hielt mir die Ohren zu. Gegen Mitternacht lief ich rüber zu Luigi.

Ist Carla nicht hier, fragte ich mit großen, entsetzten Augen. Ich behauptete, dass wir uns gestritten hätten. *Sie wollte doch zu dir!* Die Tasche mit ihren Schuhen hielt ich hinter meinem Rücken.

Das ganze Dorf hat gesucht. Alle. Ich natürlich auch. Dass ich in Anbetracht der Dunkelheit unsere Decke nicht auf Anhieb wiederfand, musste jeder einsehen. Carla hatte es nur ein paar Meter durch das hohe Gras geschafft. Eine Schlange hatte sie direkt über dem Knöchel erwischt. Das Schlangengift hatte bereits gewirkt. Ihr Herz schlug nicht mehr. Meines dafür umso heftiger.

Perché no porta delle scarpe? *Warum trägt sie keine Schuhe,* fragte jemand. Ich zuckte mit den Schultern, als Luigi mir die Frage übersetzte. Längst hatte ich Carlas Schuhe im Schutz der Dunkelheit in das hohe Gras neben die Decke gestellt.

Sie war so übermütig, so unvernünftig, habe ich später auf der Polizeistation in Imperia ausgesagt. *Sie wollte einfach nicht glauben, dass es hier Giftschlangen gibt.* Ihren Eltern habe ich später das Gleiche erzählt. Sie haben mir bis heute nicht verziehen, dass ich ihre Tochter nach einem Streit allein in den Bergen zurückgelassen habe. Auch meine Mutter fragte vorwurfsvoll: *Wie konntest du so verantwortungslos sein? Warum hast du nicht eher nach ihr gesucht?* Mein Vater war der Einzige, der zu mir hielt. *Was kann meine Tochter für den Leichtsinn anderer Leute?*, hat er mich verteidigt. *Carla hat doch sowieso gemacht, was sie wollte. Als ob die jemals auf unsere Grit gehört hätte.*

Luigi kam fünf Monate später nach Deutschland. Schon da konnte ich nicht mehr begreifen, weshalb ich für diesen Mann gemordet hatte. Er kam mir viel kleiner vor als in meiner Erinnerung und sein Lächeln hatte plötzlich etwas Verschlagenes. Wenigstens mein Vater war begeistert von ihm. Stundenlang konnten die beiden in der Werkstatt hocken und an Motoren schrauben. Nach fünf Wochen fiel mir auf, dass Luigi der Tochter unserer Nachbarn schöne Augen machte. Die Postbotin gefiel ihm auch. Wir haben trotzdem geheiratet. Das war ich Carla einfach schuldig. So war sie nicht vergeblich gestorben.

Nach dem Tod meines Vaters haben wir die Tankstelle übernommen. Auf dem Papier gehört sie allerdings mir allein. Dafür hat mein Vater gesorgt, dem Luigis Weibergeschichten nicht verborgen geblieben sind.

Ich stehe an der Kasse und mache die Bücher, Luigi ist für die Waschanlage und die Werkstatt zuständig. Als zuverlässig kann man ihn weiß Gott nicht bezeichnen, aber mit seinem südländischen Charme macht er das wieder wett. Besonders die weibliche Kundschaft verzeiht ihm alles.

Ich war nie mehr in Italien. Nicht einmal die Bilder, die Luigi fotografiert, schaue ich mir an. Aus dem Olivenöl, das er jedes Jahr mitbringt und das sein Cousin Raffael immer noch auf traditionelle Weise aus den familieneigenen Oliven presst, backe ich an jedem Sonntag das Brot nach dem Rezept von Luigis Mamma. Dazu gibt es Tomatensalat. Aber ich esse nichts davon.

Ende des Jahres haben wir Silberhochzeit. Dann sind fünfundzwanzig Jahre um. Ich habe beschlossen, dass fünfundzwanzig Jahre Hölle genug sind.

Als Luigi in Italien war, habe ich einen Makler bestellt. Letzte Woche kam das Gutachten. Aufgrund der guten Lage schätzt er den Wert der Tankstelle auf mindestens 500 000 Euro. Den Brief habe ich gleich versteckt.

Vorhin griff Luigi ganz unerwartet nach meiner Hand. Er schaute mich seltsam an. »Cara mia, wie gut, dass Mord nicht verjährt. Ich weiß, warum Carla keine Schuhe trug.« Dann ging er fröhlich pfeifend in die Werkstatt. Er muss den Brief gefunden haben.

Lebenslänglich. Es bleibt dabei.

Focaccia nach Luigis Mamma

ZUTATEN

½ Würfel Hefe • 1 TL Zucker • 50 ml Wasser • 500 g Mehl • 10 g Salz • 200 ml Wasser • 100 ml gutes Olivenöl • grobes Salz • Olivenöl zum Bestreichen

ZUBEREITUNG

Backofen auf 200 °C vorheizen.

Hefe, Zucker und 50 ml Wasser in ein Schraubglas geben und schütteln, bis die Hefe sich gelöst hat.

Das Mehl in eine Schüssel geben, eine Mulde formen und das Hefewasser hineingeben. Mit etwas Mehl einen Vorteig rühren und mit einem Handtuch bedeckt 15 Minuten stehen lassen.

Dann das Salz und das restliche Wasser zugeben und verrühren. Nach und nach das Olivenöl unterkneten. Den Teig zu einer Kugel formen, diese in eine Schüssel mit wenig Olivenöl geben und so lange drehen, bis der Teig von allen Seiten eingeölt ist. Jetzt noch einmal 1 ½ Stunden zugedeckt gehen lassen.

Den Teig noch einmal durchkneten, auf ein gefettetes Blech ca. 2 cm dick ausrollen. Mit den Fingern Dellen eindrücken, das Brot mit Öl einpinseln (großzügig!) und grobes Salz darüber streuen.

Im Backofen etwa 25 Minuten backen. Das Brot darf nicht zu dunkel werden.

Schmeckt am besten lauwarm mit Salat und einem Glas Rotwein.

* * *

Tomatensalat (Pomodori al forno)

ZUTATEN

600 g reife Tomaten • 1 Zweig Thymian • 1 Zweig Rosmarin • 10 EL Olivenöl • 2–3 Knoblauchzehen • 1 EL Zitronensaft • Salz und Pfeffer • 100 g schwarze Oliven mit Steinen • 100 g Parmesan

ZUBEREITUNG

Den Backofen auf 220 °C vorheizen.

Die Tomaten waschen und in Scheiben schneiden. Thymianblätter abzupfen, Rosmarinnadeln fein hacken. Ein Backblech dünn mit etwas Olivenöl einpinseln. Das restliche Olivenöl mit Knoblauch, Zitronensaft, Salz, Pfeffer und den Kräutern mischen. Die Tomaten auf das Blech geben, mit dem

Gewürzöl bestreichen. Die Tomaten ca. 10 Minuten in den Ofen schieben. Das Blech aus dem Ofen nehmen und etwas abkühlen lassen. Die lauwarmen Tomaten auf einer Platte anrichten, die Oliven darauf verteilen, den Parmesan drüberhobeln.

Falls zu trocken, noch etwas Olivenöl über den Salat träufeln.

Die Autorinnen und Autoren

Nessa Altura begann 2000 mit dem Schreiben. Seitdem hat sie zahlreiche Beiträge für Anthologien geschrieben und damit etliche Preise gewonnen, wie 2002 den Friedrich-Glauser-Preis. Auch hat die unter Pseudonym schreibende Autorin zwei Erzählbände, Sagen aus Nürnberg und Mittelfranken und Nacht über Oberstdorf, verfasst. Vor ihrer Schriftstellerkarriere arbeitete Nessa Altura als Reiseberichterstatterin, Gymnasiallehrerin und Familienmanagerin.
www.nessaaltura.de

Martina Bick, 1956 in Bremen geboren, arbeitet als Referentin der Gleichstellungsbeauftragten in der Hochschule für Musik und Theater Hamburg. Sie war in verschiedenen Berufen tätig und schrieb zahlreiche Kriminalromane und Romane sowie Kurzgeschichten und Gedichte für Anthologien und den Rundfunk. Im Sommer 2001 war sie Krimi-Stadtschreiberin in Flensburg.

Oliver Buslau, 1962 geboren, schreibt seit 1999 Krimis. Unter anderem erschuf er den Wuppertaler Privatdetektiv Remigius Rott, der in bis jetzt fünf Romanen Kriminalfälle im Bergischen Land löst. Neben seiner Tätigkeit als Krimiautor ist Oliver Bus-

lau Musikjournalist und Sachbuchautor im Bereich Klassische Musik. 2000 gründete er die Zeitschrift »TextArt – Magazin für kreatives Schreiben«, die er als Chefredakteur leitet.
www.oliverbuslau.de

Ina Coelen wurde 1958 am Niederrhein geboren. Seit 1982 arbeitet sie als selbstständige Grafikerin und Illustratorin, zeichnet Cartoons, schreibt Kindertexte und Kriminalgeschichten. Sie hat über ein Dutzend Krimi-Anthologien herausgegeben und zahlreiche Kriminalgeschichten veröffentlicht. Ina Coelen lebt mit ihrer Familie in Krefeld. 2006 erschien der Kriminalroman »Killer, Küche, Knast«.
www.coelen-krimi.de

Angela A. Eßer wurde in Krefeld geboren, ist Herausgeberin diverser Krimi-Anthologien, Dozentin für Krimi-Kochkurse, Mit-Organisatorin des *Krimifestival München* und ist im Sprecherteam des *Syndikat*, der Autorengruppe deutschsprachiger Kriminalliteratur.
www.tatort-deutscheweinstrasse.de

Carsten Germis, 1959 in Hannover geboren, arbeitet als wirtschafspolitischer Korrespondent für die »Frankfurter Allgemeine Sonntagszeitung« in Berlin. Seit seiner Schulzeit liest er Kriminalromane. »Cucina d'amore – Tödliches Liebesmahl« ist seine erste Kriminalerzählung.

Almuth Heuner, geboren 1962, studierte Russisch und Englisch. Nachdem sie zahlreiche Kriminalromane und Sachbücher aus dem Englischen übersetzt hatte, erschien 1999 ihre erste Kriminalgeschichte. Heute lebt sie als freie Schriftstellerin in Frankfurt am Main, schreibt Krimis und Sachtexte, gibt Krimibände heraus und forscht zur Kriminalliteratur von Frauen. Ihre Erzählung »Der lange Schatten der Schwanenburg« wurde für den Friedrich-Glauser-Preis 2006 nominiert.
www.heuner.de

Gisa Klönne, 1964 geboren, studierte Anglistik, arbeitete als Journalistin und Dozentin für Schreiben. Sie hat zahlreiche Kurzgeschichten veröffentlicht. Ihr erster Kriminalroman »Der Wald ist Schweigen« (2005) wurde von der Presse viel beachtet, wird in mehrere Sprachen übersetzt und war für den Friedrich-Glauser-Krimipreis nominiert. 2006 erschien ihr zweiter Krimi »Unter dem Eis«. Gisa Klönne ist verheiratet und lebt als freie Autorin in Köln.
www.gisa-kloenne.de

Beatrix M. Kramlovsky, 1954 in Steyr geboren, studierte Sprachen. Sie veröffentlichte Kurzgeschichten und Essays in österreichischen und deutschen Zeitungen und in zahlreichen Anthologien. Anfang der achtziger Jahre begann sie als bildende Künstlerin auszustellen. 1997 erhielt Beatrix Kramlovsky den Anerkennungspreis des Landes Niederösterreich für Literatur. Sie hat vier Romane und einen Erzählband veröffentlicht. Zuletzt: »Die Erde trägt ein Kleid aus Worten – Reisesplitter und Passepartouts«.

Ralf Kramp, geboren 1963, lebt in der Eifel als Autor und Karikaturist. Sein erster Kurzkrimi erschien 1994, sein erster Kriminalroman zwei Jahre später. Seit 1998 veranstaltet er Krimiwochenenden in der Eifel. 2002 erhielt er den Kulturpreis des Kreises Euskirchen. Seit seinem Debüt »Tief unterm Laub« (1996), wofür er den Förderpreis des Eifel-Literaturfestivals erhielt, erschienen zahlreiche Kriminalromane, Kurzgeschichtensammelbände und Kinderkrimis.

Tatjana Kruse, 1960 geboren, lebt und arbeitet in Schwäbisch Hall. Sie ist Krimiautorin und Literaturübersetzerin. Bekannt wurde sie mit den Geschichten rund um die »Wuchtbrumme«, ihr neuester Kriminalroman heißt »Vorsicht: Stufen!«.
www.tatjanakruse.de

Ulla Lessmann, geboren 1952, Journalistin und Diplomvolkswirtin, lebt in Köln und Italien. Sie war langjährige Chefredak-

teurin des »Vorwärts«, seit 1994 arbeitet sie als freie Autorin für Zeitschriften und Hörfunk. Sie schrieb zwei Kriminalromane, zahlreiche Kurzkrimis und Erzählungen und hat eine regelmäßige Satirereihe auf WDR 4. Zahlreiche Auszeichnungen, u.a. den Satirepreis der Stadt Herne und den EMMA-Journalistinnen-Preis.
www.ulla-lessmann.de

Susanne Mischke, geboren 1960 im Allgäu, studierte BWL. 1993 erschien der satirische Berlin-Roman »Stadtluft«, es folgte 1996 der Kriminalroman »Mordskind«, »Die Eisheilige« und »Wer nicht hören will, muss fühlen«, wofür sie 2001 den Frauenkrimipreis der Stadt Wiesbaden erhielt. Heute lebt die Autorin südlich von Hannover, weitere Kriminalromane: »Wölfe und Lämmer«, 2005, »Liebeslänglich«, 2006.
www.susannemischke.de

Nina Schindler lebt in Bremen. Sie war Lehrerin und verfasste Literaturkritiken für Zeitschriften und Rundfunk. Seit 1991 schreibt sie Kinder- und Jugendbücher und Beiträge zu Anthologien. Außerdem übersetzt die fünffache Mutter Romane aus dem Englischen und Französischen, verfasst Kurzkrimis, schreibt und gibt Bücher für Erwachsene heraus, z. B. »Mordsbuch. Alles über Krimis«.

Niklaus Schmid, 1942 geboren, lebt als freier Schriftsteller in Duisburg und auf Formentera. Er schreibt Reisebücher, Hörspiele und Krimis. Bekannt wurden vor allem seine Romane um den Privatdetektiv Elmar Mogge »Der Hundeknochen« und »Bienenfresser« sowie »Stelzvogel und Salzleiche«. 2005 erhielt er für seine Kurzgeschichte »Müntefering singt« den Kulturpreis Hochsauerlandkreis.

Ingrid Schmitz, geboren 1955 in Düsseldorf, arbeitete dort als Speditionskauffrau bei einer kanadischen Reederei und später im sowjetischen Außenhandel. Sie hat bisher zahlreiche Kurz-

geschichten, Fachartikel, Rezensionen und Ratekrimis veröffentlicht. Im Juli 2006 ist ihr erster Kriminalroman »Sündenfälle« erschienen. Juli 2007 folgt der zweite Band mit ihrer Serienfigur Mia Magaloff. Sie ist Herausgeberin von Krimi-Anthologien.
www.krimischmitz.de

Barbara Wendelken wurde in der Nähe von Bremen geboren. Bevor sie mit dem Schreiben begann, hat sie zwanzig Jahre als Kinderkrankenschwester gearbeitet. 1993 erschien ihr erstes Buch, ein Märchen »Der König der Reiher«. Seither veröffentlicht sie regelmäßig für Kinder und Erwachsene. Zuletzt erschien »Hexenzirkel« und »Alles wegen Laura«. Die Autorin lebt mit ihrer Familie in Ostfriesland.
www.barbarawendelken.de